uilibre écologique en péril

ⓒ Tom Van Sant/GeoSphere Project, Santa Monica/Science Photo Library/Cosmos

15 % des terres du monde ont été **dégradées** par les activités humaines : érosion par les pluies ou le vent après la déforestation, dégradations chimiques à la suite d'une mauvaise irrigation, pollutions, surpâturage...
16,8 millions d'hectares de forêts sont détruits chaque année dans le monde. A l'heure actuelle, 1 300 millions de personnes utilisent le bois de feu trop rapidement pour qu'il ait le temps de repousser. La pollution atmosphérique affecte actuellement 10 à 20 % de tous les arbres dans 13 pays européens. Ce sont surtout les pluies acides qui affectent également les lacs.

La **pollution** des eaux touche plus de 10 % des fleuves. Les rejets des égouts y tiennent une grande part, mais aussi la pollution industrielle qui rendent l'eau impropre à la consommation. Les engrais, dans les pays développés, contaminent de plus en plus les nappes phréatiques.
La pollution de l'air est telle que plus d'un milliard de citadins sont exposés à des quantités excessives de poussière et de suie. Chaque année, des milliers de personnes en meurent. Dans certaines villes comme Athènes, les autorités sont parfois contraintes d'interdire l'usage des voitures.

Chronique
de l'année 1992

Chronique
de l'année 1992

a été conçu et réalisé sous la direction de Jacques Legrand

Rédacteur en chef	**Pierre-Yves Grasset**
Comité de rédaction	Jean-Christophe Balouet, Sylvie Garrec, Bernard Ginestet, Frédérique Hatt, Andrew Hunt, François Nida, Bernard Perken, Jean-Philippe Rhéthacker
Chronologies	Sylvie Garrec
Index	Claire Forgeot
Iconographie	Simon Danger, Xavier Rousseau (Sipa Press)
Secrétariat de rédaction	Yves Kielan
Informatique	Martine Colliot
Cartes et tableaux	Patagonie
Fabrication	Catherine Balouet, Emmanuelle Berenger

ISBN : 2-905 969-57-1
Dépôt légal : janvier 1992

Photocomposition : Imprimerie Louis-Jean, Gap
Photogravure : Beauclair
Imprimé et relié en Belgique par Brepols, Turnhout

Distribution en France
Librairie Larousse
5, square Max-Hymans
75741 Paris cedex 15

Distribution en Belgique
Chronique Diffusion
Route de Condroz, 150
4031 Liège

Chronique
de l'année 1992

Editions
Chronique

Janvier

1992

Lu	Ma	Me	Je	Ve	Sa	Di
		1	2	3	4	5
6	7	8	9	10	11	12
13	14	15	16	17	18	19
20	21	22	23	24	25	26
27	28	29	30	31		

Bruxelles, 1er
Selon la Fédération internationale des journalistes, 84 d'entre eux ont été tués en 1991 dans l'exercice de leur profession.

Pékin, 1er
Le gouvernement chinois fait part de son intention de vendre une centrale nucléaire au Pakistan, pays soupçonné par les Occidentaux de vouloir se doter de l'arme nucléaire.

Bruxelles, 1er
Le Portugal, après les Pays-Bas, accède à la présidence tournante de la CEE pour six mois.

Tchad, 1er
Les forces de Hissène Habré attaquent les troupes gouvernementales dans la région du lac Tchad. (→ 3)

Vatican, 1er
L'indépendance de la Russie est officiellement reconnue.

Strasbourg, 2
Les premiers élèves de l'ENA délocalisée arrivent dans la capitale alsacienne.

Azerbaïdjan, 2
Les combats s'intensifient au Haut-Karabakh, enclave arménienne placée sous tutelle directe du gouvernement central d'Azerbaïdjan. (→ 20)

Tchad, 3
Les troupes fidèles au président Idriss Déby lancent une vaste contre-offensive, soutenue par les Jaguar et les parachutistes envoyés par le gouvernement français. (→ 7)

Washington, 3
Les Etats-Unis établissent des relations diplomatiques avec la Russie.

Géorgie, 3
Les partisans du président Gamsakhourdia manifestent devant le parlement : deux morts. (→ 6)

Russie, 4
Les kolkhoses (fermes collectives) et les sovkhoses (fermes d'Etat) n'existeront plus d'ici à un an.

DECES

Etats-Unis, 1er
Mike Frankovich (*1911), producteur de cinéma (*Devine qui vient dîner*).

Boutros-Ghali en fonction à l'ONU

New York, mercredi 1er
Les Nations unies ont un nouveau patron. L'Egyptien Boutros Boutros-Ghali succède au Péruvien Javier Perez de Cuellar au poste de secrétaire général de l'organisation. Le sortant aura travaillé jusqu'à la dernière minute de 1991 pour faire aboutir les négociations entre le gouvernement et la guérilla du Salvador. Il laisse à son successeur une organisation à l'importance retrouvée, fort différente du « machin » inutile qu'il avait trouvé dix ans auparavant. Durant son deuxième mandat, Javier Perez de Cuellar a pu donner sa pleine mesure dans un contexte favorable : la fin de l'affrontement est-ouest. Afghanistan, Angola, Namibie ou Cambodge, il est allé sur tous les fronts. S'il a dû se contenter du rôle d'observateur dans la conférence de paix sur le Proche-Orient, il peut être fier de son rôle actif dans la libération des otages libanais. Boutros Boutros-Ghali, l'ex-vice-Premier ministre égyptien, sait que sous son impulsion et malgré les difficultés financières, l'ONU devra s'affirmer dans les opérations humanitaires ou de maintien de la paix. (→ 13.2)

Un vieux routier de la diplomatie.

Secret levé pour les archives de la Stasi

Berlin, mercredi 1er
Les « valets » de la Stasi, ex-police secrète de l'Allemagne de l'Est, peuvent se faire du souci. La loi autorise désormais les anciens citoyens de la République démocratique allemande à consulter les dossiers les concernant. Ils contiendraient les noms de plus de 2 millions de personnes surveillées, et de quelque 150 000 indicateurs. Les autorités ont cependant mis en garde contre les risques de véritables « catastrophes familiales ». A l'image de celle qui touche la célèbre dissidente Vera Wollenberger : l'espion qui était chargé de la surveiller, « Donald », n'était autre que père de ses enfants... (→ 10.2)

Dix-huit ans dans les geôles marocaines

Paris, vendredi 3
Affaiblis et les traits marqués, les frères Bouréquat ont l'air de revenir d'un autre monde. L'un d'eux, Midhat René, voûté et souffrant d'une déviation de la colonne vertébrale, a d'ailleurs déclaré dans un salon d'Orly : « Nous étions placés dans des espèces de tombes. » Avec ses deux frères, Bayazid Jacques et Ali Auguste, il vient de passer dix-huit ans dans les prisons marocaines. Ils auraient voulu dénoncer un complot contre le roi.

Les frères Bouréquat arrivent à Roissy, trois jours après leur libération.

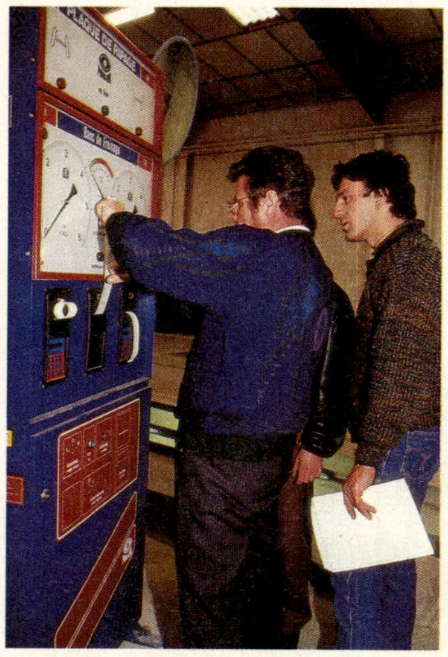

Le 1er, le contrôle technique automobile est obligatoire en France.

Ginette Leclerc (*9.2.1912), actrice de cinéma, est morte le 1er.

L'Etna, en éruption depuis une semaine, est menaçant. (→ 13.4)

Quinzième cessez-le-feu entre l'armée fédérale et les Croates

Avant son entrée en vigueur, les civils d'Osijek restent victimes des combats.

Sarajevo, jeudi 2
Quinzième espoir en Croatie. Quinzième cessez-le-feu d'une guerre qui dure depuis six mois. L'armée fédérale et les forces croates doivent normalement cesser le combat demain à 18 heures. L'accord n'a pas empêché les affrontements de se poursuivre toute la journée. Cyrus Vance, l'envoyé spécial de l'ONU, qui étudie un éventuel déploiement de « casques bleus », affiche un bel optimisme. Lord Carrington, qui préside la conférence de paix sur la Yougoslavie, s'avoue pour sa part découragé. L'ONU va-t-elle réussir là où la CEE a échoué ? (→ 7)

Conseil militaire au pouvoir en Géorgie

Tbilissi, jeudi 2
L'opposition armée au président Zviad Gamsakhourdia, retranché avec ses partisans dans le Parlement depuis le 22 décembre, annonce qu'elle assume désormais le pouvoir. Alors que les combats font rage dans les rues de la capitale géorgienne, les rebelles ont nommé un conseil militaire et donné au pouvoir légal 24 heures pour lui céder la place. Un couvre-feu a été décrété à Tbilissi, et ce conseil sera dirigé par l'ancien Premier ministre Tenguiz Sigua. (→ 3)

Triplement du prix du pain dans la CEI

Moscou, jeudi 2
Dur lendemain de fête pour les ménagères de l'ex-URSS. L'entrée en vigueur de la libération des prix, ce matin, dans les onze pays de la Communauté des Etats indépendants a fait valser les étiquettes. Le « saucisson d'Etat » se vendait huit roubles hier. Les prix s'échelonnent aujourd'hui de 60 à 200 roubles, pour un salaire de 242 roubles en moyenne. Le prix du beurre a été multiplié par quatre, celui du pain par trois. Par cette douloureuse réforme, les gouvernements de la CEI cherchent à alléger les subventions publiques, à rétablir un semblant d'équilibre entre l'offre et la demande et à ruiner la mafia. (→ 23)

Le succès du FIS mobilise les Algériens

Alger, jeudi 2
A l'appel du FFS, Front des forces socialistes, 300 000 personnes manifestent dans les rues de la capitale algérienne. Quelques jours après la victoire du FIS (Front islamique du salut) au premier tour des législatives, tous ceux que la perspective d'un parlement islamiste effraie, les femmes en particulier, étaient dans la rue. Hocine Ait-Ahmed, leader du FFS, a su mobiliser non seulement sa base kabyle (le FFS a toujours été considéré comme un parti essentiellement kabyle) mais aussi toutes les composantes de la population inquiètes du glissement du pays vers l'intégrisme. Les solutions préconisées pour barrer la route au FIS s'opposent. Les petits partis réclament l'annulation pure et simple des élections, mais le FFS préfère tabler sur la mobilisation des démocrates au tour suivant et mise sur les nombreux recours déjà déposés. (→ 11)

Ils sont 300 000 dans les rues d'Alger.

La Madrague cédée à ses amis par BB

Paris, vendredi 3
Brigitte Bardot rencontre le ministre de l'Intérieur, Philippe Marchand, dans l'espoir de voir sa fondation pour les animaux, forte de 12 000 adhérents passionnés, reconnue d'utilité publique. BB y a investi tout ce qu'elle possède. En 1986, elle a vendu ses affaires personnelles aux enchères. C'est sa célèbre villa la Madrague qu'elle offre aujourd'hui aux animaux pour accroître le capital de sa fondation. « C'est bien que ce soit eux qui profitent de cette maison plutôt que des rois du pétrole, des Américains ou des Japonais. Elle doit rester la Madrague. Elle est trop chargée de souvenirs et de moi-même. »

Le 5 à Paris, Yves Saint-Laurent, Chantal Thomass, Chanel et Vivienne Westwood participent à un défilé de la mode sexy des grands couturiers.

Janvier

1992

Lu	Ma	Me	Je	Ve	Sa	Di
		1	2	3	4	5
6	7	8	9	10	11	12
13	14	15	16	17	18	19
20	21	22	23	24	25	26
27	28	29	30	31		

Belgique, 6
Guy Spitaels est nommé ministre-président de la région Wallonie.

Géorgie, 6
Le président Gamsakhourdia s'enfuit en Arménie. (→ 17)

Etats-Unis, 7
Les négociations de paix israélo-arabes reprennent à Washington. (→ 24.2)

Tchad, 7
Pour alléger son engagement militaire, la France rapatrie 150 parachutistes. (→ 1.4)

France, 8
Paris-Match affirme que Robert Maxwell a été assassiné, affirmation contredite par les médecins légistes. (→ 21.2)

Belgrade, 8
Après la destruction d'un hélicoptère de la CEE et la mort de cinq observateurs, le ministre de la Défense Veljko Kedijevic démissionne.

Ecosse, 8
La dernière usine sidérurgique de British Steel est définitivement fermée.

Suisse, 9
La dépouille d'Hibernatus, âgée de 4 600 ans selon les scientifiques, est réclamée par une Zurichoise. Elle affirme y retrouver les restes de son père disparu il y a 20 ans. (→ 24.7)

Yougoslavie, 9
La République serbe de Bosnie-Herzégovine est proclamée. (→ 14)

Londres, 10
L'IRA fait sauter une voiture piégée près de Downing Street ; il n'y a pas de victime. (→ 17)

Liban, 10
En réponse aux infiltrations de terroristes palestiniens, Israël fait un raid aérien sur le sud du Liban : 9 morts. (→ 15.2)

Algérie, 11
Le président Bendjedid est contraint à la démission. (→ 12)

DECES

France, 8
Nicolas Schöffer, spécialiste de l'art cinétique (*1919).

France, 9
Yves Dangerfield, écrivain et scénariste (*14.6.1954).

« Touvier et l'Eglise »... rapport accablant

Lyon, lundi 6
Le cardinal Decourtray mise sur la transparence. Il se voit remettre un rapport accablant pour l'Eglise. Ce sont les conclusions de la commission d'historiens, présidée par René Rémond, à qui il avait demandé de faire toute la lumière sur les protections dont avait pu bénéficier Paul Touvier. C'est grâce à la bienveillance active de certains ecclésiastiques que le chef de la milice lyonnaise, arrêté en mai 1989, a pu se cacher si longtemps. (→ 14.4)

Les Américaines se passeront de silicone

Dolly Parton a créé bien des jalousies.

Washington, lundi 6
La toute-puissante FDA, Food and Drug Administration, suspend la commercialisation et l'utilisation des implants mammaires. Cette mesure provisoire devrait permettre aux autorités sanitaires de se pencher sur les pathologies rencontrées avec cette chirurgie plastique. Deux millions d'Américaines sont concernées, dont 80 % pour des raisons esthétiques. Les risques, qui sont minimes mais réels, rejet, migration de silicone dans le corps, justifient la surveillance des prothèses et leur homologation, tout comme pour les valves cardiaques. Si dans 45 jours son innocuité est avérée, la silicone pourra à nouveau régner sur les bustes américains.

Accès français au dossier libyen du DC-10

Paris, lundi 6
Pour la première fois, une partie civile française a accès au dossier ouvert par la justice libyenne. Madame Maryvone Raveneau, veuve du commandant de bord du DC-10 d'UTA qui a explosé en plein vol au-dessus du désert du Ténéré en septembre 1989, veut connaître les commanditaires de l'attentat. Son avocat, qui a salué la « formidable enquête » menée par le juge Bruguière, s'est rendu à Tripoli pour se porter partie civile. (→ 15.4)

Le Noël orthodoxe célébré en Russie

Une célébration longtemps proscrite.

Moscou, mardi 7
Perdu dans la foule, Boris Eltsine a assisté ce matin à la messe dans la cathédrale Ielokhovski, l'église du patriarcat de Moscou. En ce jour de Noël, selon le calendrier julien, le président russe était entouré de vieillards, de femmes coiffées de fichus ou de chapkas de fourrure, mais aussi de militaires, de jeunes et d'enfants. C'est la première fois depuis deux générations que le Noël orthodoxe est officiellement célébré, en présence de représentants du pouvoir. En 1991, et pour la première fois depuis la Révolution d'octobre, Noël avait déjà été proclamé jour férié, et des messes avaient été célébrées en Russie, en Moldavie, en Ukraine, en Géorgie et en Biélorussie.

Le 7, un MIG-21 fédéral abat un hélicoptère de la CEE. (→ 8)

Le concert du 11 de Paul Simon à Johannesburg est contesté par les ultras.

Laurent Fabius chef du Parti socialiste

Paris, jeudi 9
Laurent Fabius, jusqu'alors président de l'Assemblée nationale, succède à Pierre Mauroy au poste de premier secrétaire du PS. La réunion du comité central du Parti socialiste, qui ne devait qu'entériner cette décision, a servi de tribune à ceux que cette succession gêne. La belle façade d'unanimité s'est vite lézardée pour laisser place aux habituelles luttes de courants. Lionel Jospin et Jean-Pierre Chevènement prennent la tête des critiques. Mais l'enjeu principal de ces luttes intestines reste la désignation du candidat du PS pour la future élection présidentielle. (→ 14)

Il est élu à la quasi-unanimité.

L'industrie japonaise de l'automobile digère la visite de Bush

Au lendemain d'un spectaculaire malaise, Bush est reparti presque bredouille.

Tokyo, jeudi 9
« Même un démocrate peut attraper la grippe. » George Bush a lancé cette boutade au lendemain de la crise de gastro-entérite qui l'a fait tomber de sa chaise lors d'un banquet offert par le Premier ministre nippon, Kiichi Miyazawa. Apparemment rétabli, le président américain se déclare satisfait de sa visite à Tokyo, même s'il n'a obtenu que quelques concessions commerciales de ses hôtes. Les Japonais ont promis d'acheter plus de voitures américaines et de monter dans les voitures japonaises plus de pièces détachées américaines. (→ 12.2)

Les « taggers » passent du phénomène de société au vandalisme

Paris, samedi 11
Les taggers ont frappé fort. Ils s'en sont pris à cinq stations du métro parisien dans la nuit de samedi à dimanche. Les stations Louvre et Assemblée-Nationale, parmi les plus belles du réseau, ont particulièrement souffert des graffitis et des bombages. Action concertée d'un ou plusieurs commandos ? Une enquête est en cours. La RATP, qui a déclaré la guerre aux tags, est étonnée de voir la Direction des musées organiser à Chaillot une exposition à la gloire du graffiti et y voit comme un encouragement.

Cinq stations du métro parisien, dont la station Louvre, prises pour cibles.

La flotte de la CEI entre deux eaux

Moscou, samedi 11
L'affrontement a été évité mais rien n'est définitivement réglé. C'est en effet un bien fragile compromis auquel sont parvenus la Russie et l'Ukraine au sujet de la flotte de la mer Noire, forte de 300 navires et de 60 000 hommes. Kiev a renoncé à revendiquer cette flotte basée à Sébastopol dans sa totalité, acceptant de ne conserver que quelques patrouilleurs dans ses eaux nationales. De son côté, le Kremlin a abandonné ses prétentions à contrôler l'ensemble des unités navales de l'ex-URSS. L'escadre de Sébastopol sera donc placée sous contrôle du commandement provisoire de la CEI, c'est-à-dire sous la responsabilité du maréchal Evgueni Chapochnikov. (→ 14.2)

Un « coup d'Etat à blanc » contre le FIS

Alger, dimanche 12
Le Haut Conseil de sécurité dresse ce soir un constat radical, « l'impossibilité de poursuivre le processus électoral ». Le second tour des

Chadli Bendjedid est démissionné.

élections législatives est, de ce fait, annulé. Hier, l'armée obtenait la démission du président Chadli et prenait position dans les rues d'Alger. Le Premier ministre, Sid Ahmed Ghozali, justifiait la nuit dernière cet appel à l'armée, à titre préventif, pour « le maintien de l'ordre public » et annonçait la dissolution du parlement. Enfin, ce soir encore, le Haut Conseil, en même temps qu'il annule les élections, se déclare en session permanente afin d'assumer le pouvoir. Cette cascade d'événements s'apparente bien à un coup d'Etat de l'armée, et c'est d'ailleurs le seul point sur lequel les adversaires en présence sur la scène politique, le FIS et le FFS, s'accordent. Ce coup de force marque l'échec du président Chadli Bendjedid et de sa tentative de démocratisation trop maladroite. (→ 14)

Le boycott insolite d'un journal danois

Copenhague, dimanche 12
Pendant trois mois, l'*Ekstra Bladet*, le principal quotidien danois, a fermé ses colonnes aux débats et aux déclarations des hommes politiques. Ce boycott, qui prend fin aujourd'hui, visait moins la politique en elle-même que la manière dont les parlementaires et le gouvernement l'ont pervertie et rendue inintéressante. Les lecteurs ont largement approuvé cette décision, qui a permis au journal de consacrer plus de place aux problèmes de la vie quotidienne. Et justement ces réalités de tous les jours sont singulièrement absentes des discours politiques. Quant aux politiciens eux-mêmes, ils n'ont guère apprécié de découvrir que l'on pouvait bien se passer d'eux.

Janvier

1992

Lu	Ma	Me	Je	Ve	Sa	Di
		1	2	3	4	5
6	7	8	9	10	11	12
13	14	15	16	17	18	19
20	21	22	23	24	25	26
27	28	29	30	31		

France, 13
Le premier centre mondial de stockage de déchets nucléaires à faible et à moyenne activité entre en service près de Troyes.

Vatican, 13
L'indépendance de la Croatie et de la Slovénie est reconnue.

Yougoslavie, 14
L'ONU charge 22 observateurs militaires de faire respecter le cessez-le-feu. (→ 15)

Algérie, 14
Le Haut Conseil rappelle Mohamed Boudiaf. (→ 16)

Strasbourg, 14
L'Allemand Egon Klepsch devient président du Parlement européen.

Corée, 15
Un avion-espion américain U-2 s'abîme en mer.

Mexico, 16
La paix entre le gouvernement et la guérilla du Salvador est signée. (→ 1.2)

France, 17
Le promoteur Christian Pellerin est inculpé de complicité de faux dans l'affaire de la tour BP à La Défense.

Géorgie, 17
Revenu la veille à Zougdidi, Zviad Gamsakhourdia est encerclé. (→ 22)

Grèce, 17
Après avoir été accusé de détournement de fonds, le Premier ministre Papandréou est acquitté.

France, 19
L'Evasion du cinéma Liberté, du Polonais Wojciech Marczewski, est couronné au Festival d'Avoriaz.

Bulgarie, 19
Le président Jelio Jelev est réélu avec 52,8 % des voix lors des premières élections libres.

DECES

France, 13
Henri Queffélec, écrivain (*29.1.1910).

France, 16
André Jacquemin, peintre et graveur (*1904).

Etats-Unis, 17
Charlie Ventura, saxophoniste (*2.12.1916).

Perquisition au siège du Parti socialiste

Paris, mardi 14
Malheureuse coïncidence : le jour même de la passation de pouvoir entre MM. Mauroy et Fabius, le juge Renaud Van Ruymbeke perquisitionne au siège du Parti socialiste. Chargé du dossier Urba du Mans, le juge rennais pénètre dans les locaux de la rue de Solférino en début d'après-midi, à la recherche de documents à charge. Cette affaire de fausses factures et de financements occultes, révélée par l'inspecteur Gaudino en 1989, n'en finit pas de rebondir d'une ville de France à l'autre. Cette perquisition va achever de liquider le peu de crédit dont les partis, le PS en tête, jouissaient en matière de financement politique. (→ 22.3)

Le juge rennais Van Ruymbeke.

Il préside l'Algérie après 27 ans d'exil

Alger, jeudi 16
Après un long exil au Maroc, Mohamed Boudiaf est rentré au pays pour prendre la tête du Haut Comité d'Etat (HCE). A peine débarqué, il prêtait serment sur le Coran et devenait président désigné du HCE. M. Boudiaf, qui fut l'un des chefs historiques du FLN durant la guerre d'indépendance et relativement peu connu des jeunes générations, incarne des idéaux non pervertis par l'exercice du pouvoir. Cette image d'incorruptible devrait lui être d'une grande utilité dans son combat contre le FIS. Elle lui donne une légitimité que le FLN a perdue depuis bien longtemps et lui permet de battre les islamistes sur leur propre terrain, la dénonciation de la corruption. (→ 24)

Extension du trafic de drogue à l'Est

Du LSD à l'effigie de Gorbatchev.

Vienne, lundi 13
L'ONU vient de publier un rapport accablant sur l'abus de stupéfiants dans le monde en 1991. Le trafic gagne partout du terrain, le blanchiment s'organise, le nombre de décès ne cesse de croître et la criminalité liée à la drogue se développe. Les trafiquants ont étendu leurs opérations en Europe de l'Est et dans l'ex-URSS, où l'abus de cannabis et de substances psychotropes, tel le LSD, est en plein essor. La Bulgarie, la Hongrie et la Tchécoslovaquie sont devenues les principaux points de transit des drogues en provenance du Moyen-Orient. En Europe, les Pays-Bas sont l'un des rares pays où, l'année dernière, la drogue a le moins tué.

Mohamed Boudiaf arrive du Maroc.

Gorbatchev inaugure son Fonds international de recherche, le 14.

L'armée réceptionne le premier char Leclerc au camp de Satory, le 14.

La CEE enterre aussi la Yougoslavie

Bruxelles, mercredi 15
Amputée de deux de ses membres, la Yougoslavie est pratiquement enterrée. En décidant de reconnaître la Slovénie et la Croatie, la CEE a sonné le glas de la fédération. Malgré leurs divergences, les Douze ont décidé d'emboîter le pas à l'Allemagne qui avait déjà reconnu les deux républiques le 23 décembre dernier. La France et la Grande-Bretagne ont ainsi laissé leurs réserves de côté pour privilégier l'unité européenne. Ces deux pays ont cependant précisé qu'ils n'enverraient un ambassadeur à Zagreb que lorsque les conditions concernant le droit des minorités nationales seraient remplies. Ces garanties avaient été demandées par le rapport de la Commission d'arbitrage présidée par Robert Badinter. Les deux autres républiques yougoslaves qui avaient demandé à être reconnues par la CEE, la Bosnie-Herzégovine et la Macédoine, devront pour leur part attendre. Dans la capitale croate, les cloches ont sonné à toute volée pour célébrer la reconnaissance de l'indépendance par une vingtaine de pays tandis que, sur le terrain, de nombreuses violations du cessez-le-feu étaient signalées. A Belgrade, les Serbes parlaient de « jour noir » pour la Yougoslavie. Mais une inconnue de taille demeure : cet Etat, malheureusement, existe-t-il encore ? (→ 21.2)

La Croatie fête sa reconnaissance.

Un nouvel attentat meurtrier de l'IRA

Comté de Tyrone, vendredi 17
L'IRA signe son attentat le plus meurtrier en Irlande du Nord depuis 1988 : sept ouvriers protestants ont été tués lorsqu'une bombe actionnée à distance a explosé au passage de la camionnette qui les ramenait d'un chantier, à proximité du village de Carrickmore. L'Armée républicaine irlandaise avait toujours prévenu que les ouvriers en bâtiment travaillant pour les forces britanniques seraient considérés comme « collaborateurs ». Le Premier ministre britannique John Major a déclaré que les « terroristes seraient traqués jusqu'à la fin de leurs jours ». (→ 5.2)

Cette année, le Paris-Dakar arrive au Cap

Le Cap, jeudi 16
Hubert Auriol, qui remportait en 1981 et 1983 le Paris-Dakar motos, vient de réussir le pari de gagner, avec une voiture Mitsubishi cette fois, une course qui est descendue pour la première fois jusqu'au Cap. Stéphane Peterhansel a dominé en moto, après qu'on ait eu à déplorer la mort de Gilles Lalay.

Hubert Auriol vainqueur en catégorie auto, Stéphane Peterhansel en moto.

La place Rouge aux nostalgiques du PC

Ils veulent faire renaître le PCUS.

Moscou, samedi 18
C'est une foule très hétéroclite forte d'environ deux cents personnes qui s'est rassemblée au cœur du Kremlin pour en appeler à la renaissance du Parti communiste d'URSS dissous. Beaucoup de vieillards, quelques militaires et religieux et une poignée de députés, tous des nostalgiques du « bon vieux temps » où le PCUS régnait en maître sur l'URSS. Comme lors d'une manifestation similaire, le 12 janvier dernier à Moscou, organisée sur la place du Manège, la foule brandissait des portraits de Lénine et de Staline. Les orateurs ont stigmatisé les nouveaux dirigeants, accusés de conduire le pays à la ruine. Ces manifestations ont été organisées à l'initiative de divers groupuscules conservateurs, dont le Parti russe des communistes. (→ 23.2)

A Carcassonne, Jacques Planel présente le 14 le premier vidéo-maton.

Le 17, Renault présente la Safrane, destinée à remplacer la R 25.

Janvier

1992

Lu	Ma	Me	Je	Ve	Sa	Di
		1	2	3	4	5
6	7	8	9	10	11	12
13	14	15	16	17	18	19
20	21	22	23	24	25	26
27	28	29	30	31		

Congo, 20
Les militaires annoncent la destitution du Premier ministre André Milongo. (→ 26)

Cuba, 20
Malgré les appels à la clémence de nombreux pays, l'anticastriste Eduardo Betancourt est exécuté.

Moscou, 20
La Russie signe avec la Finlande un traité mettant un terme à la « finlandisation ».

Azerbaïdjan, 20
Les affrontements entre Azéris et Arméniens reprennent au Haut-Karabakh. (→ 28)

Russie, 21
Après l'inculpation, le 14, d'une douzaine de dignitaires du Parti, l'enquête conclut que Gorbatchev n'était pas impliqué dans le putsch d'août dernier.

France, 22
Le député socialiste des Landes Henri Emmanuelli est élu président de l'Assemblée.

Haïti, 22
Selon Amnesty International, la violence politique a fait plus de 1 500 victimes depuis septembre 1991.

Géorgie, 22
Abacha, ville natale du président Gamsakhourdia, tombe aux mains des forces géorgiennes. (→ 7.3)

France, 23
Le 19e Salon international de la BD ouvre ses portes à Angoulême. (→ 26)

Belgique, 23
Un violent incendie ravage l'hôtel Métropole à Bruxelles.

Zaïre, 23
Après avoir violemment réprimé une manifestation le 21, l'armée déjoue une tentative de putsch contre Mobutu.

Moscou, 23
La Russie s'ouvre aux investissements étrangers.

Chine, 24
Des relations diplomatiques normales sont établies avec Israël.

Melbourne, 26
Jim Courier remporte la finale de l'open d'Australie contre Edberg.

Un Airbus d'Air Inter percute les Vosges

Strasbourg, lundi 20
L'Airbus A320 qui a quitté Lyon à 18 h 30 ne se posera jamais sur la piste d'Entzheim. C'est à 19 h 20 que la tour de contrôle a perdu tout contact avec l'appareil, au moment même où il percutait les flancs du mont Sainte-Odile à une hauteur de 826 m. Sur les 90 passagers et 6 membres d'équipage, seuls 9 rescapés réussiront à s'extraire de la carcasse de l'avion. Le pilote n'a pas pu utiliser l'approche ILS (système radio d'atterrissage précis) car un vent du nord interdisait l'arrivée sur la piste 23, seule équipée de ce système. Il a effectué une approche VORTAC (moins précise car sans suivi visuel du plan de descente) sur la 05, c'est-à-dire sur la même piste mais dans le sens opposé. Détruite, la boîte noire ne révélera pas pourquoi l'avion est descendu à 750 m par minute au lieu de 220.

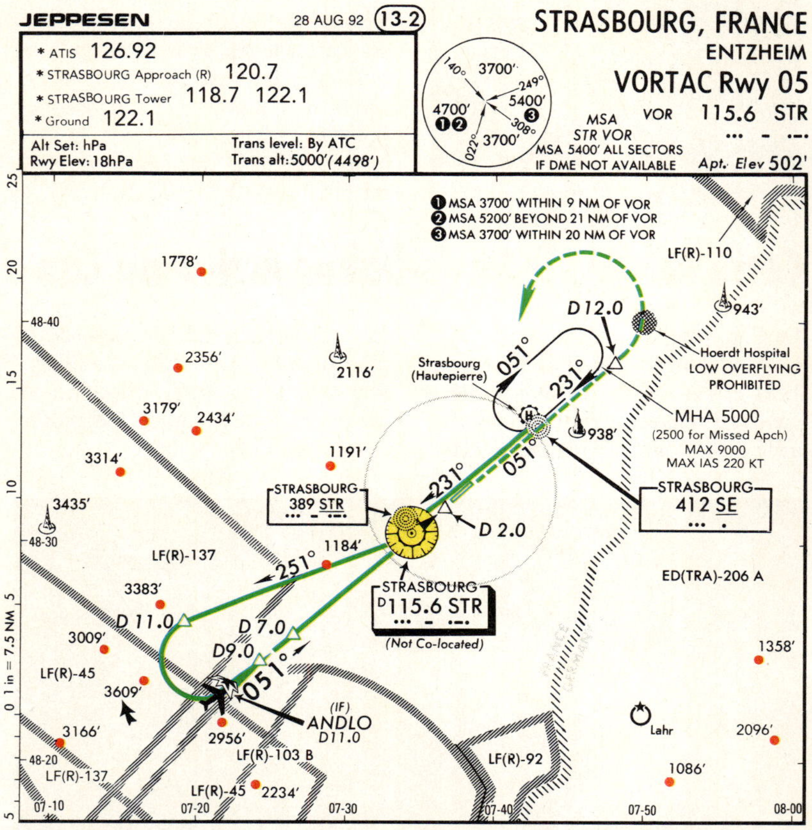

Schéma d'approche vers la piste 05 à l'aéroport de Strasbourg-Entzheim.

Le 20, les mesures contre la prostitution au bois de Boulogne entrent en vigueur : certaines routes et allées sont fermées de 20 heures à 6 heures.

Hommage à Martin Luther King à Denver le 20, malgré le KKK.

Champion J. Dupree (*4.7.1910), légendaire bluesman, mort le 21.

Le 22, Kohl refuse le mot ECU, trop proche de « kuh » (la vache).

Il échange du lait contre un MIG-21

Francfort, mercredi 22
Shimon Szmigiel, un gros épicier de Lotsch, dans la banlieue francfortoise, a négocié avec les autorités de Saint-Pétersbourg un troc peu ordinaire. Profitant de l'anarchie qui règne à tous les échelons de l'appareil militaire, il a pu échanger pour 40 000 marks de lait en poudre contre un MIG-21. L'avion est exposé sur un parking devant son magasin et devrait servir à attirer les clients. C'est une enseigne du meilleur goût, mais cette braderie de matériel met surtout en évidence la déliquescence du système. (→ 5.3)

L'armée tente de mettre le FIS au pas

Hachami a été arrêté avant-hier.

Alger, vendredi 24
Pour les prières du vendredi une présence policière et militaire massive autour des mosquées a empêché toute démonstration de force des islamistes. Dans le quartier populaire de Bab el-Oued, l'un des fiefs du FIS, des commandos parachutistes ont dû faire des tirs de sommation pour disperser une foule qui se faisait menaçante. Hormis quelques prêches vengeurs et quelques incidents mineurs, ce vendredi n'a pas donné lieu à l'explosion de colère tant redoutée par les autorités, deux jours après l'arrestation de huit des principaux dirigeants du FIS. (→ 31)

Le 25, Surya Bonaly reste championne d'Europe à Lausanne.

A ski dans les rues de... Perpignan

Perpignan, jeudi 23
La brusque offensive de l'hiver n'a surpris que les distraits. Les services météo l'avaient annoncée avec un luxe de précisions. Malgré cela, les fortes chutes de neige ont perturbé la vie des habitants de la région. Le plan Orsec a même été déclenché dans le département des Pyrénées-Orientales, où deux personnes sont mortes, 150 000 autres privées d'électricité et de téléphone. L'armée a été appelée en renfort pour dégager les véhicules bloqués sur l'autoroute.

Le monde au chevet de la CEI affamée

Washington, jeudi 23
Accord minimum à la conférence sur l'aide occidentale qui doit permettre aux Républiques de l'ex-URSS de survivre à l'hiver. Réunis au département d'Etat, les représentants de 54 pays et organisations internationales ont décidé d'agir vite, mais n'ont pu se mettre d'accord sur la façon dont cette aide alimentaire et médicale serait coordonnée. C'est donc en ordre dispersé qu'Américains, Européens et Japonais vont opérer. Un pont aérien de l'US Air Force, baptisé *Provide Hope* va démarrer dès le 10 février prochain. (→ 10.2)

Frank Margerin couronné à Angoulême

Angoulême, dimanche 26
La banlieue de Lucien, Rocky, Gillou et Ricky, c'est la nouvelle comédie humaine. Couronné par le Grand Prix 1992 de la ville d'Angoulême, pour l'ensemble de son œuvre, Frank Margerin, à 40 ans, connaît déjà la consécration d'une reconnaissance officielle. Cet univers – les territoires où évoluent ses rockers, ces rebelles des trottoirs – réinvente la banlieue, celle des petits pavillons en meulière et des groupes de rock. Il a réussi à créer un monde sympathique, celui de la banane gominée et des charentaises. La débrouille est reine et la « mob » y est toujours l'objet de toutes les passions.

Echec d'un putsch militaire au Congo

Brazzaville, dimanche 26
La crise est désamorcée. André Milongo, le Premier ministre congolais, a remanié son gouvernement, après six jours d'incertitude et de tension. Six jours durant lesquels l'armée s'est opposée au gouvernement de transition. Les soldats avaient pris l'aéroport et la télévision tandis que le Premier ministre avait un temps disparu. Ses partisans étaient alors descendus dans la rue. Le secrétaire d'Etat à la Défense, le colonel Michel Gangouo, dont le limogeage était demandé par les militaires, quitte le gouvernement. Un calendrier est arrêté pour les élections : les présidentielles auront lieu en juin.

La Côte-d'Ivoire remporte la coupe d'Afrique des Nations

La Côte-d'Ivoire vainqueur de la coupe pour la première fois, face au Ghana.

Dakar, dimanche 26
La coupe d'Afrique des Nations de 1992 semblait promise aux Sénégalais évoluant chez eux, ou aux Camerounais, héros du Mondiale italien 1990. Mais l'élimination de ces deux favoris avait ouvert la voie à une sélection du Ghana emmenée par le marseillais Abedi Pelé, meilleur footballeur africain de l'année. Hélas pour les Ghanéens, Abedi Pelé fut suspendu pour la finale contre la Côte-d'Ivoire. Et ce sont les Ivoiriens, outsiders inattendus, qui finirent par s'imposer. Ils remportèrent l'épreuve des tirs au but, au cours de laquelle leur gardien multiplia les prodiges. La coupe d'Afrique ira donc à Abidjan.

Janvier

1992

Lu	Ma	Me	Je	Ve	Sa	Di
		1	2	3	4	5
6	7	8	9	10	11	12
13	14	15	16	17	18	19
20	21	22	23	24	25	26
27	28	29	30	31		

Morzine, 27
Carole Merle remporte le slalom géant. (→ 23.2)

Argentine, 28
Les livraisons de matériel nucléaire à l'Irak sont suspendues.

Azerbaïdjan, 28
Un hélicoptère transportant des civils est abattu à la roquette au Haut-Karabakh ; le bilan est de quarante morts. (→ 31)

Singapour, 28
Pour faire face au marché unique européen, les pays de l'ASEAN s'accordent sur la mise en place d'un marché commun.

Paris, 29
Le terroriste palestinien Georges Habache arrive secrètement en France. (→ 1.2)

France, 29
Didier Auriol remporte le rallye de Monte-Carlo.

Etats-Unis, 30
Le Pentagone annonce la fermeture de 83 nouvelles bases en Europe.

Dublin, 30
Le Premier ministre Charles Haughey donne sa démission. (→ 11.2)

Prague, 30
Dix républiques de l'ex-URSS sont admises dans la CSCE.

Algérie, 31
Après avoir tué 2 manifestants anti-FLN le 29, la police tire à nouveau sur des islamistes : 8 blessés. (→ 6.2)

Etats-Unis, 31
Le procès pour viol de Mike Tyson s'ouvre aujourd'hui. (→ 10.2)

DECES

Suisse, 28
Jean-Gabriel Zufferey, écrivain (*1945).

Finlande, 28
Avo Ylppo, pionnier des soins prénataux (*1887).

Etats-Unis, 28
Willie Dixon, bluesman (*15.4.1915).

Suisse, 29
Jean-Louis Jeanmaire, général condamné en 1977 pour espionnage au profit de Moscou (*1911).

Bush désarme unilatéralement, Eltsine surenchérit à l'ONU

New York, vendredi 31
C'est une première dans l'histoire de l'ONU : les chefs d'Etat des 15 pays membres du Conseil de sécurité se sont réunis pour discuter de l'après guerre froide. Répondant aux mesures de désarmement unilatéral proposées par le président George Bush avant-hier, son homologue russe, Boris Eltsine, qui faisait son entrée dans le club des Grands, est allé plus loin. Il a demandé aux Etats-Unis d'utiliser la technologie dite de la Guerre des étoiles pour créer un « bouclier planétaire » afin de protéger tous les pays de la menace nucléaire. (→ 7.2)

La Russie remplace l'URSS comme membre permanent au Conseil de sécurité.

Edith Cresson a choisi l'alliance Bull-IBM

Paris, mardi 28
Edith Cresson dévoile le second volet de son plan de sauvetage de l'informatique française. IBM, le numéro un mondial du secteur, va entrer dans le capital de Bull, entreprise nationalisée, à hauteur de 5,7 %. Cette alliance financière doit déboucher, à terme, sur une coopération technologique. Elle permet à Bull et à l'électronique française d'accéder directement au système Risc, qui est la base de conception de tous les projets d'ordinateurs et de réseaux futurs.

Un pôle de plus pour l'électronique.

Nouvelle offensive au Haut-Karabakh

Stepanakert, vendredi 31
Des centaines de soldats azéris, appuyés par des blindés et de l'artillerie, foncent sur Stepanakert, la principale ville de l'enclave arménienne du Haut-Karabakh. Les dirigeants azéris semblent résolus à en finir avec la sécession des Arméniens, majoritaires dans cette région sous contrôle administratif de l'Azerbaïdjan. Côté azéri, on signale déjà cinq morts. Aucun bilan n'a été fourni côté arménien. (→ 3.2)

Défilé haute-couture printemps-été 1992

Lacroix : Christian aime provoquer et cultive toujours le mélange des genres. Précieux cette année avec des taffetas écossais roses ou des kilomètres de tulle.

Ungaro : les fastes du Grand Siècle sont de la fête pour les vingt-cinq ans de mode d'un couturier libre. Du spencer rebrodé aux manches à gigot, tout est éblouissement.

Scherrer : un voyage de l'exotisme au romantisme, composé en deux tableaux ; les ocres et les broderies de plumes avant de passer aux mousselines à pois.

Février

1992

Lu	Ma	Me	Je	Ve	Sa	Di
					1	2
3	4	5	6	7	8	9
10	11	12	13	14	15	16
17	18	19	20	21	22	23
24	25	26	27	28	29	

Belgique, 1er
Le social-chrétien flamand Jean-Luc Dehaene est chargé de former un nouveau gouvernement. (→ 6.3)

Italie, 2
Une nouvelle crise politique provoque la dissolution du parlement. (→ 5.4)

Espace, 3
La sonde *Ulysse*, lancée en octobre 1991 par *Discovery*, pénètre dans le domaine magnétique de Jupiter.

Turquie, 3
Le bilan des avalanches du 1er dans le sud-est du pays se monte à 178 morts.

Azerbaïdjan, 3
La nouvelle offensive des Azéris au Haut-Karabakh a fait au moins 30 morts. (→ 17)

Chypre, 3
L'Indonésie prend la présidence du mouvement des pays non alignés.

Belgique, 4
Anthony De Clerck, le petit-fils du roi du textile, est enlevé à Belsele. (→ 27)

Venezuela, 4
Les forces loyalistes déjouent un coup d'Etat militaire : 73 morts.

Belfast, 5
Cinq catholiques sont abattus par des tireurs. Hier, une attaque contre les bureaux du Sinn Fein a fait 3 morts. (→ 28)

Algérie, 6
Les autorités annoncent 12 morts dans la ville de Batna. Hier, après deux jours de troubles, le bilan des affrontements entre islamistes et policiers était de 5 morts.

Barcelone, 6
Face aux manifestations d'hostilité, le Premier ministre chinois Li Peng doit écourter sa visite officielle. (→ 23)

Londres, 6
La reine fête ses 40 ans de règne.

Algérie, 9
L'état d'urgence est décrété pour un an, et le FIS est soumis à une procédure de dissolution. (→ 4.3)

DECES

France, 1er
Jean Hamburger, professeur de médecine (*17.7.1909)

Habache laisse une « affaire » derrière lui

Le chef du FPLP repart pour Tunis.

Paris, samedi 1er
« Ils sont tous fous. » Telle est la conclusion de François Mitterrand lui-même. Le départ de Georges Habache n'a pas enrayé la crise politique. Après avoir passé deux jours à l'hôpital parisien Henry-Dunant, le leader palestinien du FPLP est reparti pour Tunis. Le juge Bruguière n'aura pas pu l'interroger. Trois hauts fonctionnaires du Quai d'Orsay et de l'Intérieur et la présidente de la Croix-Rouge, Georgina Dufoix, devront « démissionner ». L'indignation soulevée est grande, dans la majorité comme dans l'opposition.

Victoire du nouveau Quinze de France

Cardiff, samedi 1er
L'équipe de France de rugby, qui a fait peau neuve cette saison avec le nouvel entraîneur Pierre Berbizier, plusieurs nouveaux jeunes joueurs et un nouveau capitaine, Philippe Sella, a bien commencé le Tournoi des Cinq Nations 1992. Elle s'est imposée face à un quinze de Galles il est vrai très faible et bien loin des brillantes équipes galloises qui dominèrent le Tournoi il y a vingt ans de cela. Les Français l'emportent 12 à 9, menant déjà 12 à 0 après 37 minutes. Ils ont dominé leurs adversaires dans tous les compartiments du jeu. Il leur faut confirmer ce renouveau. (→ 15)

Score à 12-9 contre les Gallois.

Patrick Bruel et Jane Birkin au firmament

Paris, samedi 1er
La soirée des Victoires de la musique a trouvé son héros. Vengé de son humiliation de l'année dernière, où, donné vainqueur, il repartait bredouille, Patrick Bruel est sacré meilleur interprète et champion en nombre de spectateurs. Quant à Jane Birkin, elle reçoit la Victoire de la meilleure interprète.

Le palmarès des septièmes Victoires de la musique consacre des valeurs sûres.

Le cessez-le-feu est effectif au Salvador

Ils fêtent la fin de la guerre civile.

San Salvador, samedi 1er
La scène est surprenante : l'ambassadeur des Etats-Unis donne une accolade au « commandante » Villalobos, ennemi juré de Washington... Les Salvadoriens mettent officiellement fin à douze années de guerre civile. Des combats qui auraient fait près de 80 000 victimes. Plusieurs cérémonies ont marqué l'entrée en vigueur du cessez-le-feu supervisé par l'ONU. Le président Christiani a appelé ses concitoyens à se mobiliser pour la reconstruction de son pays meurtri. Les accords de paix signés le 16 janvier dernier prévoient que les quelque 7 000 guérilleros se regrouperont en quinze points pour être désarmés et le mouvement de guérilla va se « civiliser » : le FMLN (Front Farabundo Marti de libération nationale) doit bientôt se transformer en parti politique.

Le 1er, le Salon de la lingerie dévoile ses charmes à Paris.

Mandela et De Klerk primés ensemble

Un prix pour la recherche de la paix.

Paris, lundi 3
Une nouvelle Afrique du Sud est en marche. Au siège de l'Unesco, le président Frederik De Klerk et le leader anti-apartheid Nelson Mandela ont reçu le « Prix Houphouët-Boigny pour la recherche de la paix ». Créé à l'initiative du président ivoirien, ce premier prix consacre la réconciliation des différentes communautés sud-africaines. Les deux hommes ont convenu, à l'issue d'un déjeuner à l'Elysée, qu'un gouvernement de transition pouvait intervenir dans les mois qui viennent. Lancée sur un air de Mozart, la cérémonie s'est clôturée au son du groupe Mory Kante... (→ 17.3)

Le jouet français fait de la résistance

Nintendo a raflé 30 % du marché.

Paris, mardi 4
A Villepinte, au nord de Paris, le Salon du jouet ferme ses portes. Les fabricants français ont joué la forteresse assiégée. Et il y a de quoi : le japonais Nintendo a raflé 30 % du marché lors des fêtes ! Une mode à laquelle il est difficile de résister. Les fabricants organisent ailleurs la résistance, dans le « naturel » par exemple. Ceux du Jura passent à la contre-offensive avec les classiques Jokari, croquet et train en bois. Là, pas de Super-Mario ou de Mickey. Avec ce dernier, très présent au salon, Euro Disney va servir de tremplin aux firmes américaines qui exploitent les jouets Disney. (→ 12.4)

Pour l'ETA, pas de trêve des attentats

Madrid, jeudi 6
L'explosion a été entendue dans toute la capitale. C'est vers 8 h 30, à l'heure où les Madrilènes se rendent à leur travail, que la voiture piégée a explosé, sur le passage d'une fourgonnette militaire. Quatre militaires et un civil ont été tués et six personnes blessées. Pour son cinquième attentat depuis le début de l'année, l'ETA a frappé en plein cœur de Madrid. Avec les Jeux olympiques de Barcelone et l'Exposition universelle de Séville qui se préparent, les autorités craignent une recrudescence des actions de l'organisation séparatiste basque.

Eltsine agite l'épouvantail de la dictature

Paris lui accorde 3,5 milliards F.

Paris, vendredi 7
Boris Eltsine ne rentrera pas à Moscou les mains vides. Au terme de sa première visite d'Etat à Paris, le président russe a su convaincre les dirigeants français de la nécessité d'aider la Russie à mener à bien ses réformes. « Si les réformes échouent, un dictateur viendra », a-t-il lancé sous les lambris de l'Hôtel de Ville. C'est donc pour soutenir les réformes en Russie que la France a accordé 3,5 milliards de francs de crédits, dont 2 milliards pour la fourniture de céréales et 1,5 milliard pour l'achat de biens industriels. Paris a aussi conclu un accord de troc : pétrole russe contre aliments français. (→ 10)

La CEE avance vers l'UP et l'UEM

Maastricht, vendredi 7
Les ministres des Affaires étrangères et des Finances de la CEE signent le traité sur l'union européenne, selon l'accord intervenu en décembre dernier. Ce traité est un cadre qui devrait accompagner la mise en place du marché unique et l'amplifier pour aboutir à l'UEM, l'Union économique et monétaire. Parallèlement, ce traité doit aussi aider à la convergence des politiques étrangères et de sécurité, avec pour objectif d'instaurer une union, politique cette fois, l'UP. Pour entrer en vigueur, il devra être ratifié par les douze pays. (→ 7.4)

Les Jeux olympiques cachent aussi un ballet étonnant et discret

Des tireurs d'élite du GIGN...

Albertville, vendredi 7
A la veille de l'ouverture des Jeux, un impressionnant dispositif de sécurité et surtout de transmissions est en place sur les treize sites. C'est cet éclatement des épreuves qui, avec les risques climatiques, constitue le plus grand des défis. RAID, GIGN, GIPN (pour la police) sont sur place, épaulés par les moyens des armées de terre et de l'air. Un système RITA a été installé, prêt à faire face à toute panne de France Télécom. Les responsables de ces 9 470 hommes et femmes auront à gérer cette présence de la façon la plus efficace et la plus discrète possible. Les experts espagnols sont là pour s'en inspirer. (→ 8)

... aux Chasseurs alpins.

Le premier crash du Club Méditerranée

Cap Skirring, dimanche 9
Partis très tôt de Dakar, les 50 touristes, 48 Français et 2 Belges, avaient hâte d'arriver au village de vacances du cap Skirring, en Casamance. Vers 5 heures, l'un des deux pilotes américains annonce aux passagers du Convair 640 affrété par le Club Méditerranée qu'il amorçait sa descente sur l'aéroport du village. Puis, c'est le drame. L'appareil heurte des palmiers avant de s'écraser au sol, tuant trente personnes. Selon les premiers éléments de l'enquête, le pilote de l'avion-taxi a confondu les lumières d'un hôtel avec la piste d'atterrissage.

Philippe Decouflé ouvre les XVIes Jeux d'hiver

Albertville, samedi 8
Philippe Decouflé, un jeune chorégraphe connu des seuls amateurs de danse contemporaine, réinvente la cérémonie d'ouverture. D'un défilé compassé et convenu, il a fait un Objet Mouvant Non Identifié. Apparemment, le chorégraphe et démiurge n'a voulu suivre qu'une seule consigne : étonner. Ses références sont innombrables, elles vont des Super Héros américains, avec le Surfer d'Argent, à Gaston Lagaffe. La bande dessinée et les arts graphiques dominent l'inspiration de Decouflé, et c'est dans ce gisement de fantaisie et de couleurs qu'il a puisé pour ses costumes et ses drôles de machines. Le ballet des trapézistes élastiques autour du grand mât devrait rester dans les mémoires car, à ce moment-là, l'expression « voltige aérienne » a pris tout son sens.

L'argent pour Piccard à 5/100e d'Ortlieb

Franck Piccard prend la deuxième place de la descente en 1 min 50 s 42.

L'or à l'Autrichien Patrick Ortlieb.

Val d'Isère, dimanche 9
La première grande course des Jeux olympiques a failli être marquée par une victoire française. Il s'en est fallu en effet d'un rien (5/100e de seconde, soit la moitié d'un ski) pour que Franck Piccard ne remporte la descente hommes courue sur la face de Bellevarde, au tracé impressionnant. Médaille d'argent, Piccard a dû laisser la victoire et l'or au géant autrichien Patrick Ortlieb. Quant au troisième, Gunther Mader, lui aussi Autrichien, il a été battu également de 5/100e par Piccard. (→ 16)

Février

1992

Lu	Ma	Me	Je	Ve	Sa	Di
					1	2
3	4	5	6	7	8	9
10	11	12	13	14	15	16
17	18	19	20	21	22	23
24	25	26	27	28	29	

Russie, 10
Après de violents affrontements, le couvre-feu est instauré à Grosny, capitale de la Tchetchenie qui s'est déclarée indépendante.

Indianapolis, 10
Mike Tyson est déclaré coupable de viol. (→ 26.3)

France, 10
Les voitures coréennes sont autorisées à l'importation ; Paris espère faciliter ainsi l'achat du TGV par la Corée.

Etats-Unis, 11
La diffusion par CNN d'une conversation téléphonique violemment antisémite entre Arafat et Ibrahim Souss, porte-parole de l'OLP en France, soulève l'indignation de la communauté internationale.

Dublin, 11
Albert Reynolds est élu Premier ministre par le Daïl, le parlement national.

Mongolie, 12
La nouvelle Constitution qui entre en vigueur garantit le multipartisme et le respect des droits de l'homme.

Cachemire, 12
Une manifestation des partisans de l'indépendance du Cachemire est violemment réprimée.

Etats-Unis, 12
George Bush annonce officiellement sa candidature à l'élection présidentielle. (→ 18)

Genève, 13
L'Arabie Saoudite s'oppose à la réduction de la production de pétrole à 22,5 millions de barils par jour.

Israël, 15
Des terroristes palestiniens abattent trois soldats israéliens dans un camp militaire. (→ 16)

Paris, 16
Le président argentin Carlos Menem entame une visite officielle en France.

Penjab, 16
Les violences redoublent à l'approche des élections devant mettre fin à la tutelle de New Delhi. (→ 19)

Kinshasa, 16
L'armée réprime dans le sang la manifestation organisée par l'Eglise zaïroise : 15 morts.

« Provide Hope », opération humanitaire américaine vers la CEI

Les Russes reçoivent l'assistance alimentaire transportée par l'US Air Force.

Francfort, lundi 10
Dans un vacarme effroyable, les cinq gros-porteurs de l'USAF, des Lockheed C-5 Galaxy et C-141 Starlifter, ont quitté la base américaine de Rhein-Main, tout près de Francfort. Ces appareils remplis de vivres et de médicaments se rendent à Moscou, à Saint-Pétersbourg et dans d'autres métropoles de la CEI. Leur départ marque le début de l'opération *Provide Hope* organisée par les Etats-Unis en faveur des onze républiques de la CEI. Au total, ce sont 54 avions américains, mais aussi européens et japonais, qui doivent acheminer 2 500 tonnes d'aide à l'ex-URSS, en moins de trois semaines. (→ 14)

Le procès de l'ex-chef de la Stasi s'ouvre grâce aux nazis

Berlin, lundi 10
Erich Mielke, 83 ans, le chef historique de la Stasi, comparaît devant la justice de l'Allemagne unifiée. Des bataillons de juristes ont dépouillé les archives de l'ancienne et redoutée police d'Etat, sans rien trouver de concluant pour une inculpation. C'est finalement pour une affaire vieille de plus de soixante ans, le meurtre de deux policiers en 1931, qu'il a été inculpé. L'accusation a été rédigée à l'aide des archives judiciaires nazies. Ce n'est peut-être pas le procès que les Allemands de l'Est attendaient, eux qui chaque jour découvrent un peu plus à quelle surveillance Mielke les avait soumis. (→ 13.3)

Il a fallu remonter à 1931 pour trouver une charge contre Erich Mielke.

Le VAP intelligent du Cnes pour Mars

Toulouse, lundi 10
Le Cnes et un laboratoire de recherche du CNRS présentent un projet de véhicule robot d'exploration extraterrestre. Autonome, ultraléger par rapport aux modèles soviétiques ou américains, le VAP (Véhicule automatique planétaire) est destiné en premier lieu à Mars. « Intelligent », il doit intégrer des technologies qui n'existent pas encore. La mise au point des prototypes va être l'occasion de faire travailler ensemble toutes les compétences françaises dans le domaine de la robotique.

A Jérusalem, les Palestiniens lâchent les pierres pour la neige.

Boutros-Ghali veut la paix en Somalie

New York, jeudi 13
L'ONU pourrait-elle ramener les clans somaliens à la raison ? C'est le souhait de son secrétaire général, Boutros-Ghali, qui réunit à New York les représentants des différentes parties en conflit. Selon son envoyé spécial dans la région, le désastre actuel dans la corne de l'Afrique serait dû à la main de l'homme plus qu'aux conditions naturelles. Des milliers de personnes vont mourir des conséquences de la sécheresse et de la guerre civile qui fait rage à Mogadiscio depuis trois mois, si rien n'est fait. (→ 28.7)

Tout n'est pas si rose en Allemagne

Après BMW, Mercedes va licencier.

Stuttgart, jeudi 13
L'industrie automobile allemande se prépare à des vagues de licenciements massifs. Quelques jours après l'annonce par BMW de la suppression de 3 000 emplois, c'est Mercedes qui prévoit à son tour de supprimer 20 000 postes. Les dirigeants de ce secteur, pourtant en bonne santé financière, s'inquiètent du niveau des coûts salariaux allemands, largement supérieurs à ceux des concurrents japonais et français. Il faut aussi y voir un coup de semonce du patronat à l'approche des négociations salariales, pour signaler aux acteurs sociaux qu'il leur faut choisir désormais entre salaires et emplois. (→ 27.4)

Trois Etats se méfient toujours d'Eltsine

Minsk, vendredi 14
Pas le moindre résultat concret malgré des heures de discussion entre les chefs d'Etat de neuf des onze pays de la CEI. Réuni au siège de l'ex-PC biélorusse, au croisement de l'avenue Marx et de la rue Engels, ce quatrième sommet de la CEI était censé définir l'avenir des forces armées de l'ex-URSS. Mais Boris Eltsine n'est pas parvenu à imposer sa conception d'une armée communautaire unifiée. Il s'est heurté à une farouche opposition de la part de la Moldavie, de l'Azerbaïdjan et de l'Ukraine. (→ 12.3)

Le Quinze de France perd deux joueurs

Paris, samedi 15
Les matchs se suivent, mais ne se ressemblent pas pour les jeunes rugbymen français. Vainqueurs à Cardiff, le Quinze de France a pris cette fois-ci la leçon au parc des Princes devant une équipe d'Angleterre souveraine. Elle lui a infligé sa plus grosse défaite à domicile depuis 1945 : 31 à 13. Pour assombrir le tableau, deux joueurs français, Vincent Moscato et Grégoire Lascubé, ont été expulsés du terrain pour brutalités. Ce qui doit leur valoir six mois de suspension dans toutes les compétitions nationales et internationales. (→ 21.3)

Défaite face à l'Angleterre : 13-31.

Tsahal touche à mort le chef du Hezbollah

Liban sud, dimanche 16
Les hélicoptères de l'armée israélienne n'ont pas laissé la moindre chance au chef du Hezbollah libanais. Cheikh Abbas Moussaoui et une dizaine de personnes ont été tués lorsque leur convoi est tombé dans une embuscade. Cette attaque aérienne de Tsahal fait suite à l'assassinat de trois soldats israéliens au nord-est de Tel Aviv 24 heures auparavant. L'armée avait alors été taxée de négligence. Le ministre israélien de la Défense parle de « message pour toutes les organisations terroristes ». (→ 18.3)

Surprise française en combiné nordique

Un exploit historique de Fabrice Guy et Sylvain Guillaume, or et argent.

Courchevel, dimanche 16
Le bilan de la première semaine des Jeux olympiques est plutôt positif pour les Français. Il s'est soldé par la conquête de trois médailles d'or décrochées là où on ne les attendait pas. En effet, ce que ni Franck Piccard ni Carole Merle n'avaient pu obtenir en ski alpin où ils figuraient pourtant parmi les favoris, Fabrice Guy en combiné nordique, l'équipe de France féminine de biathlon, et Edgar Grospiron en ski artistique, ont pu la décrocher, à savoir la médaille d'or. Le triomphe de Fabrice Guy fut sans doute le plus méritoire car le combiné nordique a toujours été le domaine réservé des Scandinaves et des Autrichiens. Il s'agit d'une compétition se déroulant sur deux épreuves : le saut à ski et le ski de fond (15 km). C'est dans cette seconde épreuve que Fabrice Guy assura son succès devant son camarade Sylvain Guillaume, étonnant médaillé d'argent. Dans le biathlon féminin par équipe (relais 3 x 7,5 km en ski, le parcours étant entrecoupé d'épreuves de tir à la carabine), Anne Briand, Véronique Claudel et Corinne Niogret ont brillamment devancé Russes et Allemandes. Quant à Edgar Grospiron, il a conquis le nouveau titre olympique de ski artistique sur les bosses de la piste des Saisies. Il ne faut pas oublier les performances de l'équipe de France de hockey sur glace, qui s'est surpassée dans un tournoi extrêmement difficile. En battant les Norvégiens, un exploit inattendu, elle a réussi à se qualifier pour les quarts de finale. (→ 23)

L'or pour Grospiron en ski sur bosses.

Février

1992

Lu	Ma	Me	Je	Ve	Sa	Di
					1	2
3	4	5	6	7	8	9
10	11	12	13	14	15	16
17	18	19	20	21	22	23
24	25	26	27	28	29	

Azerbaïdjan, 17
Les obus pleuvent sur l'enclave arménienne de Stépanakert. (→ 28)

Tripoli, 17
La justice libyenne auditionne publiquement les deux suspects impliqués dans l'attentat de Lockerbie. (→ 23.3)

Etats-Unis, 18
Les élections primaires dans le New Hampshire ouvrent la course à la présidence. George Bush remporte 58 % des voix chez les républicains, Bill Clinton 26 % chez les démocrates. (→ 26)

Paris, 18
Les étudiants manifestent contre le projet de réforme de Lionel Jospin. (→ 25)

Côte-d'Ivoire, 18
Une manifestation anti-gouvernementale tourne à l'émeute. (→ 24)

Penjab, 19
Le parti du Congrès, parti au pouvoir à New Delhi, remporte les élections, mais les abstentions représentent 70 % des voix.

Israël, 20
Yitzhak Rabin est élu président du parti travailliste. (→ 24.6)

Paris, 21
Sylvester Stallone reçoit la médaille des Arts et Lettres des mains de Jack Lang.

Londres, 21
Selon les enquêteurs anglais mandatés par les assurances, Robert Maxwell s'est bien suicidé.

Pays-Bas, 21
Le gouvernement cède aux pressions chinoises et annule la livraison de huit sous-marins à Taiwan.

Pékin, 23
S'exprimant dans le *Quotidien du peuple*, Deng Xiaoping refuse la « libéralisation politique » mais se réfère au « léninisme de marché ». (→ 20.3)

DECES

France, 17
Vladimir Pozner, écrivain (*1905).

France, 20
Pierre Dervaux, chef d'orchestre (*1917).

Un institut contre la fuite des cerveaux

Les savants ont des rêves d'argent.

Moscou, lundi 17
Pour éviter que les docteurs Folamour de l'ex-URSS n'aillent vendre leur savoir-faire nucléaire au plus offrant, la Russie, l'Allemagne et les Etats-Unis viennent de décider la création à Moscou d'un institut scientifique où physiciens et ingénieurs du nucléaire pourront se recycler dans la recherche purement civile. Cet institut international sera en partie financé par un crédit américain de 25 millions de dollars. L'Allemagne s'est engagée à demander des crédits de la CEE pour ce projet. (→ 5.3)

Latoya Jackson devient meneuse de revue au Moulin Rouge, le 19.

L'Allemagne brise un tabou de 47 ans

Bonn, mercredi 19
Pour les Allemands, le sujet est sensible. Pour la politique de défense de la République fédérale, le tournant est d'importance. Désormais, un tiers des effectifs de l'armée allemande (495 000 hommes actuellement, l'objectif étant de 370 000) pourra être affecté à des missions sur des théâtres extérieurs, y compris hors de la zone OTAN. Le gouvernement a décidé de convertir ces troupes en unités d'intervention rapide. L'opposition socialiste, imprégnée de traditions pacifistes et neutralistes, voudrait que de telles interventions ne soient réalisables que sous la bannière ONU. La question de la défense européenne, la guerre du Golfe et la crise yougoslave ont entraîné de vifs débats sur la révision de la Constitution. (→ 9.6)

Premier échec des Tricolores en trois ans

Londres, mercredi 19
Invaincue au cours des dix-neuf derniers matchs qu'elle a joués, l'équipe de France de Michel Platini s'est inclinée pour la première fois en trois ans. Face à une sélection d'Angleterre qu'il n'a d'ailleurs jamais pu battre dans son île en soixante ans, le Onze tricolore, battu 2-0, a reçu une leçon d'efficacité. Le capitaine français, Manuel Amoros, n'a donc pas pu fêter par une victoire sa 77e sélection. Ce qui fait de lui le *recordman* des joueurs ayant porté le maillot de l'équipe de France. (→ 25.3)

L'Angleterre triomphe par 2-0. Le second but marqué par Gary Lineker.

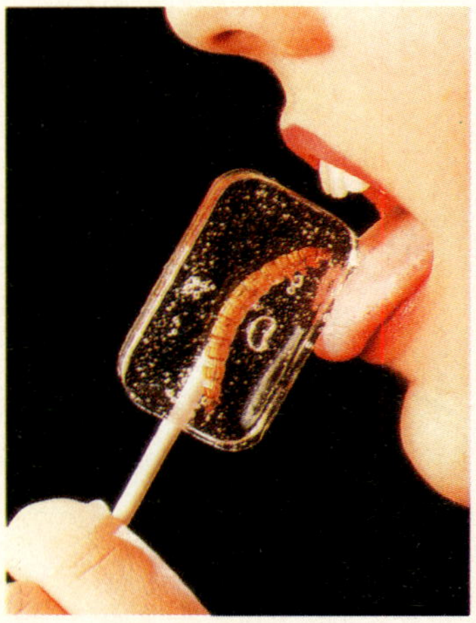

Les sucettes à la tequila apparaissent aux Etats-Unis le 19.

En Arles le 21, Jeanne Calment, doyenne des Français, a 117 ans.

Le 23 à Moscou, les nostalgiques du Parti défilent par milliers.

Le 21, sur l'île de Gorée, Jean-Paul II dénonce l'esclavage.

Les casques bleus bientôt en Croatie

New York, vendredi 21
Les militaires français ont déjà commencé à repeindre des véhicules en blanc. Plus de 1 000 d'entre eux sont susceptibles d'aller s'interposer entre Serbes et Croates. Le Conseil de sécurité de l'ONU vient de décider à l'unanimité l'envoi de casques bleus en Yougoslavie. Cette force de protection devrait compter 14 000 hommes. Mais l'opération risque de coûter cher : 635 millions de dollars par an. L'argent serait-il aussi le nerf de la paix... (→ 5.4)

L'Allemagne unifiée rafle 26 médailles

L'argent pour Carole Merle en super-géant, derrière Deborah Compagnoni.

Albertville, dimanche 23
Les Jeux olympiques d'hiver ont été clos par une cérémonie aussi réussie que la fête d'ouverture, également imaginée par Philippe Decouflé. La dernière surprise, sur le plan sportif, est venue de la défaite subie par l'Italien Alberto Tomba dans le slalom messieurs. Maître incontesté de la spécialité, qu'il domine depuis plusieurs années, Tomba a laissé la médaille d'or au Norvégien Finn Christian Jagge. Au palmarès final, les Français n'ont obtenu que neuf médailles, trois en or, cinq en argent et une en bronze. L'Allemagne unifiée, en tête des nations, en récolte vingt-six. (→ 25.3)

Isabelle Duchesnay-Dean et son frère Paul décrochent la médaille d'argent.

Toulouse-Lautrec, hôte du Grand-Palais

Il faut réserver pour aller le voir.

Paris, samedi 22
Presque toute l'œuvre de Monsieur Henri, comme l'appelaient ses amis de Montmartre, est réunie au Grand-Palais. Nul doute que l'aura sulfureuse qui entoure ce fils de famille venu « s'encanailler » à Paris, n'attire les foules ! Né à Albi en 1864, sa vie intense mais courte fut régie par la peinture, l'alcool et le sexe. Affligé d'une maladie osseuse qui le laissa difforme jusqu'à la fin de ses jours, il était doué d'une grande sensibilité, d'un sens aigu de la vérité et surtout d'un immense talent de dessinateur. Il a laissé une œuvre exceptionnelle par l'audace de ses sujets et la nouveauté de sa technique aux coloris acides et aux plans distordus : artistes de cafés-concerts ou de cirques (*la Goulue* et son partenaire *Valentin le désossé, Jane Avril, Yvette Guibert, la Clownesse Cha-u-Kao*), affiches pour cabarets (*Bruant*), scènes de la vie quotidienne des maisons closes où il trouvait le réconfort et la chaleur d'une véritable famille (*Au Salon de la rue des Moulins*).

« Tous les matins du monde » pour un soir

Paris, samedi 22
La dix-septième cérémonie de remise des césars, qui se déroule au palais des Congrès, est dédiée à Yves Montand, mort il y a trois mois. *Tous les matins du monde*, désigné meilleur film de l'année, vaut à Alain Corneau le césar du meilleur réalisateur. Ce drame historique et musical reçoit sept césars dans la soirée, dont celui de la meilleure musique, signée Marin Marais et Sainte-Colombe, les deux héros du film. Jeanne Moreau et Jacques Dutronc sont sacrés meilleure actrice et meilleur acteur.

Alain Corneau, meilleur réalisateur.

« Ville de Paris » à huit secondes du Kiwi

San Diego, dimanche 23
Le voilier *Ville de Paris*, skippé par Marc Pajot, a failli réaliser un grand exploit au cours des éliminatoires de la Coupe Louis Vuitton, qui se déroule actuellement dans la baie de San Diego. Il s'en est fallu de huit secondes que le bateau français ne triomphe de *New Zealand*, favori de l'épreuve. Le *Ville de Paris*, quatrième au classement général, appartient au carré d'as appelés à participer aux demi-finales. Il lui faut aussi compter avec un autre concurrent redoutable, l'Italien *Il Moro di Venezia*. (→ 29.3)

Les Français à la quatrième place.

1992 Albertville

Ski alpin hommes

Descente

1. Patrick Ortlieb	AUT	1:50.37
2. Franck Piccard	FRA	à 0.05
3. Günther Mader	AUT	à 0.10

Slalom

1. Finn Jagge	NOR	1:44.39
2. Alberto Tomba	ITA	à 0.28
3. Michael Tritscher	AUT	à 0.46

Géant

1. Alberto Tomba	ITA	2:6.98
2. Marc Girardelli	LUX	à 0.32
3. Kjetil Aamodt	NOR	à 0.84

Super-G

1. Kjetil Aamodt	NOR	1:13.04
2. Marc Girardelli	LUX	0.73
3. Jan Thorsen	NOR	0.79

Combiné

1. Josef Polig	ITA	14,58 pts
2. Gianfranco Martin	ITA	14,90 pts
3. Steve Locher	SUI	18,16 pts

Ski alpin femmes

Descente

1. Kerrin Lee-Gartner	CAN	1:52.55
2. Hilary Lindh	USA	à 0.06
3. Veronika Wallinger	AUT	à 0.09

Slalom

1. Petra Kronberger	AUT	1:32.68
2. Annelise Coberger	NZE	à 0.42
3. Bianca Fernandez Ochoa	ESP	à 0.67

Géant

1. Pernilla Wiberg	SUE	2:12.74
2. Diann Roffe	USA	à 0.97
3. Anita Wachter	AUT	à 0.97

Super-G

1. Deborah Compagnoni	ITA	1:21.22
2. Carole Merle	FRA	à 1.41
3. Katia Seizinger	ALL	à 1.97

Combiné

1. Petra Kronberger	AUT	2,55 pts
2. Anita Wachter	AUT	19,39 pts
3. Florence Masnada	FRA	21,38 pts

Ski de fond hommes

10 km Classique

1. Vegard Ulvang	NOR	27:36
2. Marco Albarello	ITA	à 19:2
3. Christer Majback	SUE	à 20:4

15 km libre

1. Björn Daehlie	NOR	1 h 5:37.9
2. Vegard Ulvang	NOR	à 53.4
3. Giorgio Vanzetta	ITA	à 54.3

30 km

1. Vegard Ulvang	NOR	1 h 22:27.8
2. Björn Daehlie	NOR	à 46.2
3. Terje Langli	NOR	à 1:14.7

50 km

1. Björn Daehlie	NOR	2 h 3:41.5
2. Maurillio De Zolt	ITA	à 57.6
3. Giorgio Vanzetta	ITA	à 3:0.6

Relais 4 x 10 km

1. NOR	1 h 39:26	(Langli, Ulvang, Skjeldal, Daehlie)
2. ITA	à 1:26.7	(Pulie, Albarello, Vanzetta, Fauner)
3. FIN	à 1:56.9	(Kuusisto, Kirvesniemi, Rasanen, Isometsa)

Ski de fond femmes

5 km Classique

1. Marjut Lukkarinen	FIN	14:13.8
2. Lioubov Egorova	CEI	à 0.9
3. Elena Vialbe	CEI	à 8.9

10 km Libre

1. Lioubov Egorova	CEI	40:7.7
2. Stefania Belmondo	ITA	à 24.1
3. Elena Vialbe	CEI	à 44.

15 km

1. Lioubov Egorova	CEI	42:20.8
2. Marjut Lukkarinen	FIN	à 1:9.1
3. Elena Vialbe	CEI	à 1:21.5

30 km

1. Stefania Belmondo	ITA	1 h 22:30.1
2. Lioubov Egorova	CEI	à 21.9
3. Elena Vialbe	CEI	à 1:43.8

Relais 3 x 7,5 km

1. CEI	59:34.8	(Vialbe, Smetanina, Lasutina, Egorova)
2. NOR	à 21.6	(Pedersen, Nybraten Dybendahl, Nilsen)
3. ITA	à 51.2	(Vanzetta, Di Centa, Paruzzi, Belmondo)

Biathlon hommes

10 km

1. Mark Kirchner	ALL	26:2.3 (0)
2. Ricco Gross	ALL	à 15.7 (1)
3. Harri Eloranta	FIN	à 24.3 (0)

20 km

1. Evgueni Redkine	CEI	57:34.4 (0)
2. Mark Kirchner	ALL	à 6.4 (3)
3. Mikael Lofgren	SUE	à 25. (2)

Relais 4 x 7,5 km

1. ALL	1 h 24:43.5 (0)	(Gross, Steinigen, Kirchner, Fisher)
2. CEI	à 21:8 (0)	(Medvedzev, Popov, Kirienko, Tchepikov)
3. SUE	à 54:7 (0)	(Johannsson, Andersson, Wiksten, Lofgren)

Biathlon femmes

7,5 km

1. Anfissa Restzova	CEI	24:29.2 (3)
2. Antje Misersky	ALL	à 15.9 (2)
3. Elena Belova	CEI	à 21.6 (2)

15 km

1. Antje Misersky	ALL	51:47.3 (1)
2. Svetlana Pecherskaia	CEI	à 11.2 (1)
3. Myriam Bedard	CAN	à 27.7 (2)

Relais 3 x 7,5 km

1. FRA	1h 15:55.6 (0)	(Niogret, Claudel, Briand)
2. ALL	à 32.8 (1)	(Disl, Misersky, Schaaf)
3. CEI	à 59. (2)	(Belova, Restzova, Melnikova)

Saut à skis

K 90

1. Ernst Vettori	AUT	222,8 pts (88 m + 87,5 m)
2. Martin Hollwarth	AUT	218,1 pts (90,5 m , 83 m)
3. Toni Nieminen	FIN	217 pts (88 m, 84,5 m)

K 120

1. Toni Nieminen	FIN	239,5 pts (122 m, 123 m)
2. Martin Hollwarth	AUT	227,3 pts (120,5 m, 116,5 m)
3. Heinz Kuttin	AUT	214,8 (117,5 m, 112 m)

K 120 par équipes

1. FIN	644,4 pts	(Nikkola, Laitinen, Laakkonen, Nieminen)
2. AUT	642,9 pts	(Kuttin, Vettori, Hollwarth, Felder)
3. TCH	620 pts	(Goder, Jez, Sakala, Parma)

Combiné nordique

Individuel

1. FRA		Fabrice Guy
2. FRA	à 48.4	Sylvain Guillaume
3. AUT	à 1:6	Klaus Sulzenbacher

Par équipes

1. JAP		(Mikata, Kono, Ogiwara)
2. NOR	à 1:26.4	(Apeland, Lundberg, Elden)
3. AUT	à 1:40.1	(Ofner, Kreiner, Sulzenbacher)

Ski acrobatique

Bosses messieurs

1. Edgar Grospiron	FRA	25,81 pts
2. Olivier Allamand	FRA	24,87 pts
3. Nelson Carmichael	USA	24,82 pts

Bosses dames

1. Donna Weinbrecht	USA	23,69 pts
2. Elizaveta Kojevnikova	CEI	23,50 pts
3. Stine Hattestad	NOR	23,04 pts

Luge

Monoplace messieurs

1. Georg Hackl	ALL	3:02.363
2. Markus Prock	AUT	à 0.306
3. Markus Schmidt	AUT	à 0.579

Biplace messieurs

1. ALL 1	1:32.053	(Krausse, Berhendt)
2. ALL 2	à 0.186	(Mankel, Rudolph)
3. ITA 1	à 0.245	(Raffi, Huber)

Monoplace dames

1. Doris Neuner	AUT	3:6.696
2. Angelika Neuner	AUT	à 0.073
3. Susi Erdmann	ALL	à 0.419

Bobsleigh

Bob à deux

1. SUI 1	4:3.26	(Weder-Acklin)
2. ALL 1	à 0.29	(Lochner-Zimmermann)
3. ALL 2	à 0.37	(Langer-Eger)

Bob à quatre

1. AUT	3:53.90	(Appelt, Winkler, Haidacher, Schroll)
2. ALL	à 0.02	(Hoffe, Musiol, Kuhn, Hannemann)
3. SUI	à 0.23	(Weder, Acklin, Schindelholz, Morell)

Patinage artistique

Couples

1. Natalia Michkouteniok Artur Dmitriev	CEI	1,5 pt
2. Elena Betchke Denis Petrov	CEI	3 pts
3. Isabelle Brasseur Lloyd Eisler	CAN	4,5 pts

Danse couples

1. Marina Klimova Serguei Ponomarenko	CEI	2 pts
2. Isabelle Duchesnay Jean-Paul Duchesnay	FRA	4,4 pts
3. Maïa Usova Alexander Zhulin	CEI	5,6 pts

Danse messieurs

1. Viktor Petrenko	CEI	1,5 pt
2. Paul Wylie	USA	3,5 pts
3. Petr Barna	TCH	4 pts

Danse dames

1. Kristi Yamaguchi	USA	1,5 pt
2. Midori Ito	JAP	4 pts
3. Nancy Kerrigan	USA	4 pts

Patinage de vitesse messieurs

500 m

1. Uwe Mey	ALL	37.14
2. Toshiyuki Kuroiwa	JAP	à 0.04
3. Junichi Inoue	JAP	à 0.12

1 000 m

1. Olaf Zinke	ALL	1:14.85
2. Yoon-Man Kim	COR	à 0.01
3. Yukinori Miyabe	JAP	à 0.07

1 500 m

1. Johann Koss	NOR	1:54.81
2. Adne Sondral	NOR	à 0.04
3. Leo Visser	PB	à 0.09

5 000 m

1. Geir Karlstad	NOR	6:59.97
2. Falco Zanstra	PB	à 2.31
3. Leo Visser	PB	à 4.99

10 000 m

1. Bart Veldkamp	PB	14:12.12
2. Johann Koss	NOR	à 2.46
3. Geir Karlstad	NOR	à 6.01

Patinage de vitesse dames

500 m

1. Bonnie Blair	USA	40.33
2. Qiaobo Ye	CHN	à 0.18
3. Christa Luding	ALL	à 0.24

1 000 m

1. Bonnie Blair	USA	1:21.90
2. Qiaobo Ye	CHN	à 0.02
3. Monique Garbrecht	ALL	à 0.20

1 500 m

1. Jacqueline Boerner	ALL	2:5.87
2. Gunda Niemann	ALL	à 0.05
3. Seiko Hashimoto	JAP	à 1.01

3 000 m

1. Gunda Niemann	ALL	4:19.90
2. Heike Warnicke	ALL	à 2.98
3. Emese Hunyady	AUT	à 4.74

5 000 m

1. Gunda Niemann	ALL	7:31.57
2. Heike Warnicke	ALL	à 6.02
3. Claudia Pechstein	ALL	à 8.23

Short track messieurs

1 000 m

1. Ki-Hoon Kim	COR	1:30.76*
2. Frédéric Blackburn	CAN	à 0.35
3. Joon-Ho Lee	COR	à 0.40

Relais 5 000 m

1. COR	7:14.02*	(Kim, Lee, Mo, Song)
2. CAN	à 0.04	(Blackburn, M. Daignault, Gagnon, Lackie)
3. JAP	à 4:16	(Akasaka, Ishihara, Kawai, Kawasaki)

Short track dames

500 m

1. Cathy Turner	USA	47.04
2. Ok-Sil Hwang	CON	à 0.04
3. Yan Li	CHN	à 0.19

Relais 3 000 m

1. CAN	4:36.62*	(Cutrone, Lambert Daigle, Perreault)
2. USA	à 1.23	(Donhal, Peterson, Ziegelmeyer, Turner)
3. CEI	à 6.07	(Allagoulova, Issakova, Taranina, Vlasova)

Hockey sur glace

1. CEI
2. Canada
3. Tchécoslovaquie

Le tableau des médailles

	Or	Arg.	Br.	Total
Allemagne	10	10	6	26
CEI	9	6	8	23
Norvège	9	6	5	20
Autriche	6	7	8	21
Etats-Unis	5	4	2	11
Italie	4	6	4	14
France	3	5	1	9
Finlande	3	1	3	7
Canada	2	3	2	7
Corée du Sud	2	1	1	4
Japon	1	2	4	7
Pays-Bas	1	1	2	4
Suède	1	0	3	4
Suisse	1	0	2	3
Chine	0	2	1	3
Luxembourg	0	2	0	2
Nlle-Zélande	0	1	0	1
Corée du Nord	0	1	0	1
Tchécoslovaquie	0	0	3	3
Espagne	0	0	1	1

Les médailles françaises:

3 médailles d'or
Edgar Grospiron (ski artistique, bosses), Anne Briand, Véronique Claudel, Corinne Niogret (biathlon, relais 3 x 7,5 km dames), Fabrice Guy (combiné nordique).

5 médailles d'argent
Franck Piccard (ski alpin, descente messieurs). Carole Merle (ski alpin, super-G dames). Olivier Allamand (ski artistique, bosses). Sylvain Guillaume (combiné nordique). Isabelle Duchesnay – Paul Duchesnay (danse sur glace).

1 médaille de bronze
Florence Masnada (ski alpin, combiné dames).

Sports de démonstration

2 médailles d'or
Fabrice Becker (ski artistique, ballet messieurs), Michaël Prufer (ski de vitesse).

2 médailles d'argent
Cathy Fechoz (ski artistique, ballet dames). Philippe Goitschel (ski de vitesse).

1 médaille de bronze
Didier Méda (ski artistique, sauts messieurs).

Tableau des médailles des JO de Calgary en 1988

	Or	Arg.	Br.	Total
Allemagne	2	4	2	8
(ex-RDA)	9	10	6	25
CEI (ex-URSS)	11	9	9	29
Norvège	0	3	2	5
Autriche	3	5	2	10
Etats-Unis	2	1	3	6
Italie	2	1	2	5
France	1	0	1	2
Finlande	4	1	2	7
Canada	0	2	3	5
Corée du Sud	-	-	-	-
Japon	0	0	1	1
Pays-Bas	3	2	2	7
Suède	4	0	2	6
Suisse	5	5	5	15
Chine	-	-	-	-
Luxembourg	-	-	-	-
Nouvelle-Zélande	-	-	-	-
Tchécoslovaquie	0	1	2	3
Espagne	-	-	-	-
Corée du Nord	-	-	-	-
Yougoslavie	0	2	1	3
Liechstenstein	0	0	1	1
Grande-Bretagne	-	-	-	-

Février

1992

Lu	Ma	Me	Je	Ve	Sa	Di
					1	2
3	4	5	6	7	8	9
10	11	12	13	14	15	16
17	18	19	20	21	22	23
24	25	26	27	28	29	

Côte d'Azur, 24
La *Caulerpa taxifolia*, une algue prolifique, envahit le littoral.

Côte-d'Ivoire, 24
Après la grande manifestation du 18, les dirigeants de l'opposition passent en jugement. (→ 6.3)

Suisse, 24
Impliqué dans l'assassinat de Chapour Bakhtiar, Zeyal Sarhadi est extradé en France.

Washington, 24
James Baker lie l'octroi de garanties bancaires à Israël à l'arrêt des implantations en Cisjordanie et à Gaza. (→ 17.3)

Djibouti, 25
La France envoie 200 militaires pour faciliter les négociations entre la guérilla et les forces gouvernementales.

Albanie, 25
La foule affamée prend d'assaut les entrepôts de l'aide alimentaire de la CEE. (→ 22.3)

Paris, 25
Les lycéens rejoignent les étudiants pour manifester contre la réforme Jospin. (→ 23.4)

Texas, 26
Les chefs d'Etats américains se réunissent pour organiser la lutte contre la drogue.

Etats-Unis, 26
Le démocrate Robert Kerrey remporte les primaires du Dakota du Sud. (→ 4.3)

Belgique, 27
Une tentative de remise de rançon entre les ravisseurs d'Anthony De Clerck et sa famille échoue. (→ 6.3)

Londres, 28
A la station London Bridge, une bombe fait 28 blessés; l'attentat est attribué à l'IRA. (→ 10.4)

Azerbaïdjan, 28
L'ex-Armée rouge quitte l'enclave arménienne du Haut-Karabakh. (→ 1.3)

Bosnie-Herzégovine, 29
Un référendum a lieu sur l'indépendance. (→ 1.3)

Monténégro, 29
Comme en Bosnie-Herzégovine, la population doit se prononcer par référendum sur l'indépendance.

Le cœur de Strasbourg offert aux piétons

Strasbourg, lundi 24
Le plan « Strass », que la municipalité met en place ce matin, doit interdire tout le centre de la ville aux voitures. Déjà novatrice pour les limitations de vitesse, la capitale alsacienne est la première ville en France à prendre une mesure aussi radicale. L'objectif déclaré de ce plan de circulation, qui n'autorise que les véhicules de secours, est de réduire la pollution et les embouteillages du centre historique. Rendu aux piétons, celui-ci doit servir de vitrine à une politique urbaine que peu d'élus, dans d'autres villes elles aussi engorgées, sont prêts à suivre.

Une ville pionnière pour l'écologie.

Une femme admise parmi les sages

Paris, mardi 25
Noëlle Lenoir, nommée par Henri Emmanuelli, le président de l'Assemblée nationale, est la première femme à entrer au Conseil constitutionnel. Cette juriste de 43 ans, au parcours exemplaire, est à l'origine du projet de loi sur la bioéthique, actuellement en discussion, et reconnu par tous comme un modèle de pragmatisme. Cette nomination, à l'occasion du renouvellement par tiers du Conseil constitutionnel, marque une volonté d'élargissement du champ de compétence des neuf sages.

Un an déjà, le Koweït célèbre la libération

Koweït, mercredi 26
Plusieurs avions de la coalition anti-irakienne passent dans le ciel redevenu bleu de l'émirat. La fumée émanant des puits de pétrole en feu a disparu et les appareils américains ou français sont là pour commémorer la libération du pays, il y a un an. Une liesse tempérée par le souvenir des 2 100 Koweïtiens qui seraient encore en Irak. Malgré plusieurs accords de défense négociés avec Washington, Londres et Paris, l'émirat – où la démocratisation tarde à venir – craint toujours les visées hégémoniques de Bagdad.

Malgré la fête et la reprise économique, la démocratisation se fait attendre.

Viol et avortement, casse-tête irlandais

Dublin, mercredi 26
Après trois jours de délibération, la Cour suprême irlandaise autorise une adolescente, violée et enceinte, à avorter en Angleterre. Cet arrêt, exceptionnel pour ce sanctuaire du catholicisme qu'est l'Irlande, désavoue les deux premiers jugements rendus dans cette affaire. Les parents de la jeune fille avaient voulu porter plainte contre l'auteur du viol, avant d'envoyer celle-ci se faire avorter en Angleterre. Aussitôt la police et la justice avaient interdit à la famille de quitter le sol irlandais. Cette application stricte des lois a déchiré la population en deux camps irréconciliables. L'arrêt des juges suprêmes, s'il met fin à la crise qui secouait le pays, ne résout rien sur le fond. (→ 25.11)

Le 27 à Kourou, le 49e tir d'Ariane place deux satellites en orbite.

Le Cambodge sous l'autorité de l'ONU

New York, vendredi 28
Le Cambodge va être placé sous tutelle. Le Conseil de sécurité de l'ONU a voté la création de l'Autorité provisoire des Nations unies au Cambodge (Apronuc). 22 000 soldats, policiers et fonctionnaires seront chargés d'administrer le pays, d'organiser le retour des réfugiés et de préparer les élections générales prévues pour début 1993. Le coût de l'opération est estimé à 1,9 milliard de dollars. (→ 18.4)

Liz Taylor a réservé Disneyland pour son 60e anniversaire, le 27.

Mars

1992

Lu	Ma	Me	Je	Ve	Sa	Di
						1
2	3	4	5	6	7	8
9	10	11	12	13	14	15
16	17	18	19	20	21	22
23	24	25	26	27	28	29
30	31					

Azerbaïdjan, 1er
L'offensive arménienne s'intensifie au Haut-Karabakh ; les villes à majorité azérie sont maintenant placées sous le feu des combattants. (→ 7.5)

Japon, 1er
Les yakusas sont directement visés par l'entrée en vigueur de la première loi contre le crime organisé. (→ 23.6)

Moldavie, 2
Des affrontements ethniques opposent violemment russophones et Moldaves. (→ 7.5)

New York, 2
Après l'admission de huit républiques de l'ex-URSS et de Saint-Marin, l'ONU compte désormais 175 pays membres.

Kyoto, 2
La conférence sur la protection des espèces menacées tient sa première séance. (→ 13)

Cameroun, 3
Le parti du président Biya remporte les premières élections pluralistes du pays.

Miami, 3
Lors du procès du général Noriega, qui se poursuit depuis six mois, un agent de la CIA affirme que l'ancien dictateur a servi à de nombreuses reprises d'intermédiaire entre Cuba et Washington. (→ 10.7)

Etats-Unis, 4
Les primaires du Colorado, du Maryland et de Georgie ont été remportées par George Bush ; chez les démocrates, Clinton est au coude à coude avec Tsongas. (→ 10)

Los Angeles, 5
Le procès des quatre policiers filmés en train de frapper sauvagement un automobiliste noir, en mars 1991, s'ouvre aujourd'hui. (→ 30.4)

Côte-d'Ivoire, 6
Laurent Gbagbo, chef de file de l'opposition, est condamné à deux ans de prison.

Géorgie, 7
Edouard Chevardnadze est accueilli triomphalement à Tbilissi. (→ 10)

DECES

France, 6
Vieira Da Silva, peintre d'origine portugaise (*1908).

Bras de fer entre Bagdad et l'ONU

Bagdad, dimanche 1er
L'Irak se place à nouveau dans la mire de l'ONU. Saddam Hussein rejette en effet le nouvel ultimatum du Conseil de sécurité des Nations unies qui lui donne moins de deux semaines pour laisser détruire ses missiles balistiques d'une portée supérieure à 150 km. Ce regain de tension fait suite au refus d'autoriser une équipe de la Commission spéciale de l'ONU à travailler sur place par les autorités irakiennes. Celles-ci voudraient établir un lien entre leur coopération et la levée des sanctions. Dans le même temps, les forces de Bagdad auraient lancé une offensive contre les Chiites du sud. Les alliés sont décidés à ne pas faire de concessions : ils ont fait savoir à Bagdad qu'ils n'excluaient pas l'option militaire. (→ 7.7)

Williams-Renault démarre par un doublé

Le premier Grand Prix de la saison pour Nigel Mansell et Ricardo Patrese.

Afrique du Sud, dimanche 1er
Le premier grand prix automobile de la saison, couru à Kyalami, a été dominé par la supériorité écrasante de l'écurie Williams-Renault. Elle a obtenu les deux premières places, grâce à Nigel Mansell et Ricardo Patrese. Tous deux partent d'ores et déjà favoris pour le prochain Grand Prix de Mexico. Leurs deux voitures ont fait très forte impression, laissant les McLaren loin derrière. Celles-ci auront du mal à vaincre cette supériorité. (→ 22)

La Bosnie dit oui à l'indépendance

Sarajevo, dimanche 1er
Le référendum s'achève sur fond de barricades et de rafales d'armes automatiques. Ce sont 62,6 % des habitants de Bosnie-Herzégovine qui ont dit oui à l'indépendance de la république composée de 44 % de Musulmans, 32 % de Serbes et 17 % de Croates. Mais, opposés au scrutin, des militants serbes ont essayé de paralyser la capitale. Redoutant une sanglante guerre civile, la foule a scandé « nous ne voulons pas d'un nouveau Vukovar ». (→ 6.4)

Les Français misent 160 millions par jour

Le dernier jeu, un succès immédiat.

Paris, mardi 3
Dans la fièvre du jeu, c'est encore l'Etat le grand gagnant. En 1991, les Français ont misé 58,3 milliards de francs aux jeux de hasard, soit le chiffre d'affaires de Michelin ou d'Air France. Et sur cette somme 13,6 milliards tombent dans les caisses de l'Etat au titre des prélèvements obligatoires, deux fois le produit de l'impôt sur la fortune. Plus que les casinos ou le PMU, c'est la Française des Jeux qui a vu son chiffre d'affaires progresser le plus, avec l'énorme succès du Millionnaire.

Le carnaval de Rio s'achève le 3.

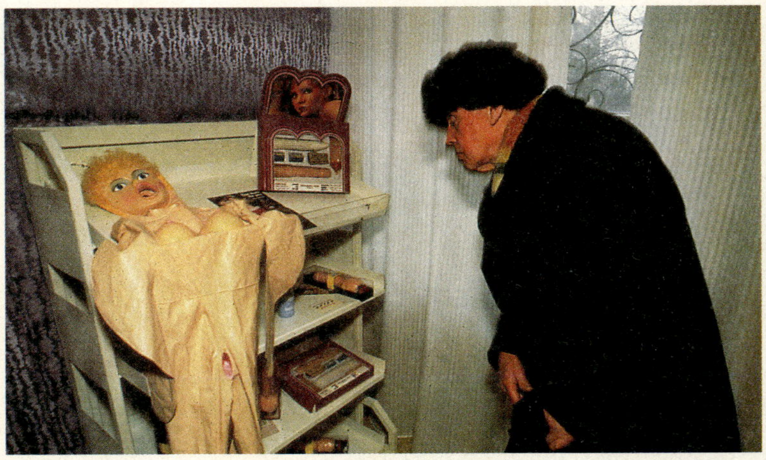
Le 6, quatre jours après son ouverture, la première sex-shop de Moscou se fait dérober pour 6 000 roubles d'accessoires en tout genre.

Le Front islamique du salut dissous

Alger, mercredi 4
La chambre administrative du tribunal d'Alger prononce la dissolution du FIS. Cette mesure, attendue depuis l'instauration de l'état d'urgence par le Haut Comité d'Etat, parachève la lutte menée par le pouvoir contre le FIS dès sa création. Avec l'emprisonnement des principaux dirigeants, le parti islamique était quasiment passé à la clandestinité, en prévision de cette interdiction. Quant à sa base populaire, elle est toujours mobilisée. (→ 10.6)

Cent jours de tractations pour former le gouvernement belge

Bruxelles, vendredi 6
Le social-chrétien flamand Jean-Luc Dehaene accepte de former le 35e gouvernement belge depuis la fin de la guerre. Il met ainsi fin à une crise politique de 106 jours. Celui qu'on appelle le « bulldozer » ou le « démineur » est aussi bien connu pour sa subtilité politique et son sens du compromis que pour son franc-parler, parfois brutal. Ce Flamand a fait ses classes dans le syndicalisme chrétien avant de commencer une carrière ministérielle qui l'a conduit dans plusieurs cabinets sociaux-chrétiens, en particulier les nombreux gouvernements Martens. Outre le défi, relevé et gagné, d'avoir pu associer chrétiens et socialistes, Flamands et Wallons, dans son équipe, il devra s'atteler à mener à bien des projets essentiels pour la Belgique. Avec en ligne de mire la construction de l'Union européenne, il doit réformer le système fédéral belge, le rendre plus efficace. A côté de cette sempiternelle révision institutionnelle, M. Dehaene s'intéresse aussi au tracé du TGV pour le Benelux et au sauvetage de la Sabena, des dossiers très politiques. (→ 5.4)

Dehaene, chef du 35e gouvernement.

De l'uranium russe au marché noir ?

Augsbourg, jeudi 5
La police allemande vient de réaliser un inquiétant coup de filet. Les autorités bavaroises se demandent si les deux Russes d'origine allemande arrêtés ce matin en possession de pastilles d'uranium ne font pas partie d'une mafia nucléaire. Les deux hommes ont été appréhendés sur le parking d'un hôtel d'Augsbourg alors qu'ils tentaient de vendre 1,2 kg d'uranium à un policier en civil. Ils espéraient en obtenir 6,4 millions de francs. Faiblement enrichi, l'uranium se trouvait dans un sac de sport dissimulé dans le coffre d'une Mercedes. Les deux malfaiteurs refusent de parler, mais la police craint d'avoir découvert l'existence d'un nouveau trafic international destiné à écouler des substances atomiques. (→ 23.4)

Alerte au virus informatique Michel-Ange

Paris, vendredi 6
Les pirates de l'informatique célèbrent les génies : c'est aujourd'hui, jour anniversaire de la naissance de Michel-Ange, en 1475, que le virus du même nom doit s'activer. Ce programme pirate et parasite est du type dormant, se déclenchant à une date donnée. Il aurait, selon les spécialistes des virus, contaminé près de cinq millions de PC et compatibles. Les graves dégâts qu'il peut causer au disque dur et la prolifération d'autres virus, encore plus vicieux, justifient pleinement le branle-bas de combat.

Il s'est activé le jour anniversaire de la naissance du peintre, à 0 heure.

Anthony De Clerck libéré avec rançon

Anvers, vendredi 6
C'est près de la frontière néerlandaise que ses ravisseurs ont relâché dans la soirée le jeune Anthony De Clerck. Enlevé le 4 février, fils d'un riche industriel flamand du textile, Anthony, 11 ans, est sain et sauf. Il semble qu'il doive sa liberté au versement d'une rançon de 250 millions FB (40 millions F) par sa famille. Une première tentative, aux Pays-Bas, avait échoué le 27 février. Mais peut-être s'agissait-il d'une répétition générale voulue par des gangsters très organisés. Les médias belges, dans l'ensemble, ont respecté les consignes de discrétion de la famille. Mais ils ont fait état de désaccords entre elle et la police, sur la stratégie à adopter face aux ravisseurs. Il n'empêche, Anthony est libre.

Le 6 à Nantes, le « Melquiades » part pour l'Amérique latine. Dans sa cale, la rue Jules-Verne, scène des spectacles de l'opération Cargo 92.

Un dimanche sous les bombes à Osijek

Osijek, dimanche 8
Des centaines d'obus de mortiers et de roquettes se sont abattus sur le centre de la ville croate. L'hôpital n'a pas été épargné par les tirs des Serbes. Cet incident, le plus meurtrier depuis l'entrée en vigueur du cessez-le-feu le 3 janvier, a fait 7 morts et 28 blessés. Des officiels des Nations unies ont déclaré que le déploiement des casques bleus n'est pas remis en cause. Une quarantaine de militaires français doivent arriver à la mi-mars. Mais la « pax onusiana » ne sera pas facile à faire régner en Yougoslavie. (→ 5.4)

La population espère beaucoup de l'arrivée des représentants de l'ONU.

Mars

1992						
Lu	Ma	Me	Je	Ve	Sa	Di
						1
2	3	4	5	6	7	8
9	10	11	12	13	14	15
16	17	18	19	20	21	22
23	24	25	26	27	28	29
30	31					

Belgrade, 9
L'opposition serbe organise une grande manifestation contre le régime de Milosevic. (→ 23.4)

Bruxelles, 10
Le Conseil de coopération de l'Atlantique Nord accueille dix républiques de l'ex-URSS. (→ 26.4)

France, 10
Robert Hersant augmente son empire de presse en rachetant trois quotidiens régionaux, *l'Ardennais*, *le Courrier de l'Ouest* et *le Maine libre*.

Paris, 11
Les autorités lèvent l'embargo charbonnier imposé à l'Afrique du Sud.

Afrique australe, 12
Du Zimbabwe à l'Afrique du Sud, la famine menace.

Palerme, 12
Salvatore Lima, député démocrate-chrétien et ami d'Andreotti, est abattu par la Mafia. (→ 23.5)

Ile Maurice, 12
L'île devient la 29e république du Commonwealth.

Athènes, 12
Les fonctionnaires lancent une grève générale.

Rwanda, 13
La tribu des Hutus, qui est majoritaire et détient le pouvoir, s'oppose à celle des Tutsis ; les massacres se généralisent. (→ 11.6)

Moscou, 13
La parution de la *Pravda* est suspendue pour « un certain temps ».

Berlin, 13
L'avocat Wolfgang Vogel, intermédiaire trente ans durant dans la « vente » des prisonniers politiques est-allemands, est écroué à la prison de Moabit ; on l'accuse d'avoir travaillé pour la Stasi.

Nouvelle-Calédonie, 14
Nouméa est le théâtre de violents incidents : s'estimant laissés pour compte, des manifestants mettent le feu à un centre commercial.

DECES

Beverly Hill, 11
Richard Brooks, cinéaste (*18.5.1912).

Il avait signé les accords de Camp David

Menahem Begin ou le Grand Israël.

Jérusalem, lundi 9
Une foule recueillie se presse vers le cimetière du mont des Oliviers pour accompagner dans son ultime voyage le dernier des grands bâtisseurs d'Israël : Menahem Begin (*16.8.1913) est décédé. Le chef de l'Irgoun, « sioniste de droite », avait commencé par combattre les Britanniques avant de mener une guérilla parlementaire contre les travaillistes de Ben Gourion. Premier ministre de 1977 à 1983, Begin avait signé le traité de paix israélo-égyptien, après la rencontre historique de Camp David. Celui dont la tête fut mise à prix recevait alors le prix Nobel de la Paix...

Seule en hiver au sommet de l'Eiger

Catherine Destivelle a mis 16 h 30.

Suisse, lundi 9
Catherine Destivelle est la première femme à avoir réalisé l'escalade hivernale en solitaire de la face nord de l'Eiger dans les Alpes suisses. L'Eiger culmine à 3 970 mètres. Catherine en a effectué l'ascension en seize heures et trente minutes. Partie lundi matin vers six heures de l'altitude 2 100 mètres, elle a atteint le sommet le soir même à 22 heures 30, après avoir grimpé en nocturne les trois dernières heures. Elle avait pour tout bagage, un litre et demi d'eau, des pâtes de fruit, une lampe frontale, des piles de rechange, des crampons, des mousquetons et deux cordes de 50 m.

Le premier sprint pour la Maison Blanche

Etats-Unis, mardi 10
Les concurrents ont quitté leurs *starting-blocks*. La course sera longue puisqu'ils ne franchiront la ligne d'arrivée que le 3 novembre prochain. Avec la tenue d'élections primaires dans huit Etats, le « Super Tuesday » marque le début de la saison des présidentielles. Côté républicain, George Bush a réalisé un sans-faute, remportant les huit primaires avec un score frôlant les 70 %. Côté démocrate, le gouverneur de l'Arkansas, Bill Clinton, l'emporte largement dans six Etats. Il devrait donc obtenir l'investiture de son parti pour affronter Bush en novembre. (→ 19)

Bill Clinton, favori des démocrates.

Le mode d'épargne des Français évolue

Paris, lundi 9
L'Insee publie les résultats d'une étude sur l'épargne des Français. Ceux-ci ont « modernisé » l'utilisation de leur argent. Les chiffres témoignent d'une désaffection pour les anciennes valeurs refuges, les liquidités placées en banque, l'or et surtout l'immobilier. La pierre occupe maintenant une place secondaire. Dans un contexte général de baisse du taux d'épargne (de 20 % à 12,4 % du revenu, en 20 ans), de désinflation et de hausse des taux d'intérêt, les placements financiers (Sicav, actions), bien rémunérés et facilement réalisables, sont maintenant au premier plan. (→ 20.7)

Issei Sagawa, cannibale à Paris en 1981, transforme désormais son crime en business au Japon.

Le RMI pour deux millions de Français

Paris, mercredi 11
Trois ans après sa mise en place, le bilan du RMI est mitigé. La commission d'évaluation, chargée de confronter les ambitions initiales aux résultats, aboutit à des conclusions contrastées. D'une part, le RMI a permis à 950 000 ménages, soit près de 2 millions de personnes, d'échapper à l'extrême pauvreté. L'Etat et les départements y ont consacré près de vingt milliards de francs ; d'autre part, les résultats concernant la (ré)insertion sont décevants. Les mécanismes d'aides non financières de formation et de recherche d'emploi, trop dispersés, manquent d'efficacité. (→ 29.5)

Chevardnadze de retour en président

Tbilissi, mardi 10
A peine rentré dans sa Géorgie natale, Edouard Chevardnadze s'est retrouvé propulsé à la tête de cette république en pleine crise. L'ancien ministre soviétique des Affaires étrangères a été élu président du Conseil d'Etat. Cet organisme, qui vient d'être créé, est destiné à remplacer le conseil consultatif en place depuis le renversement du président géorgien Zviad Gamsakhourdia, à la mi-janvier. Ce Conseil d'Etat doit exercer jusqu'à l'organisation de nouvelles élections, prévues en octobre prochain. (→ 13.5)

Cri d'alarme pour le rhinocéros menacé d'extinction par la corne

La solution pour les sauver : leur couper les cornes avant les braconniers.

Kyoto, vendredi 13
La conférence sur la protection des espèces animales menacées s'achève sur un constat d'échec. Les experts des pays signataires de la convention de Washington admettent que les mesures prises pour protéger les rhinocéros sont largement inefficaces. Abattus pour leurs cornes, auxquelles les Chinois prêtent, à tort évidemment, des vertus aphrodisiaques, leurs effectifs en Asie et en Afrique ne cessent de chuter, victimes du braconnage. Le sursis pour les 11 000 survivants pourrait venir d'une pratique testée sur les éléphants : couper les cornes afin de dissuader les braconniers.

L'Ukraine garde ses armes nucléaires

Kiev, jeudi 12
Nouvel accroc dans les rapports entre Kiev et Moscou. Après le différend sur la flotte de la mer Noire, c'est le sort des armes nucléaires tactiques ukrainiennes qui divise les deux pays. Le président ukrainien, Leonid Kravtchouk, a décidé d'interrompre le transfert en Russie de ces armes. Pour lui, la Russie ne dispose pas des moyens suffisants pour les détruire. L'Ukraine, qui se veut un Etat dénucléarisé, propose donc de les garder sur son territoire en attendant qu'y soit construite une usine spécialisée. Kravtchouk a indiqué que celle-ci pourrait être installée dans la région de Tchernobyl, au nord-ouest de l'Ukraine, déjà contaminée par la catastrophe de la centrale en 1986. (→ 7.4)

Séisme en Turquie, plus de 1 000 morts

Erzincan, vendredi 13
Un violent séisme a détruit une grande partie de cette ville située à l'est de la Turquie. D'une magnitude de 6,4, la secousse s'est produite en début de soirée. Plus de 1 000 morts ont été dénombrés et les habitants craignent d'autres secousses. L'hôpital et le centre de police se sont effondrés, désorganisant les secours. Cette ville avait déjà été rayée de la carte en 1939 par un tremblement de terre qui avait fait 40 000 morts.

La secousse, de 6,4 sur l'échelle de Richter, a détruit en partie Erzincan.

Les Attali installent Air France à l'Est

Prague, vendredi 13
A l'occasion de sa privatisation, 40 % du capital de la compagnie aérienne tchèque CSA sont acquis par un consortium français, formé par Air France, la BERD (Banque européenne pour la reconstruction et le développement) et la Caisse des dépôts. Les frères Attali, Bernard et Jacques, présidents respectifs des deux premières, réalisent là une belle opération. Cet accord leur permet de disposer, pour 350 millions de francs, d'une tête de pont en Europe centrale, et de damer le pion à leurs concurrents anglais et allemands. Mais cela ne renverse pas pour autant la tendance lourde : dans tous les domaines, c'est l'Allemagne qui reste le premier investisseur en Tchécoslovaquie. (→ 5.4)

Le 13, dans le Gard, Pascal Barrier sort de la grotte de la Cocalière où il est resté emmuré 113 jours, sans lumière naturelle et sans aucun contact.

Jean Poiret a d'abord achevé « le Zèbre »

Paris, samedi 14
Depuis quarante ans, le cœur de Jean Poiret (*7.8.1926) battait au rythme de la comédie. Samedi matin, celle-ci s'est terminée. Poiret quitte la scène, victime d'une crise cardiaque. Ce touche-à-tout, âgé de 65 ans, venait d'achever la réalisation de son premier film, *le Zèbre*. En vrai Parisien, il avait l'élégance et le bagout des enfants de Paname. Son talent s'était révélé avec celui de Michel Serrault et, pendant des années, ils ont formé un couple de scène devenu légendaire.

Il est mort d'une crise cardiaque.

Mars

1992

Lu	Ma	Me	Je	Ve	Sa	Di
						1
2	3	4	5	6	7	8
9	10	11	12	13	14	15
16	17	18	19	20	21	22
23	24	25	26	27	28	29
30	31					

Mexico, 17
L'alerte rouge est donnée : des mesures drastiques sont prises pour réduire la pollution industrielle.

Israël, 17
Moshe Arens déclare aux Etats-Unis qu'Israël préfère renoncer aux garanties bancaires américaines plutôt que d'arrêter les implantations dans les territoires occupés et contestés. (→ 2.4)

Bruxelles, 18
Le Palais annonce que le roi a été opéré du cœur à Paris.

Helsinki, 18
Le parlement finlandais donne son aval à la demande d'adhésion à la CEE.

Paris, 18
A 69 ans, madame Claude est à nouveau écrouée pour proxénétisme. (→ 16.9)

Boston, 19
Faute de moyens financiers, le démocrate Paul Tsongas se retire de la course à l'investiture. (→ 25)

Etats-Unis, 19
La firme d'armes Colt se déclare en faillite.

Pékin, 20
Le Premier ministre Li Peng ouvre la session parlementaire en relançant les réformes économiques de Deng Xiaoping.

Luxembourg, 20
Le *Luxemburger Wort*, journal appartenant à l'archevêché, licencie une employée pour « faute grave » : concubinage.

Allemagne, 20
La grève des employés de banque est un succès alors que les négociations salariales se soldent par un échec. (→ 27.4)

Turquie, 21
De violents affrontements entre policiers et séparatistes kurdes font plus de 55 morts. (26)

Thaïlande, 22
Les élections législatives ont lieu sous la haute surveillance des militaires. (→ 22.5)

Tatarstan, 22
Plus de 60 % des votants choisissent l'autodétermination.

Albanie, 22
L'opposition triomphe lors des deuxièmes élections libres : le communisme a vécu. (→ 3.4)

Yves Rocard laisse la bombe à la France

Il s'intéressait aussi aux sourciers.

Paris, lundi 16
Yves Rocard (*22.5.1903), père de l'ancien Premier ministre, Michel, est décédé la nuit dernière. Eminent physicien, il était au sein du CEA l'un des concepteurs de la première bombe atomique française, *Gerboise bleue*, qui explosa en 1960 dans le Sahara. Professeur à l'Ecole normale supérieure et à la faculté des sciences, il a formé des générations de physiciens français. Si son indépendance d'esprit avait fait l'admiration de ses pairs, elle l'a amené à se passionner pour les sourciers et le magnétisme, passion pour laquelle les savants l'ont, à une époque, écarté de leur communauté.

Le Japon menacé dans sa croissance

Tokyo, lundi 16
Rude journée pour l'économie réputée être la plus puissante du monde. Après des années fastes, la bulle financière nippone se dégonfle. Pour la première fois depuis janvier 1987, l'indice Nikkei des valeurs boursières est passé sous le seuil psychologique des 20 000 points. Il a clôturé à 19 837 points seulement, alors qu'il y a moins de trois ans il frôlait les 40 000. Tous les secteurs de l'économie japonaise sont en baisse, tant l'automobile que l'informatique, la photo et l'industrie lourde. (→ 7.4)

Les blancs ne veulent plus de l'apartheid

Avec 68,7 % de « oui », la politique de partage du pouvoir peut être poursuivie.

Johannesburg, mardi 17
Le livre de l'apartheid est refermé. Le président Frederik De Klerk a déclaré ce chapitre de l'histoire de l'Afrique du Sud clos. Le « oui » l'a emporté avec 68,7 % des voix lors du référendum organisé au sein de la communauté blanche sur la poursuite des réformes. La veille, le chef de l'Etat redoutait encore une mauvaise surprise après la virulente campagne de l'extrême droite. Ses mises en garde contre un retour en arrière ont porté. (→ 28.5)

Attentat contre une ambassade d'Israël

Buenos Aires, mercredi 18
Un feuillet écrit en arabe a été déposé à Beyrouth dans une agence de presse occidentale. Une signature tristement classique : le Djihad islamique s'attribue l'attentat perpétré à l'autre bout du monde, pour venger la mort du chef du Hezbollah au Liban il y a un mois. Quels qu'en soient les auteurs, l'action laisse les Argentins sous le choc. Il ne reste presque plus rien de l'ambassade d'Israël à Buenos Aires. L'explosion de la voiture piégée a fait au moins 21 morts et 250 blessés. Sa violence a fait croire tout d'abord à une bombe placée à l'intérieur. Les autorités israéliennes, qui mettent en cause l'Iran, ont déclaré ouverte la « chasse aux tueurs ». (→ 2.4)

Le Zippo, toujours aussi apprécié, a soixante ans le 19.

Construit par la Comex, à Marseille, le Seabus entre en exploitation à Monaco le 21. Il peut emmener 45 passagers de 35 à 50 m de profondeur.

L'écrasante victoire du Quinze de France

L'Irlande vaincue au Parc : 44-12.

Paris, samedi 21
Le Quinze de France a terminé en beauté. Pour son dernier match du tournoi, il a pulvérisé au parc des Princes une équipe d'Irlande particulièrement faible, et est entré dans le *Livre des Records* en triomphant par 44 points à 12. Personne n'avait fait mieux dans le tournoi depuis la guerre. Les rugbymen français ont marqué sept essais. Pour sa part, le trois-quart aile briviste Sébastien Viars s'est avéré remarquable, en réalisant, grâce à ses coups de pied, 24 des 44 points français. Cette victoire laisse un goût d'inachevé mais suscite de grands espoirs pour l'avenir tricolore. (→ 6.6)

Deuxième doublé pour Williams-Renault

Mansell et Patrese, intouchables, mènent la course dès le départ à Mexico.

Mexico, dimanche 22
Le pilote britannique Nigel Mansell a survolé ses adversaires dans le Grand Prix du Mexique, au volant de sa Williams-Renault. Il est resté au commandement de la course jusqu'au bout, remportant ainsi sa deuxième victoire consécutive de la saison. Et comme à Kyalami, son coéquipier Ricardo Patrese obtenait la deuxième place. Senna, victime d'une sortie de route aux essais, fut, en course, trahi par sa mécanique. (→ 5.4)

La dérive du Concorde anglais est fragile

New York, samedi 21
Quelque part au-dessus de l'Atlantique, un Concorde de la flotte de British Airways a perdu une partie de sa dérive. Il a dû atterrir dans des conditions difficiles à l'aéroport Kennedy, avec un réacteur coupé. Plus de peur que de mal pour les passagers. Mais les examens effectués sur l'appareil juste après l'incident ont incité British Airways à examiner l'ensemble de sa flotte de sept Concorde. Une enquête technique est en cours mais la carrière du supersonique ne devrait pas en être écourtée.

Déroute du PS aux élections régionales

Avec une participation plus forte que prévu, le gouvernement est malmené.

France, dimanche 22
Les résultats des élections régionales et cantonales confirment bien l'éclatement du paysage politique. La première grande surprise de ces élections est le taux de participation : 70,5 %. Etonnant pour un électorat que l'on disait démobilisé. La seconde surprise est la punition infligée aux grands partis. Le PS fait son plus mauvais score depuis 20 ans : 18,2 %. Les listes UDF-RPR n'ont guère profité du recul du parti au pouvoir et recueillent 33,3 %. Ce sont le Front national et surtout les deux listes écologistes, les Verts et Génération Ecologie qui profitent de cet éparpillement avec plus de 14 % des suffrages à elles deux. Quant à la remontée du PC, annoncée par ses dirigeants, elle n'a pas eu lieu. (→ 2.4)

Georges Delerue (*12.3.1925), célèbre pour ses musiques de film, meurt à Los Angeles le 21.

Après la libération des derniers prisonniers politiques à Perm, le gouvernement russe décide le 22 d'indemniser les dissidents. Ils pourront percevoir 180 roubles par mois de détention, avec un plafond de 25 000 roubles.

Le 22, Christian Nau dépasse les 71 km/h en char à voile sur les voies du TGV-Nord, dans l'Oise.

Mars

1992

Lu	Ma	Me	Je	Ve	Sa	Di
						1
2	3	4	5	6	7	8
9	10	11	12	13	14	15
16	17	18	19	20	21	22
23	24	25	26	27	28	29
30	31					

Tripoli, 23
La Libye accepte de livrer les deux agents suspectés dans l'attentat de Lockerbie. (→ 25)

Paris, 23
Le procès d'Yves Chalier, impliqué dans l'affaire du Carrefour du développement, s'ouvre aux assises. (→ 1.4)

Paris, 24
Sergio Berlusconi abandonne définitivement son projet de reprise de la Cinq. (→ 12.4)

Tripoli, 25
Le colonel Kadhafi revient sur sa décision de remettre ses agents à la Ligue arabe. (→ 2.4)

Connecticut, 25
Le démocrate Jerry Brown remporte les primaires. (→ 27)

Corée du Sud, 25
Le parti gouvernemental est en déroute lors des élections.

Tokyo, 25
Le gouvernement, soutenu par les syndicats, encourage une réduction de la durée du travail.

Bonn, 26
L'Allemagne suspend son aide militaire à la Turquie, après les affrontements entre Kurdes et policiers.

Paris, 27
Accusé de devoir la présidence du Conseil régional de Bourgogne aux voix du Front national, Jean-Pierre Soisson quitte le gouvernement.

Etats-Unis, 27
Le milliardaire Ross Perot se dit prêt à s'engager dans la campagne présidentielle et demande que sa candidature soit validée par une campagne de signatures. (→ 7.4)

Canada, 30
Des perspectives sont ouvertes dans le traitement des atteintes neurologiques. Des chercheurs contredisent le dogme selon lequel les cellules du cerveau adulte ne peuvent se régénérer.

Madrid, 31
Le 500e anniversaire de l'expulsion des Juifs d'Espagne est marqué par une cérémonie.

DECES

Allemagne, 23
Friedrich von Hayek (*1900), économiste ultra-libéral.

Fuite à « Leningrad »... Tchernobyl bis ?

Sosnovi-Bor, mardi 24
L'alerte a retenti à 0 h 30 dans la centrale Leningrad, à Sosnovi-Bor, une ville de 56 000 habitants située à 80 km de Saint-Pétersbourg. Un tube de force du réacteur numéro trois de la centrale, identique à celle de Tchernobyl, avait cédé, provoquant une fuite de gaz radioactifs. Heureusement, le réacteur a été stoppé à temps et l'ampleur de la fuite est limitée. L'inquiétude provoquée en Occident par cet incident n'en reste pas moins compréhensible, étant donné l'état déplorable de nombreuses centrales, tant dans l'ex-URSS que dans les pays d'Europe de l'Est.

Etat alarmant des centrales à l'Est.

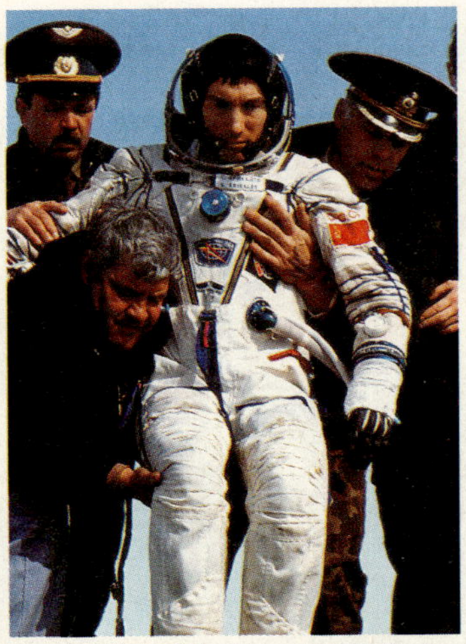

Parti d'URSS, Sergueï Krikalev revient dans la CEI le 25, après plus de 300 jours dans l'espace.

Le but fabuleux de Jean-Pierre Papin

Paris, mercredi 25
Le Onze de France s'est racheté de sa défaite en Angleterre. Au Parc, il a résisté à une excellente équipe de Belgique brillamment animée par Enzo Scifo, au cours d'un match spectaculaire, durant lequel six buts on été marqués. Le public a eu droit à un exploit de Jean-Pierre Papin, qui obtint le but de l'égalisation (3-3) avec une reprise de volée, qui a fait exploser de joie les 20 000 spectateurs. (→ 18.4)

Tignes reçoit les V^{es} Jeux paralympiques

Une participation de 24 nations.

Tignes, mercredi 25
La cérémonie d'ouverture des V^{es} Jeux paralympiques d'hiver tranchait par sa sobriété et son émotion avec les paillettes et les fantaisies d'Albertville. François Mitterrand, Jean-Claude Killy et Michel Barnier, ovationnés, ont assisté au défilé des 750 athlètes, représentant 24 nations. Fabrice Guy est venu guider jusqu'à la tribune d'honneur le dernier relayeur aveugle porteur de la flamme. Tout concourait à honorer ces hommes, triomphant de leur infirmité. (→ 3.9)

Le numéro un mondial de l'immobilier au bord de la faillite

Toronto, mercredi 25
Les dettes d'Olympia & York, le géant de l'immobilier, vont peut-être le couler. L'empire très secret des frères Reichmann, deux Juifs orthodoxes originaires de Hongrie et qui ont fait fortune dans la promotion immobilière, a perdu le soutien des banques. Conséquence du marasme du secteur dans le monde entier, les énormes programmes, comme le fameux Canary Wharf à Londres, ne se vendent plus. La confiance partie, il reste les dettes, colossales, 20 milliards de dollars, soit l'équivalent de la dette algérienne. A moins d'une restructuration, la faillite est inévitable. (→ 13.5)

L'empire canadien Olympia & York, promoteur de Canary Wharf à Londres, a une dette de 112 milliards de francs.

Les juges mettent Tyson KO pour six ans

Indianapolis, jeudi 26
La carrière du plus jeune champion du monde des poids lourds connaît un dur épilogue : elle finit là où elle avait commencé. Condamné à six ans de prison ferme pour viol aggravé contre une jeune reine de beauté noire, il écope de 30 000 dollars d'amende et de l'obligation de suivre une psychothérapie à l'issue de sa peine. Or, c'est en maison de correction que, petit délinquant, il avait été initié à la boxe et repéré pour ses dons. Devenu champion du monde à 20 ans, puis millionnaire, sa vie privée, émaillée de petits scandales et de coups, a souvent fait la une des journaux.

Il a perdu son plus dur combat.

Les oscars ne vont pas aux plus nominés

Hollywood, lundi 30
Le triomphe de *Bugsy*, de Barry Levinson, ou celui de *J.F.K.*, d'Oliver Stone, les films les plus nominés pour les oscars, paraissait évident. C'est un outsider, *le Silence des agneaux* (*The Silence of Lambs*), de Jonathan Demme, qui reçoit l'oscar du meilleur film et celui de la meilleure réalisation. C'est une véritable razzia puiqu'il vaut à Jodie Foster et Anthony Hopkins, ses deux héros, les prix d'interprétation. Cette cérémonie, présentée par Billy Cristal, a été perturbée par les associations homosexuelles, très en colère contre *Basic Instinct*, de Paul Verhoeven.

Jodie Foster sacrée meilleure actrice.

Les archives soviétiques, mine ouverte

Moscou, vendredi 27
C'est une véritable caverne d'Ali Baba qui s'ouvre au regard des historiens du monde entier. Mais avant de pouvoir plancher sur les 75 millions de documents, les archives de 70 ans de régime soviétique, il faudra tout répertorier et classer. Rudolph Pikhoya, patron des archives de l'ex-URSS, a donc fait appel, dans un premier temps, à l'Américain James Billington, le directeur de la Librairie du Congrès. Il a été chargé de présider une commission internationale destinée à exploiter les archives. (→ 26.5)

Les Vikings débarquent au Grand-Palais

La reine du Danemark est venue en personne inaugurer l'exposition.

Paris, mardi 31
Si, terrorisée par les raids meurtriers des Vikings, la chrétienté psalmodia durant des siècles : « Seigneur, Protège-nous de la fureur des hommes du Nord », c'est à une invasion toute pacifique que nous convie le Grand-Palais. Bijoux, objets usuels, armes et drakkars y témoignent que ces navigateurs audacieux venus des pays scandinaves pour conquérir, dès le VIIIe siècle, l'Angleterre, l'Allemagne, la France, l'Irlande, la Russie et même l'Amérique, étaient, en dépit de leur cruauté, de remarquables organisateurs, des commerçants avisés, ainsi que des artistes raffinés qui savaient faire du moindre objet une véritable œuvre d'art.

Un espion français pris sous « Nippon »

San Diego, dimanche 29
C'est une journée qu'il faudra vite oublier, un dimanche noir. Non content d'avoir perdu face à *Il Moro di Venezia*, le Défi français a vu l'un de ses membres repêché sous *Nippon*. Yvon Kergreis, gestionnaire du budget et vieil ami de Marc Pajot, a plongé sous le bateau japonais à la suite d'un pari et de sa propre initiative. Espionnage ou bravade, ce geste, inutile à l'âge de l'électronique, porte un mauvais coup à l'image et au moral des Français, pourtant peu portés sur l'espionnite. (→ 30.4)

La coupe perdue, Noah démissionne

Nîmes, lundi 30
Battue par la Suisse, éliminée de cette coupe Davis qu'elle avait remportée en novembre dernier à Lyon, l'équipe de France est rentrée dans le rang. Et, du même coup, Yannick Noah, son capitaine et animateur, a décidé de quitter son poste. Il y a un an qu'il prenait en main la sélection française et la menait à un triomphe historique, malheureusement sans lendemain. Les deux piliers de l'équipe, Guy Forget et Henri Leconte, n'ont pu renouveler cette saison les exploits de l'année dernière. (→ 7.6)

Fin d'un symbole : l'usine de l'île Seguin à Billancourt cesse toute activité et ferme le 31. La dernière Supercinq était assemblée il y a trois jours.

Avril

1992

Lu	Ma	Me	Je	Ve	Sa	Di
		1	2	3	4	5
6	7	8	9	10	11	12
13	14	15	16	17	18	19
20	21	22	23	24	25	26
27	28	29	30			

N'Djamena, 1er
Pour ne plus cautionner la répression meurtrière menée par le régime tchadien, la France retire ses avions. (→ 20.5)

Israël, 2
De graves affrontements entre Palestiniens et soldats israéliens font 4 morts dans la bande de Gaza. (→ 29.5)

Tripoli, 2
La population libyenne manifeste contre les sanctions de l'ONU. L'ambassade du Venezuela est mise à sac, celle de la France échappe de peu au même sort. (→ 15)

Moscou, 3
Après s'être séparé hier d'Egor Gaïdar, ministre des Finances et adepte des réformes, Boris Eltsine continue de donner des gages aux conservateurs. Il contraint à la démission son principal conseiller, Guennadi Bourboulis. (→ 15.6)

Albanie, 3
Après la défaite de son parti, le 22 mars, le président Ramiz Alia démissionne. (→ 6)

Paris, 4
Venus de toute la France, 20 000 handicapés défilent pour protester contre la baisse de leur niveau de vie.

Brésil, 5
Mansell remporte pour la troisième fois consécutive le Grand Prix automobile (→ 17.5)

Allemagne, 5
L'extrême droite progresse lors de deux scrutins régionaux.

Bruxelles, 5
Air France entre pour 25 % dans le capital de la Sabena.

Italie, 5
En ne recueillant que 29,5 % des voix lors des législatives, la Démocratie chrétienne connaît son plus grave échec électoral depuis sa création. Tous les partis traditionnels sont touchés par la désaffection des électeurs. (→ 27)

Belgique, 5
Jacky Durand remporte le tour des Flandres cycliste. (→ 12)

DECES

Arkansas, 5
Sam Walton, fondateur de la chaîne de supermarchés Wal-Mart (*1918).

Un autodidacte nommé à Matignon

Paris, jeudi 2
Après trois jours de longues et laborieuses négociations, M. Pierre Bérégovoy est nommé Premier ministre dans la matinée. C'est une consécration pour ce fidèle de toujours du président de la République. La nomination à Matignon du ministre de l'Economie et des Finances marque l'aboutissement d'une patiente carrière. Cet homme, qui se targue d'être un autodidacte et de ne pas appartenir au monde de l'« Enarchie », est un symbole à lui seul. Il incarne la conversion des socialistes aux contraintes de l'économie de marché; plus encore, il est partisan d'une orthodoxie monétaire dont les Allemands n'auraient pas à rougir. Il est, pour cette raison, mal perçu auprès des autres dirigeants socialistes et, à l'inverse, bénéficie d'une excellente image à l'étranger, où il apparaît comme le père de la rigueur française. Il a présenté son gouvernement dans la soirée, une équipe restreinte, avec au ministère de la Ville, M. Bernard Tapie. L'objectif avoué de ce cabinet est de rétablir, tant que faire se peut, l'image de la majorité présidentielle, avant les législatives. Mission difficile dans laquelle Mme Edith Cresson avait échoué, et qui a été sanctionnée par l'échec du PS aux régionales. (→ 21)

Après son action au ministère des Finances, Bérégovoy obtient la consécration.

Dirk Frimout a suivi Tintin dans l'espace

Il a survolé la Belgique 144 fois.

Floride, jeudi 2
Après neuf jours de travail dans l'espace, la navette *Atlantis*, avec à son bord l'astronaute belge Dirk Frimout, est revenue à sa base de départ, le Kennedy Space Center. Il y a retrouvé sa femme, ainsi que les scientifiques belges qui devront dépouiller les données sur l'atmosphère terrestre qu'il rapporte. La mission Atlas-1 constitue un plein succès, pour lequel Dirk Frimout a reçu les félicitations du Premier ministre, M. Jean-Luc Dehaene.

Accidenté au Carrefour du développement

Paris, mercredi 1er
La cour d'assises de Paris condamne M. Yves Chalier à cinq ans de réclusion. C'est l'épilogue judiciaire d'une affaire commencée en 1986, dans laquelle avait été, un temps, impliqué M. Nucci, ministre de la Coopération. Ce dernier a bénéficié de l'amnistie de 1990 alors que Yves Chalier, son ancien chef de cabinet, a été reconnu coupable de détournement de fonds publics, de faux et d'usage de faux. Il avait puisé quasiment à fonds perdu dans la caisse d'une association publique, le Carrefour du développement.

Les casques bleus français en Croatie

Rijeka, dimanche 5
Sur le pas des maisons, des bras s'agitent au passage des véhicules blancs frappés du sigle UN. Les populations croates pleines d'espoir ont réservé un accueil chaleureux aux casques bleus français. Les soldats de la 9e division d'infanterie de marine ont débarqué dans le port de Rijeka. Ils ont ensuite gagné la ville de Gracac, dans l'enclave serbe de Krajina du sud. Un déploiement qui intervient alors que la Croatie connaît les combats les plus durs en trois mois de « cessez-le-feu ». Et la Bosnie-Herzégovine bascule, elle aussi, dans la guerre civile, au prix de dizaines de morts. Le général français Morillon a averti : « C'est la plus belle mais aussi la plus difficile des missions. » (→ 6)

Le bataillon a débarqué à Rijeka.

Avril

1992						
Lu	Ma	Me	Je	Ve	Sa	Di
		1	2	3	4	5
6	7	8	9	10	11	12
13	14	15	16	17	18	19
20	21	22	23	24	25	26
27	28	29	30			

Albanie, 6
Sali Berrisha devient le premier président non communiste.

Luxembourg, 6
Les Douze reconnaissent l'indépendance de la Bosnie mais réservent leur décision quant à la Macédoine. (→ 8)

Lisbonne, 6
L'escudo intègre le système monétaire européen.

Abidjan, 7
La Côte-d'Ivoire rétablit des relations diplomatiques avec l'Afrique du Sud.

Etats-Unis, 7
George Bush et Bill Clinton remportent les primaires du Wisconsin et de l'Etat de New York. (→ 3.6)

Tokyo, 7
L'indice Nikkei a perdu 27,8 % depuis janvier, baisse qui affecte toutes les places financières. (→ 28.8)

Strasbourg, 7
Le Parlement européen ratifie le traité de Maastricht sur l'Union européenne. (→ 2.5)

Francfort, 8
Les tests génétiques pratiqués sur les restes exhumés en 1985 au Brésil confirment qu'il s'agit de ceux de Joseph Mengele.

Grenoble, 9
Le Parquet lance un mandat d'arrêt international contre Jacques Médecin.

Lima, 9
Réuni clandestinement, le parlement désigne un nouveau président et décrète l'incapacité morale de Fujimori. (→ 22.11)

Bruxelles, 10
Les autorités font part de leur décision d'expulser quatre diplomates russes appartenant à un réseau d'espionnage.

Londres, 10
Une voiture piégée explose au cœur de la City et fait deux morts ; l'attentat est attribué à l'IRA.

Bamako, 11
Les Touaregs signent avec le gouvernement malien un pacte national qui leur accorde un statut particulier. (→ 26)

Iran, 12
Les partisans de Rafsandjani remportent les élections législatives.

Les Parisiens occupent la place de la Bastille pour Pavarotti

Paris, lundi 6
Les Parisiens réinvestissent la Bastille : devant un public enthousiaste Luciano Pavarotti laisse libre cours à toute sa (dé)mesure. Sur écran géant, le célèbre ténor italien transforme *le Bal masqué* de Verdi en grand spectacle. Les vrais habitués des « drama per musica » pourront toujours regretter les « privilèges » des soirées réservées, ce soir le nouvel Opéra populaire mérite vraiment son nom. Et peut-être, parmi cette foule colorée où les lodens verts côtoient les blousons fluos, un jeune rappeur jusqu'ici convaincu découvrira-t-il soudain que la musique « classique » peut être au moins aussi prenante que celle des nombreux groupes pratiquant la « basic harmonie ».

Des milliers d'amateurs de « bel canto » n'ont pas pu se procurer de billet.

Asimov a rejoint les extraterrestres

New York, lundi 6
Isaac Asimov (*2.1.1920), le grand écrivain de science-fiction, est décédé. Né en Russie, près de Smolensk, émigré à New York trois ans plus tard, sa vocation s'est nourrie de Jules Verne et de Wells. Parallèlement à des études en science très poussées, il s'affirme comme l'un des maîtres de la grande fresque d'anticipation, avec *Fondation*. Il était l'inventeur d'un nouvel imaginaire, celui de la robotique et, doté d'une insatiable curiosité, un vulgarisateur hors pair.

Le coup d'Etat civil d'Alberto Fujimori

Lima, lundi 6
Les Etats-Unis n'ont pas tardé à réagir au « coup d'Etat civil » du président péruvien : ils annoncent la suspension de toute assistance économique et militaire au Pérou. La veille, Alberto Fujimori avait dissous le parlement et suspendu les garanties constitutionnelles. Immédiatement appuyé par l'armée, il a formé un nouveau gouvernement. Le chef de l'Etat justifie son action par la nécessité de lutter totalement contre le terrorisme, la corruption et le trafic de drogue. (→ 9)

En 1866, l'ancêtre du fax, l'appareil de l'abbé Caselli, envoyait déjà 4 860 fac-similés entre Paris et Lyon. Aujourd'hui, il est entré dans les mœurs.

Eltsine s'approprie la flotte de Crimée

L'Ukraine tentait de la récupérer.

Moscou, mardi 7
Le président russe Boris Eltsine a signé un décret qui fait passer sous la juridiction de Moscou la flotte de la mer Noire. C'est une nouvelle étape dans l'épreuve de force qui oppose Ukrainiens et Russes sur le sort des forces armées stationnées en Ukraine. Cette brutale confiscation des navires répond à la prise de contrôle par les Ukrainiens des forces conventionnelles. Cette crise, aggravée des deux côtés par une surenchère nationaliste, témoigne des difficultés pour ces nouveaux Etats à se partager les emblèmes de l'ancienne souveraineté soviétique. Se débattant dans les affres de la transition économique et de l'appauvrissement général, les gouvernements de la CEI s'accrochent aux derniers symboles de puissance, les forces armées. (→ 7.5)

L'état d'urgence instauré en Bosnie

Sarajevo, mercredi 8
Des vigiles armés montent la garde devant chaque immeuble. Le centre de Sarajevo est parsemé de barricades érigées par diverses milices. Devant l'intensification des combats, le président de la République de Bosnie-Herzégovine, M. Izetbegovic, a décrété l'état d'urgence sur l'ensemble du territoire. Les affrontements auraient fait des dizaines de victimes ces derniers jours et environ 300 depuis un mois. Plusieurs milliers de personnes ont déjà pris le chemin de l'exil, en direction de la côte dalmate ou de la Serbie. L'armée « serbo-fédérale » a pris le contrôle de tous les accès routiers à la capitale bosniaque. En Croatie, les violations du cessez-le-feu se sont également multipliées. (→ 19)

Un « sniper » embusqué à Sarajevo.

Le 11, à New York, la dictée de Pivot rassemble 260 finalistes. Parmi eux, douze sans-faute.

Arafat à nouveau sauvé par sa baraka

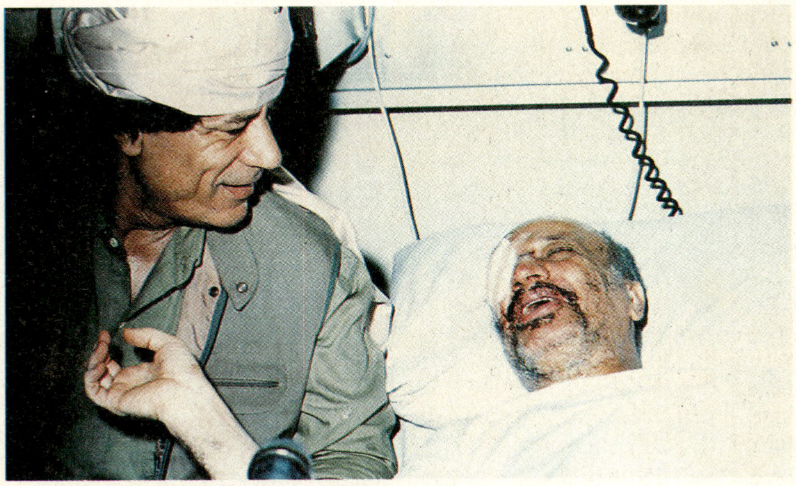

Son avion a été pris dans une tempête de sable : trois passagers tués.

Libye, mercredi 8
Yasser Arafat vient de renforcer sa légende d'invulnérabilité. Le chef de l'OLP sort sain et sauf de l'atterrissage forcé de son avion en pleine tempête de sable dans le désert de Libye. Trois des passagers de l'Antonov 26 ont été tués. L'appareil avait disparu la veille alors qu'il se dirigeait vers Tunis en provenance du Soudan. L'OLP avait demandé l'aide des Etats-Unis, de la Grande-Bretagne, de l'Italie et de la France. Washington avait mobilisé ses satellites tandis que Paris affectait un avion aux recherches. Un « miracle » de plus dans la vie émaillée d'attentats du leader palestinien, qui sort encore grandi par cette nouvelle épreuve.

Surprise des conservateurs britanniques

Londres, vendredi 10
Inattendue et confortable, la victoire des conservateurs, emmenés par John Major, leur assure un quatrième mandat aux Communes et à Downing Street. L'héritier de Margaret Thatcher a su faire mentir tous les instituts de sondage qui donnaient les Tories perdants. Ce n'est certes pas son charisme qui a convaincu les classes moyennes de voter pour John Major, mais le projet des travaillistes de relever l'imposition sur le revenu. Neil Kinnock, le leader du Labour, dont le remplacement est déjà évoqué, a sous-estimé les transformations de la société après treize années de thatchérisme : 10 millions d'électeurs sont des petits porteurs. (→ 13)

La France découvre l'écran noir en direct

Paris, dimanche 12
Les téléspectateurs ont pu assister, en direct et pour la première fois au monde, à la disparition d'une chaîne nationale généraliste. Mort annoncée, celle de la Cinq a donné lieu à une rétrospective des six années d'existence de la chaîne. Désabusés, les journalistes, les autres salariés de la Cinq et les adhérents à l'association de soutien avaient malgré tout investi l'écran, transformé en tribune libre. A minuit, tout était dit, la neige et un court texte signaient l'enterrement définitif de la chaîne. Depuis l'annonce du retrait d'Hachette, quatre mois d'atermoiements avaient laissé subsister l'espoir qu'une solution de rechange était possible. Emmenés par Jean-Claude Bourret, les supporters de la chaîne ne pouvaient se résoudre à l'écran noir. (→ 28.9)

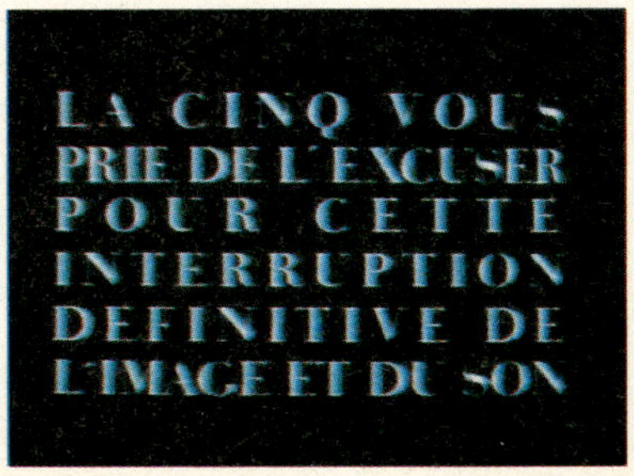

Le Viêt-nam veut protéger ses forêts

Hanoï, mercredi 8
Au nord du pays, les montagnes perdent jusqu'à deux centimètres de leur hauteur par an... Et tout cela à cause des coupes sauvages et excessives de bois. Pour éviter la disparition des forêts, le gouvernement interdit les exportations de bois. En 1943, les forêts couvraient 44 % de la superficie du pays. Ce pourcentage est vraisemblablement tombé à moins de 20 % aujourd'hui. Le rapport officiel n'hésite pas à présenter la reforestation comme le plus grave défi depuis la réunification du pays en 1976...

Duclos-Lassalle sort d'enfer, vainqueur

Un Paris-Roubaix gagné à 37 ans.

Roubaix, dimanche 12
Après Jean-François Bernard dans Paris-Nice et Jacky Durand dans le Tour des Flandres, un troisième coureur vient de redorer le blason du cyclisme français en remportant Paris-Roubaix, la plus prestigieuse des classiques. A trente-sept ans, Gilbert Duclos-Lassalle a accompli un fantastique exploit en menant à bon terme, sur les pavés du Nord, une ultime échappée en solitaire de 46 km. Superbe récompense pour un coureur à la carrière exemplaire, équipier modèle qui aida Greg Lemond à gagner le Tour de France, n'ayant à son palmarès que Paris-Nice 1980. Carrière qu'un grave accident de chasse, survenu en 1983, aurait très bien pu briser. (→ 19)

Le parc Euro Disneyland ouvre au cœur de l'Europe

Marne-la-Vallée, dimanche 12
A la date et dans les délais prévus, le parc Euro Disneyland ouvre ses portes au public. La veille au soir, la fête célébrant l'inauguration a été un plein succès. Réunissant des vedettes du cinéma, de la chanson et du monde du spectacle, elle a donné aux 60 millions de téléspectateurs européens un avant-goût de la féérie Disney. Le show a été grandiose, à la hauteur des ambitions de Disney pour l'Europe : faire de son parc le plus parfait, le plus réussi des divertissements. La parade dans Main Street, le feu d'artifice au-dessus du château de la Belle au bois dormant, autant d'images qui devraient inciter à venir voir sur place ces merveilles. Et pourquoi attendre ? La première famille à se présenter ce matin aux guichets a eu l'agréable surprise de se voir remettre un passeport à vie pour Euro Disneyland. Faveur unique, mais qui ne devrait pas empêcher les foules de se précipiter vers les cinq pays magiques qui entourent le château. Pour accueillir tout ce monde, six hôtels aux décors thématiques ont été construits à l'intérieur même du complexe, et offrent 5 200 chambres. Pour faire tourner cette énorme machine, la société Euro Disney a dû se lancer dans la plus vaste campagne d'embauche jamais effectuée en France. Ainsi, 12 000 « cast members » efficaces et souriants dispensent leur savoir-faire. Grâce à eux, grâce à l'imagination des créateurs Disney, le dépaysement est total. Le visiteur plonge d'entrée dans un univers qui mélange avec bonheur le passé et le futur. Ce monde Disney, où de grandes entreprises européennes et américaines parrainent certaines des attractions, a banni à jamais l'improvisation et l'amateurisme.

Cent millions de téléspectateurs ont suivi la retransmission de l'inauguration.

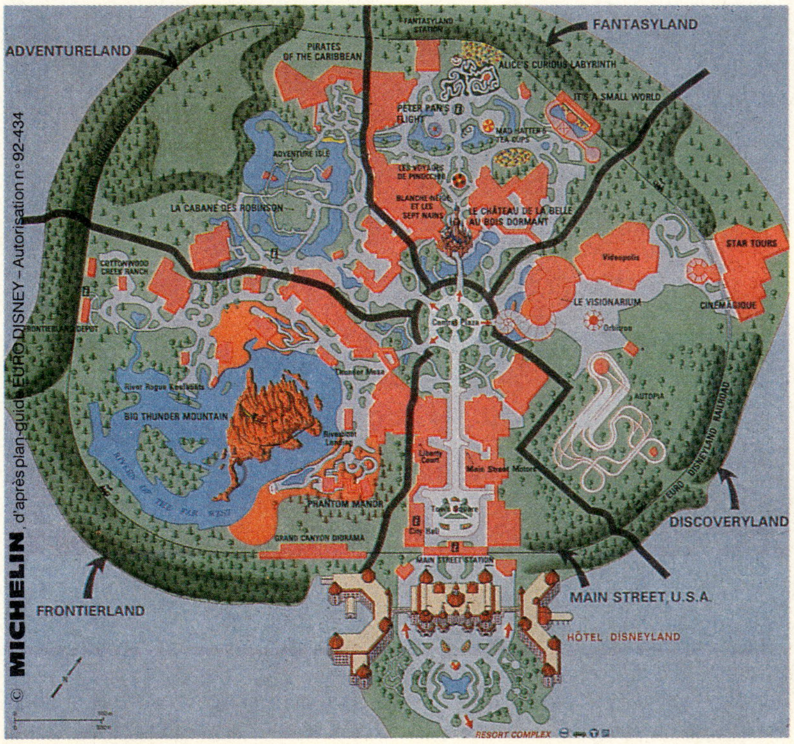

Les visiteurs ont 12 000 « cast members » à leur disposition sur 1 943 hectares.

Avril

1992

Lu	Ma	Me	Je	Ve	Sa	Di
		1	2	3	4	5
6	7	8	9	10	11	12
13	14	15	16	17	18	19
20	21	22	23	24	25	26
27	28	29	30			

Ankara, 13
François Mitterrand parachève le rapprochement culturel et économique franco-turc.

Augusta, 13
Fred Couples remporte le Master de golf. (→ 20.9)

Johannesburg, 13
Nelson et Winnie Mandela annoncent leur séparation.

Londres, 13
Le leader des travaillistes, Neil Kinnock, démissionne après la défaite électorale de son parti.

Varsovie, 13
L'intention du gouvernement de réintroduire le catéchisme à l'école donne lieu à des manifestations anticléricales.

Bordeaux, 14
Le Parquet ouvre une nouvelle information judiciaire à l'encontre de Maurice Papon et de René Bousquet, accusés de crime contre l'humanité.→

Paris, 14
Fouad Ali Salah est condamné à la prison à perpétuité.

Paris, 15
Alors que Jacques Chirac réclame un référendum pour la réforme de la Constitution, Giscard d'Estaing penche pour la voie parlementaire. (→ 4.6)

Tripoli, 16
Le colonel Kadhafi en appelle à la solidarité arabe pour lutter contre l'embargo de l'ONU.

Paris, 16
Au grand dam des usagers, la RATP est en grève.

Kourou, 16
La fusée *Ariane* emporte deux satellites de télécommunication.

Estonie, 17
Dorénavant, pour obtenir la nationalité estonienne, les russophones doivent passer un examen linguistique.

Etats-Unis, 17
La justice blanchit le Pr Gallo des accusations de fraude dans la découverte du virus du sida, revendiquée par l'institut Pasteur. (→ 7.5)

Sarajevo, 19
Pas de trêve lors des fêtes de Pâques : les bombardements meurtriers des Serbes continuent. (→ 23)

Maastricht offre un séisme à l'Europe

Maastricht, lundi 13
La petite ville des Pays-Bas, symbole de l'unification européenne, a été l'épicentre d'un séisme qui a atteint 5,8 sur l'échelle de Richter. Surtout ressenti en Allemagne et dans le sud des Pays-Bas, dans la province du Limbourg, ce tremblement de terre a fait un mort à Bonn, une femme victime d'une crise cardiaque. Des deux côtés de la frontière, les dégâts sont importants. Mais partout, c'est l'émotion et la surprise qui l'ont emporté en intensité. Comme en France, où les pompiers ont été submergés d'appels paniqués, malgré l'absence de dégâts majeurs. D'après les spécialistes, qui rappellent que cette région n'en est pas à sa première secousse, celle-ci est le contrecoup de la poussée du continent africain vers l'Europe. Les autorités parlent d'une cinquantaine de blessés.

Indignation face au non-lieu de Touvier

L'arrêt, favorable à l'ex-milicien, a déjà suscité un pourvoi en cassation.

Paris, mardi 14
Les manifestations de colère s'amplifient après la décision qui permet à l'ancien milicien Paul Touvier d'échapper aux assises. Des députés aux magistrats, en passant par les historiens, les avocats, les anciens résistants et les déportés, tous sont unanimes pour dénoncer le non-lieu. Mais ce sont aussi les justifications avancées qui surprennent, car elles tendent à blanchir le régime de Vichy. Le même jour à Bordeaux, un supplément d'information est demandé contre Maurice Papon et René Bousquet. (→ 27.11)

La Libye sous l'embargo aérien de l'ONU

L'aéroport de Tripoli est déserté.

Tripoli, mercredi 15
L'aéroport de la capitale libyenne n'a plus d'international que le nom. Depuis 6 heures du matin, les cieux de Tripoli sont fermés avec l'entrée en vigueur de l'embargo aérien et militaire sur la Libye, mise en cause dans les attentats contre la Pan Am et UTA. Les Etats-Unis avaient jugé inacceptables les dernières propositions de Tripoli de remettre à Malte ses deux ressortissants soupçonnés dans l'attentat de 1988 à Lockerbie. La Cour internationale de justice (CIJ) qui s'était réunie la veille à La Haye avait alors débouté le demandeur libyen. (→ 16)

Le 13, les tentatives pour dévier les laves de l'Etna ont échoué.

Les 80 ans de Kim Il Sung sont célébrés en Corée du Nord le 15.

Six ans de prison pour De Benedetti

Le président d'Olivetti compromis.

Milan, jeudi 16
Carlo De Benedetti n'est resté que deux mois à la vice-présidence du Banco Ambrosiano. Mais, suite à la faillite frauduleuse de cette banque en 1982, ces deux mois lui valent dix ans plus tard six ans de prison. Cette affaire, qui implique trente-deux autres personnes, est l'une des plus sombres que l'Italie ait connues. S'y trouvaient mêlés la Mafia, la loge P2 et le Vatican. Les avocats de De Benedetti, qui ont fait appel, s'étonnent d'une telle sentence pour celui qui avait dévoilé la mauvaise gestion de cette banque.

La chaîne de restaurants McDonald's à la conquête du monde

New York, vendredi 17
McDonald's décide d'accélérer le rythme de son expansion internationale. Pour la première fois de son histoire, la firme a ouvert en 1991 plus de restaurants à l'étranger qu'aux Etats-Unis, soit 450 et 250. Mais la croissance des bénéfices à l'extérieur, dans des environnements moins concurrentiels qu'aux Etats-Unis, est plus élevée que les bénéfices eux-mêmes. L'ouverture d'un McDonald's à Moscou est une pleine réussite et symbolise la volonté du géant américain de devenir le numéro un mondial du fast-food, de Varsovie à Djakarta.

L'année dernière, 450 fast-foods ont été ouverts en dehors des Etats-Unis.

Paix à Phnom Penh avec Boutros-Ghali

Phnom Penh, samedi 18
Le secrétaire général de l'ONU se devait de visiter le pays que les fonctionnaires de son organisation vont administrer pendant plus d'un an. M. Boutros-Ghali veut profiter de ce voyage au Cambodge pour marquer officiellement le début de l'opération et pour rappeler que son succès ne dépend pas uniquement de l'ONU mais également de la volonté des quatre parties en présence. La grande interrogation reste la future attitude des sanguinaires Khmers rouges. (→ 8.7)

L'anglais contre le système métrique

Washington, samedi 18
L'administration fédérale ainsi que les commissions du Congrès chargées du commerce et des technologies estiment que l'adoption du système métrique améliorerait la compétitivité des entreprises américaines. Ce constat n'est pas nouveau. Mais les efforts déployés en font maintenant une priorité. Les négociations en cours avec la CEE intègrent ce problème de standardisation internationale et de mise aux normes. Seulement les Etats-Unis insistent pour échanger leur conversion au mètre contre l'adoption de l'anglais comme langue internationale des échanges.

L'Olympique de Marseille trouve les buts en fin de mi-temps

Monaco battu 3-0 sur son terrain, l'OM est bien parti pour un huitième titre.

Monaco, samedi 18
En l'emportant d'une façon très nette (3-0), l'Olympique de Marseille a écarté inexorablement son plus dangereux rival dans la course au titre 1992. L'OM de Jean-Pierre Papin s'est imposé facilement devant des Monégasques fatigués par leur récent match de Coupe d'Europe. Ainsi le club phocéen va-t-il conquérir son huitième titre de champion de France, d'une série entamée en 1935, se rapprochant de l'AS Saint-Etienne (10 couronnes). Mais l'équipe marseillaise actuelle devrait égaler au soir du 2 mai prochain le record de quatre titres gagnés d'affilée, record détenu jusqu'à présent par le Saint-Etienne des années 1967 à 1970. (→ 5.5)

De Wolf gagne l'aller et retour à Liège

En tête de Liège-Bastogne-Liège.

Liège, dimanche 19
Surnommé le « Poulidor belge » pour ses deuxièmes places (Paris-Roubaix en 1989, championnat du monde en 1990), le petit coureur flamand Dirk De Wolf a enfin décroché dans une grande classique la victoire dont il rêvait tant. A trente et un ans, il gagne Liège-Bastogne-Liège, en tête de la course pendant plus de 100 kilomètres, avant de s'échapper seul à 6 km de l'arrivée, pour terminer avec 30 s d'avance sur le Néerlandais Steven Rooks et sur le Français Jean-François Bernard. Ce dernier confirme sa bonne forme de début de saison qui lui a permis de gagner Paris-Nice, et obtient là sa meilleure place.

Le régime communiste s'écroule à Kaboul

Kaboul, dimanche 19
L'alliance des milices ouzbeks du général Abdul Rachid Dostom et des moudjahidins tadjiks du commandant Ahmed Shah Massoud a eu raison du régime communiste. Le président Najibullah a démissionné le 16 après avoir tenté de fuir la capitale. En 48 heures, le régime a perdu les principales villes. Les miliciens ouzbeks, qui avaient pourtant combattu pour lui, sont parmi les principaux artisans de sa chute. Les dirigeants de la résistance se sont entendus sur la formation d'un Conseil en vue d'un transfert pacifique du pouvoir. Mais les rivalités sont vives et le chef fondamentaliste Hekmatyar reste à l'affût. (→ 20)

Najibullah est contraint à la fuite.

Avril

1992

Lu	Ma	Me	Je	Ve	Sa	Di
		1	2	3	4	5
6	7	8	9	10	11	12
13	14	15	16	17	18	19
20	21	22	23	24	25	26
27	28	29	30			

Kaboul, 20
Les troupes du commandant Massoud et celles de Gulbuddil Hekmatyar se font face. (→ 24)

Cisjordanie, 20
Israël autorise la réouverture progressive de l'université palestinienne de Bir-Zeit, la dernière encore fermée dans les territoires occupés.

Cuba, 20
Les Etats-Unis renforcent le blocus de l'île.

Paris, 21
La croisade anticorruption de Pierre Bérégovoy prend corps avec la condamnation du P-dg de la Cogedim à 3 ans de prison et à une amende de 1,5 million de francs. (→ 22.5)

Los Angeles, 22
Un séisme de 6,1 sur l'échelle de Richter fait quelques blessés.

Liban, 23
La population manifeste contre la dégradation de la situation économique. (→ 8.9)

Paris, 23
Le nouveau ministre de l'Education nationale, Jack Lang, suspend la réforme des premiers cycles universitaires.

Belgrade, 23
Les autorités serbes décident de créer avec le Monténégro une fédération yougoslave. Le président Milosevic nie par ailleurs toute intervention serbo-fédérale en Bosnie. (→ 27)

Kaboul, 24
Les différentes factions rebelles se mettent d'accord sur la création d'un Conseil islamique intérimaire. (→ 27)

Autriche, 26
Le social-démocrate Rudolf Streicher est le candidat le mieux placé pour l'élection présidentielle. (→ 24.5)

Mali, 26
Oumar Konaré remporte les élections présidentielles.

Washington, 26
Les républiques de l'ex-URSS entrent au Fonds monétaire international et à la Banque mondiale.

DECES

Miami, 21
Vladimir Romanov, héritier du trône de Russie (*20.8.1917).

Auberge espagnole pour l'Exposition

La cité andalouse a réalisé un investissement de 184 milliards de pesetas. Le pont Barqueta symbolise ses ambitions.

Séville, lundi 20
L'Exposition universelle est officiellement ouverte. L'Expo'92, la première depuis 22 ans, devrait être celle qui mérite le mieux son titre. Cent dix pays sont représentés dans 95 pavillons, y compris les pavillons thématiques et ceux des grandes multinationales. C'est à 12 h 16 que le roi Juan Carlos a prononcé la phrase d'inauguration. La dimension symbolique d'un tel événement est partout visible. L'Espagne, pays organisateur, veut par cette manifestation affirmer haut et fort ses choix de nation européenne, moderne et démocratique. Quant au lieu d'accueil, la capitale andalouse, elle a bénéficié de très importants investissements et s'est métamorphosée. En face de la vieille cité, sur l'île de la Cartuja, entre deux bras du Guadalquivir, une ville nouvelle s'est élevée. Reliée aux vieux quartiers par des ponts étonnants de hardiesse, elle abrite une débauche d'architecture au milieu de jardins fraîchement plantés. Les pavillons du Japon, de Hongrie, de l'Inde et l'immatérialité du pavillon français retiennent l'attention. Vingt millions de visiteurs sont attendus, qui seront amenés par des vols supplémentaires du monde entier, mais aussi de Madrid, par la nouvelle voie ferroviaire à grande vitesse. Malgré le thème imposé des Découvertes, l'Expo'92 est, comme toutes les expositions universelles, une inévitable vitrine des réussites et des fiertés nationales. (→ 6.5)

Le pavillon français allie espace et légèreté : un toit et quatre poteaux.

L'Inde, parmi les 95 pavillons de 110 pays, élaborés par 1 500 architectes.

Benny Hill meurt à 17 ans d'âge mental

Londres, lundi 20
Benny Hill, de son vrai prénom Alfred, est mort. Né à Southampton en 1924, sa vocation, inspirée des meilleurs modèles, Buster Keaton et Charlie Chaplin, s'affirme très tôt. Comique de music-hall, il écume l'Angleterre avant de débuter à la télévision en 1951. Et dès 1969, il produit son propre show, qui le rend mondialement célèbre. Incarnant un mauvais goût digne des pires tabloïds, entouré de filles en déshabillés multicolores, il répondait à ceux qui s'étonnaient de son célibat : « J'ai à peu près 17 ans d'âge mental; beaucoup trop jeune pour me marier ! »

Il est mort devant sa télévision.

L'opération Rescue passe à la délation

Buffalo, mardi 21
Les militants anti-avortement, ou *Pro-life* comme ils se qualifient eux-mêmes, ont choisi cette ville de l'Etat de New York et ses quatre cliniques pour leur grande opération *Rescue* (sauvetage). Au traditionnel face-à-face, qui les oppose aux *Pro-choice*, avec échanges de slogans et de cris, ils apportent une innovation de taille. En effet, les tracts distribués et les spots diffusés sur les chaînes locales, non contents de montrer des fœtus sortis du formol, donnent les noms des médecins pratiquant l'avortement.

Un véhicule spatial russe aux enchères

Paris, jeudi 23
Pour un million de francs, un industriel, M. Georges Lancelin, a acquis un engin spatial russe Photon. Cette sphère-satellite de 2,3 m de diamètre qui, d'après le vendeur, a servi pour un vol en avril 1990, doit tourner dans toute la France dans le cadre de l'exposition La Russie, de Spoutnik à nos jours. Cette opération, qui en dit long sur la situation financière des sciences et de la recherche dans la CEI, doit aussi, selon ses initiateurs, servir au lancement d'une société d'import-export entre la Russie et la France.

La seconde ville mexicaine éventrée par des explosions de gaz

Guadalajara, mercredi 22
La deuxième ville du Mexique est secouée par de terribles explosions. D'après les premiers éléments de l'enquête, ce sont des poches de gaz accumulées dans des conduites défectueuses d'hydrocarbures, et dans les égouts, qui seraient la cause de la catastrophe. Ces collecteurs ont, en explosant, éventré les rues d'un quartier populaire sur près de huit kilomètres et fait s'effondrer quantité d'immeubles. Pour le moment, les sauveteurs ont relevé plus de 200 morts, mais le bilan pourrait encore s'alourdir. Au premier rang des accusés figurent la Pemex, la compagnie pétrolière nationale, et avec elle, les autorités politiques qui n'ont jamais appliqué les mesures de protection réclamées.

Huit kilomètres de rues du quartier Analco ont été pulvérisés à Guadalajara.

Quatorze ans pour une indemnisation

Brest, vendredi 24
Le dossier de l'*Amoco Cadiz* est définitivement refermé. La société pétrolière américaine a renoncé à faire appel. En annonçant la bonne nouvelle, le secrétaire d'Etat à la Mer, Charles Josselin, a précisé que les indemnités accordées par la justice américaine en réparation des dommages dus au sinistre seront d'environ 210 millions de francs pour les collectivités bretonnes et de 930 millions de francs pour l'Etat français. Le naufrage, le 16 mars 1978, du pétrolier au large de Portsall avait provoqué la plus grande marée noire jamais vue en France. Les poursuites auront duré quatorze longues années.

Calcutta pleure son seigneur des écrans

Calcutta, jeudi 23
Le réalisateur indien Satyajit Ray (*2.5.1921) était tout à la fois poète, musicien, architecte et publiciste. Son immense culture occidentale n'a jamais altéré son profond attachement à sa ville natale et à la civilisation bengali. Parmi ses films, on ne peut oublier la trilogie : *Pater Panchali* (1955), *Aparajito* (1956) et *le Monde d'Apu* (1959) ; mais aussi *la Pierre philosophale* (1957), *le Salon de musique* (1958), *les Joueurs d'échecs* (1977) et *Agantuk* (1991), qui traduisent avec finesse et sensibilité le choc entre la tradition de son pays et le monde moderne.

Les Bengalis vénéraient Satyajit Ray.

Rodéo mortel autour des 24 Heures moto

Le Mans, dimanche 26
L'édition 1992 des Vingt-quatre Heures du Mans moto – gagnée par la Kawasaki des Anglais Terry Rymer, Carl Fogarty et du Belge Michel Simul – a été endeuillée par un drame survenu au cours de la nuit, hors du circuit. Neuf motards sont morts dans quatre accidents, sans compter la cinquantaine de blessés, tous victimes d'imprudence. La course attire tous les ans 50 000 motards passionnés, parmi lesquels certains viennent « faire la fête ». Ce qui les amène à mélanger les excès d'alcool et ceux de vitesse à plus de 200 km/h... (→ 20.9)

Alcool et vitesse : neuf morts en 6 h.

Avril

1992

Lu	Ma	Me	Je	Ve	Sa	Di
		1	2	3	4	5
6	7	8	9	10	11	12
13	14	15	16	17	18	19
20	21	22	23	24	25	26
27	28	29	30			

Venise, 27
A l'université, François Mitterrand est fait docteur *honoris causa* en philosophie.

Bonn, 27
Hans Dietrich Genscher, chef du parti libéral, démissionne du poste de ministre des Affaires étrangères qu'il occupait depuis 18 ans. (→ 28)

Kaboul, 27
Les combats reprennent entre les troupes du commandant Massoud et celles du Hezb-i-Islami. (→ 29)

Damas, 27
Les 4 000 Juifs syriens sont désormais libres d'émigrer, sauf en Israël.

Liège, 27
Le procès pour corruption, dans des attributions de marchés, à l'encontre du maire de la ville et d'hommes d'affaires français tels Jean-Claude Decaux et Georges Dauphin, est ouvert. (→ 15.7)

Bonn, 28
Le FDP impose M. Kinkel, comme successeur de H. D. Genscher, au poste de ministre des Affaires étrangères.

Tchécoslovaquie, 28
La vente annoncée des brasseries Pilsen à une entreprise néerlandaise soulève une vague de protestations.

Paris, 29
Véronique Neiertz, secrétaire d'Etat à la Condition féminine, présente son projet de loi destiné à lutter plus sévèrement contre le harcèlement sexuel.

Espagne, 29
En battant Karpov, le Britannique Nigel Short accède aux finales du championnat du monde d'échecs. (→ 2.9)

Paris, 29
Le Premier ministre japonais arrive en France pour préparer le sommet du G7. (→ 8.7)

San Diego, 30
Il Moro di Venezia gagne la coupe Louis-Vuitton et se qualifie pour la finale de la coupe de l'America. (→ 10.5)

France, 30
Lors de l'opération *Sida Urgence*, de nombreuses vedettes font appel sur Antenne 2 à la générosité des téléspectateurs.

Deux Etats pour une nouvelle Yougoslavie

Milosevic ou l'hégémonie des Serbes.

Belgrade, lundi 27
Une « troisième Yougoslavie » est théoriquement née. C'est en tout cas ce que vient de décider le parlement de Belgrade en proclamant la constitution d'une nouvelle République fédérale, réduite à la Serbie et au Monténégro. Cette fédération qui prétend assurer la continuité de l'Etat yougoslave ne sera pas pour autant automatiquement reconnue. Les pays occidentaux la boudent déjà et seules la Russie et la Chine l'ont reconnue. En Serbie, la nouvelle a été accueillie dans l'indifférence. Le drapeau de cette mini-Yougoslavie reste la bannière bleu, rouge, blanc mais l'étoile rouge des communistes a disparu. (→ 6.5)

Les services publics allemands en grève

C'est une première depuis 1974.

Bonn, lundi 27
Les dernières grèves du service public outre-Rhin avaient eu lieu en 1974 : de quoi perdre l'habitude, pour les Allemands, de trouver guichets clos, grilles baissées et gares désertes... Au total, ce sont plus de trois millions de salariés qui ont cessé le travail. Alors que le patronat accepte de relever les salaires de 3,4 %, les syndicats revendiquent une augmentation de 9,5 % en compensation de la hausse des prix et des impôts. Car si la chute du mur de Berlin, voici deux ans et demi, a d'abord soulevé l'enthousiasme, la réunification a un coût que les Allemands jugent aujourd'hui excessif. La sacro-sainte paix sociale, tellement enviée par les pays voisins, semble désormais gravement menacée. (→ 3.5)

Cossiga laisse une Italie ingouvernable

Rome, lundi 27
En annonçant sa démission, samedi soir, la voix étranglée par l'émotion, Francesco Cossiga, le président de la République italienne, a voulu tirer un signal d'alarme. La classe politique entame la semaine dans la panique. Sa preuve par l'absurde a réussi au-delà de toute espérance : ce pays ingouvernable se retrouve sans président et sans gouvernement, Giulio Andreotti ayant démissionné lui aussi quelques jours auparavant. Cossiga a voulu provoquer cette crise afin de montrer l'urgente nécessité d'une réforme des institutions et pour mettre les hommes politiques en face de leurs responsabilités. (→ 15.5)

Le président bouscule le système.

Le 27, Betty Boothroyd est la première femme à devenir Speaker des Communes en six siècles.

Les exodes massifs frappent la Bosnie

Sarajevo, mardi 28
Les routes de l'Europe connaissent à nouveau de dramatiques scènes d'exode. Bombardés, expulsés, mis au chômage, des milliers de Yougoslaves ont fui leur domicile. En Bosnie-Herzégovine, depuis mars, le conflit aurait provoqué un exode de 323 700 personnes, selon les chiffres de l'ONU, du HCR et de la Croix-Rouge. Au total, sur les 25 millions d'habitants de l'ancienne Yougoslavie, plus de 1 200 000 personnes auraient été déplacées. De l'intimidation à la destruction d'habitations, tous les procédés sont utilisés pour rendre « homogènes » les territoires contestés. (→ 2.5)

En deux mois : 323 700 réfugiés.

L'Art perd deux Grands

Paris, mardi 28
Olivier Messiaen (*10.12.1908) est mort après une longue carrière de compositeur, de théoricien et de professeur. Ses pièces innombrables, dont on se contentera de citer le *Quatuor pour la fin des temps* composé en 1941 en captivité, révèlent un style flamboyant nourri par sa foi catholique, les chants d'oiseaux et les rythmes traditionnels du monde entier. (→ 18.8)

Madrid, mardi 28
C'est en 1926 à Paris devant les œuvres de Picasso que la vocation de Francis Bacon (*28.10.1909) se décida. Il était l'un des derniers monstres sacrés de la peinture. Dès le début (*Trois études de figures au pied d'une Crucifixion*, 1944), son travail, soucieux par ailleurs d'exprimer le mouvement, traduira la souffrance, l'altération des corps, et pour finir, leur mort.

Olivier Messiaen, compositeur.

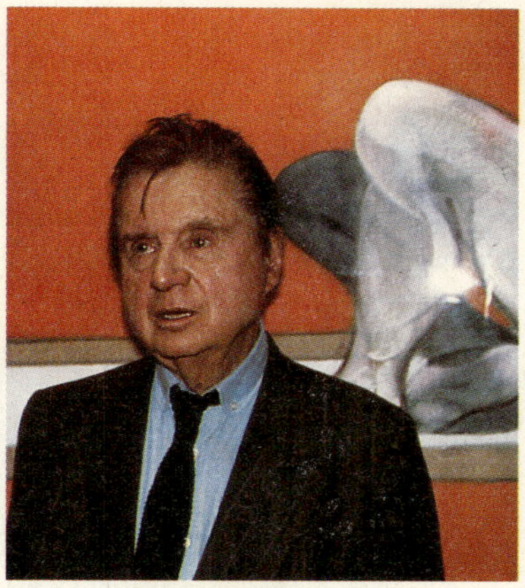
Francis Bacon, peintre.

Massoud est à Kaboul

Les troupes de Massoud s'imposent face aux partisans de Hekmatyar.

Kaboul, mercredi 29
L'« aigle du Panshir » a fait son entrée dans la capitale afghane. A la tête de 10 000 hommes et d'une centaine de chars, le commandant Ahmed Shah Massoud investit Kaboul. Les combats pour le contrôle de la capitale ont duré quatre jours. Ils ont tourné au désavantage de Gulbuddil Hekmatyar, chef fondamentaliste. Tandis que le président du gouvernement islamique intérimaire afghan, Sibgatullah Modjaddedi, accueille ses premiers visiteurs étrangers, le président déchu Najibullah se cache toujours dans des locaux de l'ONU. A Kaboul, la vie reprend lentement mais les règlements de compte ont commencé et, dans la rue, on ne trouve plus de femmes nu-tête. De violents affrontements ethniques menacent. (→ 8.5)

Le verdict a mis Los Angeles à feu et à sang

Los Angeles, jeudi 30
Le lendemain de l'acquittement des quatre policiers, qui avaient passé à tabac un automobiliste noir, la ville se réveille dans le bruit et la fumée des émeutes. Celles-ci ont, depuis la veille, embrasé plusieurs quartiers mais c'est la zone de South Central qui est la plus touchée. Aussitôt le verdict connu, la colère de la population noire a éclaté. La bande vidéo d'un amateur, qui de son balcon avait filmé la scène de matraquage de Rodney King par les policiers, n'était apparemment pas une preuve suffisante pour le jury exclusivement blanc (comme les policiers) de cette banlieue aisée. Toute la nuit, le centre de Los Angeles a été la proie du chaos, livré aux pilleurs et aux gangs, à une fureur encore plus aveugle que la justice contre laquelle elle proteste. C'est avec les scènes de violence, filmées et diffusées en direct par les télévisions, les émeutes qui se propagent à d'autres villes, que l'Amérique redécouvre ses ghettos. (→ 5.5)

L'acquittement des quatre policiers blancs déchaîne la colère de la rue.

Les magasins de South Central sont l'objet d'un pillage systématique.

Mai

1992

Lu	Ma	Me	Je	Ve	Sa	Di
				1	2	3
4	5	6	7	8	9	10
11	12	13	14	15	16	17
18	19	20	21	22	23	24
25	26	27	28	29	30	31

Sarajevo, 2
Le président bosniaque Izetbegovic est retenu en otage par les Serbes. (→ 6)

Algérie, 2
Soupçonné d'avoir détourné 40 millions de francs, le général Belloucif est arrêté.

Varsovie, 3
L'Ordre des médecins adopte un code d'éthique très rétrograde ; les femmes en sont les premières victimes, qui ne peuvent plus avorter que sous des conditions extrêmement restrictives.

Bonn, 3
Les négociations sont un échec, la grève continue. (→ 8)

Egypte, 4
Près d'Assiout, à 300 km du Caire, des fondamentalistes attaquent un quartier copte.

Paris, 4
L'accord franco-américain de 1946 régissant les liaisons aériennes entre les deux pays est dénoncé par les autorités françaises, qui souhaitent restreindre la liberté des compagnies américaines.

Séville, 6
François Mitterrand inaugure le pavillon français de l'Exposition universelle.

Washington, 7
Les Etats-Unis reconnaissent la paternité de l'institut Pasteur dans la découverte du virus du sida.

Tadjikistan, 7
Les islamistes prennent la capitale, Douchanbe, abandonnée par le président Rakhmon Nabiev.→

Dublin, 7
Monseigneur Eamon Casey, évêque de Galway, démissionne après la révélation de sa paternité.

Israël, 8
Le prix Israël de littérature est attribué à l'écrivain israélo-arabe Emile Habibi.

Kaboul, 8
Le cessez-le-feu n'empêche pas les règlements de compte, tandis que les islamistes imposent leur loi. (→ 25)

Inde, 10
Dans l'Etat d'Orissa, la vente d'alcool frelaté a fait au moins 162 victimes.

La mort n'attend pas le coup d'envoi

Bastia, mardi 5
Le football a vécu ce soir en direct l'un des plus terribles drames de son histoire. Cela s'est passé devant les caméras de la télévision, à Bastia, dans le stade de Furiani, où devait se disputer la demi-finale de Coupe de France Bastia-Marseille. A huit minutes du coup d'envoi, le haut d'une tribune en tubulures métalliques édifiée pour l'occasion s'est effondré subitement sous la pression et les trépidations provoquées par les spectateurs, précipitant dans le vide des centaines de personnes. Un premier bilan fait état de huit morts et d'une centaine de blessés, parmi lesquels beaucoup de journalistes qui se trouvaient au plus haut de l'édifice. (→ 12)

A Bastia, une tribune provisoire du stade de Furiani s'effondre : 8 morts.

Ottawa accorde aux Esquimaux le gouvernement du Nunavut

Les Inuits renoncent à leurs droits ancestraux en échange d'un territoire.

Territoires du Nord-Ouest, lundi 4
Le gouvernement d'Ottawa doit, après le vote favorable des Inuits en faveur d'une délimitation de leurs territoires, leur octroyer une autonomie politique, qui en fera des citoyens à part entière, maîtres de leur destin et de leurs terres. Mais c'est là que le bât blesse. Car ces terres, que les Inuits ont baptisées « Nunavut », qui signifie « notre territoire », n'en sont pas pour autant à l'abri des convoitises. Les Amérindiens, opposés au projet et ennemis de toujours des Esquimaux, rappellent que ces derniers ont justement abandonné leurs prérogatives sur ces terres contre le financement, par Ottawa, de leur indépendance politique.

L'Europe des Douze signe avec les Sept

Porto, samedi 2
Les ministres des Affaires étrangères de la CEE signent avec leurs homologues de l'AELE (Association européenne de libre échange) un traité qui institue l'Espace économique européen, l'EEE. Les sept pays de l'AELE, Autriche, Suisse, Suède, Finlande, Norvège, Islande et Liechtenstein, si l'accord est ratifié par leurs parlements respectifs, pourront s'intégrer au plus grand marché unique du monde. (→ 12)

Los Angeles nettoie sept jours d'émeutes

Les dégâts : 785 millions de dollars.

Los Angeles, mardi 5
La ville panse ses plaies, pendant que les habitants, hébétés, contemplent les dégâts. Les solidarités se mettent en place : déblaiements en commun, collecte d'argent, de médicaments et de vêtements. Le déploiement de 20 000 soldats et policiers a ramené le calme dès samedi. Le week-end a été calme, et les autorités ont pu commencer à établir des bilans. On relève pour l'instant 48 tués, 2 200 blessés et les destructions sont évaluées à plus de 3 milliards de francs. (→ 3.8)

La Bosnie mise en jeu

Graz, mercredi 6
Le spectre de la partition plane sur la Bosnie-Herzégovine. Elle pourrait faire les frais d'un accord entre Serbes et Croates. En Autriche, les leaders des deux communautés ont négocié en secret un accord sur la division en cantons de la Bosnie. Un projet qui inquiète vivement les musulmans. Le leader nationaliste serbe, Radovan Karadzic, a évoqué une nouvelle carte dessinée d'ici au 15 mai. Les violents combats qui se poursuivent font redouter un processus de libanisation. (→ 11)

Les musulmans sont tenus à l'écart.

Elle était « l'Ange bleu »

Paris, mercredi 6
C'est deux jours avant l'ouverture du Festival de Cannes, dont l'affiche la représente dans *Shangaï Express* de Josef von Sternberg, que Marlène Dietrich (*27.12.1901) est morte. Regard magique, talons aiguilles et porte-jarretelles, *l'Ange bleu* (1930) restera pour tous le symbole de la beauté. Naturalisée américaine en 1939, elle chantera sur le front allié, puis sera applaudie dans le monde entier. Sa dernière apparition datait de 1978 dans *Just a Gigolo* de Hemmings.

Marlène Dietrich restera un mythe.

AS Monaco rate la Coupe des Coupes

Lisbonne, mercredi 6
Sans doute perturbés par la tragédie de Furiani, les footballeurs de l'AS Monaco ont perdu une finale de Coupe d'Europe des Vainqueurs de coupes qui paraissait à leur portée. Les joueurs français sont passés à côté du sujet, pratiquant un football mièvre et inefficace, laissant la victoire (2-0) aux solides Allemands du Werder Brême. Ainsi, le mauvais œil continue-t-il à poursuivre les clubs français qui, depuis la création des Coupes d'Europe, en 1955, n'ont encore jamais pu en remporter une seule. Les échecs en finale se succèdent, avec Reims contre le Real Madrid en 1955, Saint-Etienne contre le Bayern Munich en 1976, Bastia contre le PSV Eindhoven en 1978, l'Olympique de Marseille contre l'Etoile rouge de Belgrade en 1991, et enfin Monaco.

Eltsine crée l'armée russe sans la CEI...

Par décret, il met fin au projet d'une armée pour la Communauté.

Moscou, jeudi 7
Boris Eltsine crée, par voie de décret, les forces armées russes. Il s'en nomme commandant en chef provisoire jusqu'à l'adoption d'une législation sur la défense. Ces forces « multinationales », selon le décret du ministère, comprendront plus d'un million d'hommes. Le mérite essentiel de cette décision est de clarifier une situation confuse pour les armées de l'ex-URSS, et de leur donner un début de cadre légal. Mais surtout elle met fin au mythe d'une force commune aux pays de la CEI, construction politique pour l'instant trop fragile pour unir des armées qui restent dispersées.→

... où les conflits ethniques explosent

CEI, jeudi 7
Preuve, s'il en fallait, que l'idée de démocratie n'est pas encore entrée dans les mœurs de la communauté des Etats, les crises ethniques et politiques se résolvent le plus souvent par les armes. Pour faciliter la formation d'un cabinet d'union nationale, le Tadjikistan est depuis deux jours sous couvre-feu après les affrontements entre forces gouvernementales et milices de l'opposition. En Moldavie, russophones et Moldaves sont difficilement parvenus à un accord qui prévoit la fin des combats et le déploiement des observateurs de la CEI. Au Haut-Karabakh, les dernières enclaves tenues par les Azéris tombent les unes après les autres aux mains des Arméniens, qui se retrouvent en position de force pour négocier avec les autorités de Bakou. (→ 13)

La grève fragilise le consensus allemand

L'augmentation acquise est de 5,4 %.

Bonn, vendredi 8
Ils ont gagné : après 11 jours de grève, l'une des plus longues dans l'histoire de la RFA, les employés du service public obtiennent 5,4 % d'augmentation, contre 4,8 % proposés par le patronat. Les autorités allemandes ont fait preuve d'une grande maladresse dans le règlement de ce conflit : ce que le chancelier Kohl rejetait hier, il l'accepte aujourd'hui, et ces concessions font déjà craindre aux experts l'apparition de cette spirale inflationniste prix-salaires tant redoutée.

Le 10 à San Diego, « Il Moro di Venezia » remporte la course la plus serrée dans l'histoire de l'America's Cup : 3 secondes d'écart. (→ 16)

Mai

1992

Lu	Ma	Me	Je	Ve	Sa	Di
				1	2	3
4	5	6	7	8	9	10
11	12	13	14	15	16	17
18	19	20	21	22	23	24
25	26	27	28	29	30	31

Bruxelles, 11
Les Douze rappellent leurs ambassadeurs en poste à Belgrade. (→16)

Espace, 11
La première tentative de récupération du satellite Intelsat échoue. (→14)

Manille, 11
La participation s'élève à 80 % pour les présidentielles.→

Paris, 12
Le rapport commandé par le Premier ministre sur le drame de Furiani accable l'entreprise Sud-Tribune, le préfet et les dirigeants du club. (→1.6)

Lituanie, 13
François Mitterrand est le premier chef d'Etat occidental à visiter les Etats baltes depuis leur indépendance.

Paris, 13
La réforme du statut des dockers est à l'ordre du jour à l'Assemblée nationale. (→26)

Géorgie, 13
Un accord de cessez-le-feu est signé en Ossétie du sud. (→24.6)

Suisse, 13
Pour enrayer la propagation du sida, le gouvernement fédéral autorise de façon expérimentale la distribution d'héroïne aux toxicomanes.

Canada, 13
Le groupe immobilier Olympia & York se place sous la protection de la loi sur les faillites : sa dette dépasse les 60 milliards de francs. (→29)

Bakou, 15
Rétabli la veille dans ses fonctions, le président d'Azerbaïdjan, Aïaz Moutalibov, est remplacé par un front populaire. (→7.6)

Rome, 15
Le quatrième tour de scrutin ne permet pas de dégager de majorité absolue pour l'élection à la présidence. (→25)

Bangkok, 17
La proclamation de l'état d'urgence donne lieu à des manifestations : l'armée ouvre le feu. (→18)

Suisse, 17
L'adhésion de la Confédération au FMI et à la Banque mondiale est approuvée par référendum. (→26)

Les Philippins face à sept prétendants

Manille, lundi 11
Ce sont les élections les plus libres depuis 23 ans. Les Philippins vont choisir leur président parmi les sept candidats à la succession de Cory Aquino. Parmi eux, l'ex-ministre de la Défense et successeur désigné par la présidente, Fidel Ramos et madame Miriam Santiago, ancien juge parti en croisade contre la corruption. Simultanément, les Philippins doivent renouveler l'ensemble des 17 000 postes électifs du pays (députés, gouverneurs, maires...). En trois mois de campagne, 71 personnes ont trouvé la mort. (→22)

La justice britannique en plein discrédit

Judith Ward est enfin innocentée.

Londres, lundi 11
La cour d'appel innocente Judith Ward après dix-huit années passées en prison. Elle a été aussitôt libérée en attendant que le jugement qui lui avait valu une condamnation à vie, en 1974, soit définitivement cassé. Arrêtée après un attentat de l'IRA, qui avait fait douze victimes, son procès s'était déroulé en pleine psychose antiterroriste. Psychose justifiée certes, mais qui avait alors conduit à un examen bien trop rapide des preuves à charge. Réexaminé à la lumière de l'affaire des « Six de Birmingham », son dossier s'est écroulé, pour finalement révéler l'erreur judiciaire.

« La Maillan » a piraté son dernier texte, Pouic-Pouic pleure

Paris, mardi 12
Pouic-Pouic, le coq apprivoisé de « la Maillan » (*11.1.1923), dans le film où elle donnait la réplique à de Funès, est triste : sa maîtresse a pour toujours quitté la scène. Fini les réparties désopilantes, les rires explosifs, les dialogues à l'emporte-pièce. Elle avait débuté sa carrière par la dure école du cabaret avec Roger Pierre, Jean-Marc Thibault, Francis Blanche, Jean Richard et Darry Cowl. Elle fut ensuite révélée par le cinéma et par le théâtre de boulevard : *les Belles Bacchantes* en 1953, *Ornifle* (1955), *Gog et Magog* (1959), *Croque-Monsieur* (1964), *Folle Amanda* (1971), et enfin *la Cuisse du steward* en 1990.

Grâce à son talent, Jacqueline Maillan osait tout au théatre comme au cinéma.

Elisabeth II plaide en faveur de l'Europe

Strasbourg, mardi 12
Pour la première fois en quarante ans de règne, la reine Elisabeth II d'Angleterre rend visite au Parlement européen. Dans un discours très consensuel, largement rédigé et relu par les services du Premier ministre britannique, citant dans le texte Churchill et Jean Monnet, la reine s'est prononcée en faveur du traité de Maastricht. Elle en a largement vanté « l'équilibre », le respect des diversités nationales et le souci de l'action commune. Habillée aux couleurs de la Communauté, Elisabeth II a plaidé, se référant à l'Histoire, en faveur de son élargissement aux pays d'Europe centrale et orientale. (→21)

La reine s'affirme pro-Maastricht.

Le mal de Stendhal frappe à Jérusalem

Jérusalem, jeudi 14
Le docteur Bar-El, le directeur de l'hôpital psychiatrique de Jérusalem, est inquiet : avec la reprise du tourisme, les Samson, les Jésus-Christ, les Dieux et les Satan vont se multiplier. Le mal de Jérusalem, comparable au mal de Stendhal à Florence, est un bien étrange syndrome. Des touristes, submergés par le poids religieux et historique de l'antique cité, « craquent » et tombent dans des délires mythomaniaques, se prenant la plupart du temps pour des personnages bibliques. Une centaine de personnes sont touchées chaque année.

La Nasa remise sur orbite par un coup de main

Cap Canaveral, jeudi 14
La Nasa réalise une double première dans l'histoire de la conquête spatiale. Trois hommes sont sortis simultanément dans l'espace pour récupérer un satellite... à la main. Ce dépannage de haut vol, facturé 93 millions de dollars par la Nasa, était pour celle-ci une occasion unique de montrer l'utilité de sa navette. En l'occurrence, le défi à relever était la récupération et la remise en état d'Intelsat-6, mal lancé et égaré sur une orbite trop basse. Sans l'intervention de la navette, l'engin de 130 millions de dollars était perdu. Deux tentatives menées par Pierre Thuot, jeune astronaute de 36 ans, se sont soldées par des échecs lundi et mardi. Il n'avait pu fixer le bras mécanique chargé de freiner la rotation du satellite. Grâce aux simulations effectuées dans des piscines au même moment, le dépannage avec trois hommes est accepté. Thuot, Hieb et Ackers le réussissent au bout de huit heures d'efforts, et prouvent en même temps que l'homme est irremplaçable. Placé dans la soute, l'engin se voit doté d'un nouveau propulseur et relancé à 36 000 km. Où il devrait vivre onze ans et rapporter un milliard de dollars.

Trois astronautes de la navette « Endeavour » ont réussi à capturer Intelsat-6.

L'America's Cup est restée à San Diego

Bill Koch réussit avec « America³ ».

San Diego, samedi 16
L'America's Cup est la plus célèbre régate du monde, et les Américains y sont particulièrement attachés. En remportant l'épreuve 1992, Bill Koch – qui a investi 400 millions de francs en trois ans dans l'aventure – et ses coéquipiers de l'*America³* ont fait le bonheur du pays. Il est vrai que l'exploit est d'autant plus remarquable que le bateau italien *Il Moro di Venezia* représentait un adversaire redoutable. Avec la cinquième et dernière régate, *America³* a assuré définitivement sa victoire par quatre manches à une. Le plus vieux trophée du monde reste ainsi aux Etats-Unis et continuera à trôner au San Diego Yacht Club.

Mansell entre dans la légende des pilotes

Il aligne cinq Grands Prix d'affilée.

Imola, dimanche 17
Nigel Mansell est insatiable. Avec sa nouvelle victoire au Grand Prix de San Marino, le Britannique entre dans la légende des pilotes de Formule 1. En triomphant pour la cinquième fois de suite cette saison, il a égalé un record établi, avant lui, par Alberto Ascari en 1952-53, par Jack Brabham en 1960, et par Jim Clark en 1965. Mais Mansell est le premier à avoir aligné ses cinq victoires à la suite dans les cinq premières courses de la saison, alors que les trois *recordmen* précédents avaient réussi leur exploit, soit en cours de saison, soit d'une saison à l'autre. Une fois de plus, Ricardo Patrese termine deuxième. (→ 31)

L'ONU, un témoin gênant à Sarajevo

Sarajevo, samedi 16
Une colonne de quatre-vingts véhicules blancs arborant les couleurs de l'ONU gagne les faubourgs de la capitale bosniaque. Conduite par le général français Morillon, numéro deux des casques bleus dans l'ex-Yougoslavie, pour qui « Sarajevo est en passe de devenir un nouveau Vukovar », elle emmène le gros de l'état-major de la Forpronu à Belgrade. La ville est en effet devenue trop dangereuse. Le chef des forces onusiennes, le général indien Nambiar, doit aussi la quitter le lendemain. Les combats pourront se poursuivre sans témoins gênants. Ultime humiliation, les convois de l'ONU ont été arrêtés et fouillés par des miliciens serbes... (→ 20)

Il ne reste que 120 casques bleus.

Mai

1992

Lu	Ma	Me	Je	Ve	Sa	Di
				1	2	3
4	5	6	7	8	9	10
11	12	13	14	15	16	17
18	19	20	21	22	23	24
25	26	27	28	29	30	31

Stuttgart, 18
L'ancien tortionnaire nazi Josef Schwammberger est condamné à la prison à vie.

Bangkok, 18
Après l'arrestation du chef de l'opposition, la répression se poursuit : le bilan des affrontements s'élève à plus de 100 morts. (→ 22)

Sarajevo, 20
Un convoi d'un millier de réfugiés bosniaques peut quitter la ville, après avoir été retenu par les Serbes. (→ 27)

Tchad, 20
Joseph Yodoyman est nommé Premier ministre.

Paris, 20
Bernard Tapie présente son projet de réhabilitation des banlieues défavorisées. (→ 22)

Pékin, 21
La Chine a réalisé dans la province du XinJiang son essai nucléaire le plus puissant.

Londres, 21
Le traité de Maastricht est ratifié par 336 voix contre 92. (→ 2.6)

Paris, 21
Jean-Jacques Gastebois, ancien directeur du bureau d'études Gracco, est inculpé dans le cadre de l'affaire Urba. (→ 9.7)

Paris, 22
Poursuivi par un ancien associé, Bernard Tapie est convoqué par le juge d'instruction. (→ 23)

Manille, 22
Le général Ramos se proclame vainqueur des élections présidentielles. (→ 16.6)

Tel-Aviv, 24
L'assassinat d'une jeune Juive par un Palestinien provoque de violentes réactions de l'extrême droite israélienne. (→ 29)

Vienne, 24
Thomas Klestil remporte les élections présidentielles.

Vincennes, 24
La police affronte les expulsés maliens qui campent depuis une semaine sur l'esplanade du château de Vincennes. (→ 29.10)

DECES

Nîmes, 23
Atahualpa Yupanqui, chanteur et guitariste argentin (*1908).

Un festival plein de bonnes intentions

Pernilla et Bille August récompensés.

Cannes, lundi 18
Le grand réalisateur suédois Ingmar Bergman a souvent été en compétition à Cannes, mais n'a jamais remporté la palme d'or ! C'est peut-être pour réparer cette injustice que le jury de l'édition 1992 du festival a décerné la palme d'or aux *Meilleures Intentions*, de Bille August, film danois écrit par Bergman, lequel y raconte dix ans de la vie de ses propres parents. Comme *Pelle le conquérant* qui a déjà valu à August la palme d'or en 1988, cette œuvre est d'un classicisme irréprochable. Toutefois, les festivaliers attendaient que le jury, présidé par Gérard Depardieu, montre plus d'audace dans son choix.

Le 18, la mairie de Paris prévoit des amendes de 600 à 1 300 F contre les déjections canines.

Barcelone gagne enfin la Coupe d'Europe des clubs champions

Londres, mercredi 20
Barcelone est en fête. L'année des Jeux olympiques, son « Barça » adoré a enfin gagné cette Coupe d'Europe des clubs champions qui le fuyait depuis trente-six ans, seule coupe européenne manquant à son palmarès. C'est un but marqué sur un coup franc par le Néerlandais Ronald Koeman qui a abattu une équipe italienne de la Sampdoria de Gênes très décevante, à l'image de son avant-centre Vialli. Les footballeurs catalans dirigés par Johan Cruijff, devenu grand entraîneur, ont ainsi pu venger leurs aînés qui avaient déjà dû s'incliner deux fois en finale de cette coupe.

Une victoire à l'arraché contre la Sampdoria de Gênes, à Wembley.

Capitaux français pour Babelsberg

Berlin, mardi 19
Conséquence de la réunification allemande, les studios de Babelsberg sont vendus. Edifiés en 1929 par l'UFA, et alors les plus modernes d'Europe, ils sont ensuite récupérés par l'Allemagne de l'Est, qui y installe la Deutsche Film Aktien Gesellschaft (Defa). Rendus au secteur privé, les studios ont été acquis par le groupe français de la Générale des Eaux, *via* sa filiale immobilière Phénix, associée avec le groupe allemand multimédia Bertelsman. Les principaux cinéastes allemands, parmi lesquels Volker Schlöndorff, ont soutenu le projet.

Le roi de Thaïlande fait plier l'armée

Bangkok, vendredi 22
En Thaïlande, l'autorité morale du roi n'est pas un vain mot. L'intervention du roi Bhumibol a été déterminante pour mettre fin à la crise, après la sanglante répression des manifestations des 18 et 19 mai. Elle a placé le général Suchinda au pied du mur, l'acculant à la démission. Le Premier ministre a dû en effet accepter d'amnistier les détenus et d'amender la Constitution. Le général Suchinda Krapayoon et le chef de l'opposition, le général Chamlong Srimuang, ont écouté le sermon du roi, agenouillés devant lui à la thaïlandaise. Le bilan provisoire des affrontements varie entre 100 et 1 000 morts. (→ 10.6)

Le roi Bhumibol apaise la crise.

La Mafia liquide Falcone à l'explosif

Palerme, samedi 23
L'autoroute est dévastée sur plus de 50 mètres. Un énorme cratère profond de huit mètres par endroits a éventré la route menant de l'aéroport à Palerme. L'explosif, plusieurs centaines de kilos, avait été placé dans une canalisation sous le bitume. La charge était commandée à distance. La première voiture des gardes du corps est projetée en l'air : ses trois occupants sont tués sur le coup. La Fiat du juge Giovanni Falcone plonge dans le cratère : il meurt lors de son transport à l'hôpital. Son épouse ne lui survit que deux heures. La Mafia a eu raison du juge symbole. (→ 25)

L'ennemi numéro un de la Cosa nostra a payé cher son intégrité.

Le 23 à Paris, 500 cheminées retrouvées par la police sont exposées pour leurs ex-propriétaires.

La réforme de l'Europe verte contestée

Les agriculteurs français protestent.

Bordeaux, vendredi 22
Une centaine de jeunes agriculteurs s'est attaquée dans la soirée à des consulats étrangers, dont celui des Etats-Unis, et à des bâtiments administratifs. Dans plusieurs villes de France, des actions semblables ont eu lieu, souvent improvisées. Il s'agit de protester contre l'adoption la veille à Bruxelles, de la réforme de la politique agricole commune (PAC). Une innovation importante répond aux critiques américaines : les subventions à la production sont remplacées par des aides directes. Les agriculteurs y voient une forme déguisée d'assistanat, ce qu'ils refusent catégoriquement. (→ 10.6)

Paris et Bonn créent l'armée européenne

Le bataillon franco-allemand devient un corps d'armée de 35 000 hommes.

La Rochelle, vendredi 22
A l'issue du 59e sommet franco-allemand, François Mitterrand et Helmut Kohl entérinent la création d'un corps d'armée, l'Eurocorps, de 35 000 à 45 000 hommes et qui sera opérationnel en 1996. Stationnés en Allemagne, ces soldats « contribueront au renforcement de l'Alliance atlantique », selon la déclaration commune. Mais Washington s'inquiète déjà de cette initiative.

Un carton rouge pour le ministre Tapie

Paris, samedi 23
Bernard Tapie, ministre de la Ville, remet sa démission au Premier ministre, qui l'accepte. Deux jours auparavant, des fuites avaient annoncé sa prochaine inculpation, pour abus de biens sociaux et recel, dans une affaire qui l'oppose à un ancien associé. Celui-ci, Georges Tranchant, député RPR des Hauts-de-Seine, l'accuse d'avoir détourné 13 millions de francs de commissions de vente. Malgré les hommages que MM. Bérégovoy et Mitterrand ont rendus à son énergie et à son honnêteté, personne, chez les barons socialistes et dans la majorité présidentielle, n'a accepté de se faire l'avocat de M. Tapie. (→ 27)

Deux mois au ministère de la Ville.

Des élections libres au Kurdistan irakien

Irak, dimanche 24
Les premières élections libres organisées au Kurdistan irakien offrent un résultat qui a toute l'apparence d'un compromis. Les deux grandes formations, l'Union patriotique du Kurdistan (UPK) de Jalal Talabani et le Parti démocratique du Kurdistan (PDK) de Massoud Barzani, se partagent à égalité 100 sièges du parlement. Cinq sièges reviennent à la minorité chrétienne. (→ 6.7)

Les Kurdes participent massivement à l'élection de leur première assemblée.

Mai

1992

Lu	Ma	Me	Je	Ve	Sa	Di
				1	2	3
4	5	6	7	8	9	10
11	12	13	14	15	16	17
18	19	20	21	22	23	24
25	26	27	28	29	30	31

Paris, 25
La présidente d'Irlande, Mary Robinson, est en visite officielle pour trois jours.

Kaboul, 25
Le commandant Massoud et le chef du Hezb-i-Islami signent un accord de paix en sept points. (→ 4.7)

Moscou, 26
Le procès du PCUS s'ouvre devant la nouvelle Cour constitutionnelle. (→ 21.9)

Paris, 26
Louis Schweitzer est nommé P-dg de Renault.

Paris, 27
Bernard Tapie est inculpé d'« abus de biens sociaux et de recel ». (→ 30.6)

Sarajevo, 27
L'artillerie serbe bombarde le marché de la ville : 16 morts et 144 blessés. (→ 8.6)

France, 27
Avec 7,8 milliards de francs, l'excédent de la balance commerciale du mois d'avril atteint un record historique.

Johannesburg, 28
Les conclusions d'une commission d'enquête judiciaire démontrent la responsabilité de l'ANC et de l'Inkatha dans les violences interethniques. (→ 16.6)

Israël, 29
L'assassinat de deux Juifs dans la bande de Gaza, soit trois victimes de terroristes palestiniens en moins d'une semaine, porte à son comble l'émotion des Israéliens. (→ 5.6)

Londres, 29
John Major rejette tout plan d'aide gouvernementale vis-à-vis d'Olympia & York.

Strasbourg, 30
La chaîne de télévision Arte, qui remplace la Sept, est diffusée pour la première fois sur les réseaux câblés français et allemands. (→ 28.9)

Ile-de-France, 31
Les pluies torrentielles ont provoqué une large pollution de la Seine. (→ 1.6)

DECES

Londres, 27
Peter Jenkins, journaliste de *The Independant* (*1934).

Un mort et seize tours de scrutin pour élire le président italien

L'assassinat du juge Falcone débloque la situation au parlement. Le démocrate-chrétien Oscar Luigi Scalfaro est élu.

Rome, lundi 25
Les Italiens ont enfin un président de la République : Luigi Scalfaro, 73 ans, a été élu au seizième tour de scrutin. Ce démocrate-chrétien présidait jusqu'à présent la Chambre des députés. Il a obtenu 672 voix des 1 014 grands électeurs. Oscar Luigi Scalfaro succède à Francesco Cossiga, démissionnaire le 25 avril dernier. Cette élection d'un homme qui se tient à l'écart des grands partis politiques traduit le désarroi des Italiens. Un désarroi exacerbé par l'assassinat du juge Falcone. L'attentat qui laisse le pays sous le choc a certainement accéléré un vote laborieux. C'est d'ailleurs ce même jour que se sont déroulées les obsèques en Sicile, où quinze mille personnes ont assisté dans une atmosphère tendue à l'enterrement du juge antimafia, de son épouse et de ses trois gardes du corps en la cathédrale de Palerme. Exprimant son dégoût, la foule a conspué les officiels. (→ 28.6)

La Suisse veut entrer dans la CEE

Lisbonne, mardi 26
La Suisse dépose officiellement sa demande d'adhésion à la CEE. Une lettre est remise à M. Joao de Deus Pinheiro, ministre portugais des Affaires étrangères, qui préside actuellement le Conseil des ministres de la Communauté. Avec un territoire presque complètement enclavé dans la CEE, réalisant la majorité de ses échanges avec elle, la Suisse ne pouvait rester à l'écart de cette dynamique. A l'exemple des autres pays de l'AELE (pays nordiques et Autriche), qui ont pour la plupart déjà déposé leur demande d'adhésion, les Suisses se disent prêts à des abandons de principe. Celui, séculaire, de la neutralité, en particulier, est directement visé par cette demande. Ce pays, qui fêtait ses 700 ans l'année dernière, reste fortement attaché à ses particularismes. Mais la population paraît prête à cette intégration. Le 17 mai, elle approuvait par référendum l'adhésion de la Suisse au FMI et à la Banque mondiale. (→ 27.6)

Les dockers désormais salariés ordinaires

Paris, mardi 26
Onze jours après l'Assemblée nationale, le Sénat adopte le projet de loi de Charles Josselin, secrétaire d'Etat à la Mer, qui réforme le statut des dockers. Mis en place en 1947, il conférait à la seule CGT la gestion des emplois sur les ports français. Largement décrié par les employeurs et les chambres de commerce, accusé d'être un frein à la modernisation des ports français, ce statut était avant tout le symbole du corporatisme de cette profession. La réforme, votée avec l'appui de l'opposition et quelques réticences des socialistes, salarise les dockers et les confronte à la productivité.

Malgré les manifestations pour préserver le statut de 1947, celui-ci est réformé.

Apple présente l'ordinateur calligraphe

Chicago, jeudi 28
Profitant de l'ouverture du Consumer Electronic Show, Apple présente Newton, le premier de ses Digital Personal Assistant. Le produit en est au stade pré-industriel mais les performances, présentées dans une vidéo à côté du prototype, marquent la grande avancée technologique de la firme pour ce nouvel outil, à la fois ardoise magique et terminal de bureautique. L'utilisateur peut écrire sur l'écran, qui reconnaît les majuscules, et envoyer directement ses documents (pages, notes de travail, lettres) à des fax ou des photocopieuses, grâce à un modem intégré. Ce système s'adapte à l'évolution du travail des cadres, de plus en plus nomades. (→ 21.6)

Newton, nouvelle ardoise magique.

Le chômage pour 10 % des Français actifs

Paris, vendredi 29
Le chômage, en hausse de 1,4 % au mois d'avril, atteint désormais 10 % de la population active. L'embellie économique, confirmée en début de semaine, n'a apparemment pas eu d'effet sur l'emploi. Sur le front du marché du travail, c'est le plus mauvais résultat depuis trois ans. Paradoxe lourd de conséquences politiques, car ce n'est pas sur la croissance, meilleure que celle de nos partenaires, ni sur l'inflation, maîtrisée, que le gouvernement sera jugé, mais sur l'emploi. La situation est d'autant plus préoccupante que les investissements de capacité dans l'industrie stagnent, et que de grandes sociétés annoncent de prochaines vagues de licenciements.

Un seuil redouté déjà atteint en 1988.

Senna coiffe Mansell d'une roue crevée

McLaren a profité d'une panne.

Monaco, dimanche 31
Un de chute pour Nigel Mansell qui n'a pas pu remporter son sixième Grand Prix de la saison. Dans les rues en lacets de la Principauté, le pilote britannique a dû s'incliner. C'est un incident mécanique – une roue crevée ou desserrée à l'arrière de sa voiture – qui a provoqué sa défaite. Il dut rentrer au stand pour réparer, et Senna en a profité pour prendre le commandement de la course et ne plus le perdre, malgré les efforts de retour désespérés de Mansell qui conservait la seconde place, toujours devant Ricardo Patrese. Mansell assure quand même sa première place au classement du championnat du monde. (→ 5.7)

La Serbie vote sous l'embargo de l'ONU

Les combats continuent en Bosnie.

Belgrade, dimanche 31
« Va-t-en espèce de Saddam ! » Des milliers d'habitants de la ville sont descendus dans la rue pour manifester contre Slobodan Milosevic, leur président tenu pour responsable de la guerre et de la mise de la Serbie au ban des nations. La situation s'est en effet aggravée avec l'adoption la veille, par le Conseil de sécurité de l'ONU, de la résolution 757 décrétant contre la Serbie et le Monténégro un embargo commercial, pétrolier et aérien. C'est dans cette atmosphère d'isolement que se sont tenues les élections législatives et municipales de la mini-fédération yougoslave : un scrutin boycotté par l'opposition. (→ 4.6)

Les écologistes aux pieds des Pyrénées

Vallée d'Aspe, samedi 30
Plus de 3 000 opposants au tunnel du Somport se réunissent dans le petit village de Bedous. C'est un succès pour les écologistes. Dans cette vallée pyrénéenne encore préservée, les esprits sont partagés en deux camps irréductibles. Les pro et les anti se déchirent sur l'(in)utilité d'un tunnel, reliant la France et l'Espagne. Les seconds, avec les agriculteurs, craignent que le futur de la fragile vallée, située sur un axe européen, ne se conjugue bientôt sur le mode autoroutier. (→ 2.12)

Le 31 à Londres, la statue dédiée à sir Arthur Harris, dit « Bomber Harris », soulève les passions.

Le blocus de Sarajevo par les Serbes pose des problèmes d'approvisionnement.

Juin

1992

Lu	Ma	Me	Je	Ve	Sa	Di
1	2	3	4	5	6	7
8	9	10	11	12	13	14
15	16	17	18	19	20	21
22	23	24	25	26	27	28
29	30					

Giverny, 1er
Un nouveau musée, financé par un Américain, est inauguré sur ce haut lieu de l'impressionnisme.

Bastia, 1er
Le président de la Fédération française de football, Jean Fournet-Fayard, est inculpé pour homicide et blessures involontaires. (→ 10)

Moscou, 1er
En visite officielle, le président sud-africain De Klerk met ainsi fin à 35 ans de brouille entre les deux pays.

Moscou, 1er
Le président de la Banque centrale russe proteste contre les entraves mises à son action économique. Sa démission est refusée. (→ 15)

Haïti, 2
Marc Bazin, conservateur et adversaire du père Aristide, est nommé Premier ministre.

Fidji, 2
Le général Sitiveni Rabuka, auteur d'un coup d'Etat en 1987, devient Premier ministre.

Etats-Unis, 3
Les primaires prennent fin : le républicain Bush et le démocrate Clinton ont écrasé leurs rivaux. (→ 13.7)

Rio de Janeiro, 3
Le Sommet de la Terre est inauguré par le secrétaire général de l'ONU, Boutros-Ghali, en présence de 96 chefs d'Etat et de gouvernement, et de 185 délégations. (→ 11)

Luanda, 4
C'est par l'Angola que le pape Jean-Paul II entame sa neuvième tournée africaine.

Varsovie, 5
Waldemar Pawlak, chef du Parti paysan, est nommé Premier ministre. (2.7)

Les Herbiers, 5
Jeanne Briand, maire de ce bourg en Vendée, interdit *Basic Instinct*, sans avoir vu le film.

Prague, 7
Les nationalistes slovaques triomphent aux élections fédérales et régionales. (→ 11)

Azerbaïdjan, 7
Le nationaliste Abulfaz Elchibey est élu président avec plus de 60 % des voix. (→ 13)

Les Danois disent non à Maastricht

Copenhague, mardi 2
Quelques milliers de voix ont décidé de la place du Danemark dans l'union européenne, ou de son absence devrait-on dire. C'est le non qui l'a emporté dans le référendum organisé pour... ou contre la ratification du traité de Maastricht. Premier pays à se prononcer, le Danemark a surpris tous les observateurs et les Danois eux-mêmes. La grande surprise réside en effet dans le désaveu cinglant infligé à la classe politique. Personne n'imaginait que ses consignes seraient aussi peu suivies. Cet échec a une autre conséquence, juridique celle-ci, et qui concerne l'avenir du traité. Il ne peut entrer en vigueur que ratifié par tous les pays de la CEE. Le non danois ébranle ce principe. (→ 4)

Uffe Ellemann-Jensen, ministre des Affaires étrangères, est pessimiste.

Le non l'emporte de justesse, 50,7 %.

La région parisienne peut aussi être victime d'inondations

Ile-de-France, lundi 1er
De véritables pluies tropicales se sont abattues sur la région la nuit dernière. Les météorologues restent incrédules devant le phénomène : 192 mm en une nuit. Dans le Val-d'Oise, de sévères inondations ont perturbé la vie de milliers d'habitants : plus d'électricité et routes coupées. Mais ce sont les poissons, les principales victimes des débordements d'égouts, qui ont le plus souffert de ces orages. (→ 22.9)

En une seule nuit, Sarcelles a reçu 192 millimètres de précipitations.

Les chèques en bois passent à la caisse

Paris, lundi 1er
La nouvelle loi sur les chèques sans provision entre en vigueur aujourd'hui. Conçue avant tout pour protéger les victimes, elle doit inciter les mauvais payeurs à honorer leurs dettes, et non plus attendre la fin de la sanction. Cette loi institue une interdiction bancaire rapide, valable sur tous les comptes et qui s'éteint avec le remboursement. Et elle établit, enfin, une distinction réclamée depuis longtemps par les tribunaux entre les fraudeurs et les étourdis en difficulté.

Le 1er, TF1 s'installe à Boulogne dans l'immeuble signé Bouygues.

Le 2, Gary Okos organise le premier rodéo parisien à Bercy.

Interdiction de rire place Tian'anmen

Pékin, mercredi 3
Le printemps sera sans fleurs place Tian'anmen. Il est interdit d'y déposer des gerbes ou des couronnes mortuaires. Tout comme de s'asseoir, s'allonger ou de rire... Trois ans après la sanglante répression du printemps de Pékin, les autorités chinoises veulent éviter toute commémoration. Un Chinois qui déployait une banderole a été arrêté et des journalistes étrangers interpellés et molestés. La veille, le président américain George Bush avait décidé de reconduire pour un an l'octroi à la Chine de la clause de la nation la plus favorisée. Une décision qui assure Pékin d'avantages commerciaux non négligeables.

Milosevic profite du boycott électoral

Belgrade, jeudi 4
L'opposition serbe menée par Vuk Draskovic, qui avait boycotté les élections du 31 mai, en dénonce aujourd'hui les résultats « truqués ». Le taux de participation n'a pas officiellement dépassé 55 % (30 % selon l'opposition). Ce boycott a logiquement profité au président Milosevic dont le parti socialiste a remporté les élections parlementaires. Pendant ce temps, la guerre continue en Bosnie-Herzégovine et Sarajevo attend dans l'angoisse l'ouverture de l'aéroport pour l'acheminement de l'aide humanitaire. (→ 14)

Grand-Ecran pour Gaumont et Montand

« IP 5 », de Beineix, inaugure un écran de 240 m², record de France.

Paris, jeudi 4
Le film de Jean-Jacques Beineix, le dernier d'Yves Montand, *IP 5*, est projeté pour le gala d'ouverture de la nouvelle salle amirale du circuit Gaumont, le Grand-Ecran, place d'Italie. *IP 5*, que Gaumont coproduit et distribue, doit illustrer les qualités du plus grand écran de France : 240 m². Un tel record est le bienvenu dans ce quartier parisien pauvre en cinémas.

La bande de Gaza reste une zone sensible

Gaza, vendredi 5
La tension demeure vive dans les territoires occupés. Mais les autorités israéliennes ont décidé de rouvrir partiellement la bande de Gaza fermée depuis le 25 mai dernier. Elles craignent en effet qu'une fermeture prolongée ne pousse à bout la population. A partir du 8 juin, les travailleurs palestiniens âgés de 28 ans au moins pourront reprendre leur emploi en Israël : les jeunes seraient les plus activistes... (→ 24)

Les Palestiniens, consignés 12 jours.

Les Onze attendent l'avis des Français

Oslo, jeudi 4
Les ministres des Affaires étrangères de la CEE, réunis dans la capitale norvégienne, affirment haut et clair qu'il n'y aura ni renégociations ni aménagements. Le refus danois ne peut freiner les procédures de ratification. Le but de cette réunion est de désamorcer l'atmosphère de crise et de serrer les rangs. Par ailleurs, l'annonce du référendum français, la veille par François Mitterrand, occupe tous les esprits. Les partisans du traité, en Europe comme en France, espèrent y trouver confirmation de la justesse de leur choix. Cette décision a aussitôt lancé la campagne référendaire. (→ 18)

Le 6, une alternative de Chamaco à l'ouverture de la feria de Nîmes.

Toulon, champion de France de rugby

Paris, samedi 6
La centième finale du championnat de France de rugby, disputée au parc des Princes entre Toulon et Biarritz, aurait pu être une belle fête pour Serge Blanco, qui fut le meilleur arrière du monde. Le capitaine du Biarritz Olympique avait décidé de prendre sa retraite et espérait partir sur un titre de champion. Mais la jeunesse et l'allant des joueurs toulonnais l'en ont privé, en l'emportant par 19 points à 14. Aubin Hueber et ses camarades ont repris le célèbre Bouclier de Brennus ramené à Toulon cinq ans après la dernière conquête de 1987.

Adieu sans succès pour Serge Blanco.

Courier se joue de Korda à Roland-Garros

Paris, dimanche 7
L'Américain Jim Courier n'a fait qu'une bouchée du Tchécoslovaque Pietr Korda, vainqueur en demi-finale d'un surprenant et valeureux Henri Leconte. Courier le bulldozer a réglé l'affaire en moins de deux heures et en trois sets (7-5, 6-2, 6-1), conservant son titre de 1991. Il confirme qu'il est bien le vrai numéro un du tennis mondial, lui qui a gagné les 23 matchs qu'il vient de disputer d'affilée, et qui a remporté auparavant l'Open d'Australie. Il lui faut maintenant poursuivre sa marche en avant, mais sur gazon à Wimbledon. (→ 5.7)

Trois sets dans une main de maître.

Juin

1992

Lu	Ma	Me	Je	Ve	Sa	Di
1	2	3	4	5	6	7
8	9	10	11	12	13	14
15	16	17	18	19	20	21
22	23	24	25	26	27	28
29	30					

Le Caire, 8
Deux fondamentalistes musulmans abattent l'écrivain Farag Foda, pourfendeur de l'intégrisme.

France, 9
Pechiney cède ses activités dans le domaine nucléaire à la Cogema et à Framatome.

Bangkok, 10
Le roi nomme Anand Panyarachun Premier ministre, un homme de compromis respecté par l'armée. (→ 1.8)

France, 10
Les réservistes de l'armée de terre passent de 4 millions à 500 000 hommes.

Alger, 10
Les autorités libèrent deux mille prisonniers. (→ 29)

France, 10
Les agriculteurs manifestent contre la PAC. (→ 23)

Rwanda, 11
La France envoie des renforts aux troupes du président Juvenal Habyarimana. (→ 12.7)

France, 11
TDF et les chaînes publiques de télévision font grève.

Rio de Janeiro, 11
Le refus américain de signer les conventions du Sommet de la Terre provoque de vives critiques. (→ 14)

Prague, 11
Les négociations pour le maintien d'un Etat commun entre Tchèques et Slovaques sont suspendues. (→ 17)

Azerbaïdjan, 13
L'armée azérie lance une offensive dans l'enclave du Haut-Karabakh. (→ 16.7)

Belgrade, 14
Des milliers de manifestants réclament le départ du président Milosevic. (→ 15)

Moscou, 14
Les députés adoptent la loi sur la privatisation des entreprises.

Paris, 14
Le professeur Claude Got démissionne du Haut Comité de la santé publique. (→ 20)

DECES

France, 11
Serge Daney, critique de cinéma (*4.6.1944).

L'acheminement de l'aide humanitaire en Bosnie inquiète l'ONU

Sarajevo, lundi 8
La situation humanitaire a fini par inciter l'ONU à agir. Le Conseil de sécurité décide d'élargir le mandat de la Forpronu à la Bosnie-Herzégovine : un millier d'hommes seront déployés sur l'aéroport de Sarajevo, afin de permettre l'acheminement de l'aide humanitaire. Le secrétaire général des Nations unies a reconnu que les risques seraient très importants. Le problème des contingents se pose donc. Washington n'envisage toujours pas d'envoyer ses soldats en Yougoslavie. La France a pour sa part annoncé son intention d'engager des soldats français à Sarajevo. Le plan reste cependant suspendu à l'observation par toutes les parties d'un cessez-le-feu durable. (→ 16)

Le Conseil de sécurité adopte une résolution en faveur des populations civiles.

L'OLP perd son chef du renseignement

Paris, lundi 8
L'organisation palestinienne a été frappée en plein cœur de Paris. Peu après minuit, Atef Bseiso sortait de sa voiture devant l'hôtel Méridien à Montparnasse quand deux hommes l'ont abattu avant de s'enfuir. Chargé des questions de sécurité au sein de l'OLP et adjoint direct de Yasser Arafat, il était venu en France pour y rencontrer notamment des policiers de la DST. Les Palestiniens ont immédiatement accusé le Mossad – les services secrets israéliens – d'être à l'origine de l'attentat.

Vingt ans après, la reine d'Angleterre revient en France, le 9.

Le Japon confronté à un vieux tabou

Tokyo, mardi 9
En plus de ses voitures, le Japon va pouvoir maintenant exporter ses soldats ! A l'issue d'un vrai marathon parlementaire, le Sénat a voté le projet de loi autorisant l'envoi de troupes à l'étranger. Il ne s'applique qu'aux opérations réalisées dans le cadre de l'ONU. L'opposition socialiste et communiste estime que ce projet viole la Constitution pacifique du Japon. Elle a donc adopté la tactique du « pas du bœuf » : il s'agit d'avancer vers l'urne le plus lentement possible pour retarder au maximum le vote du texte... (→ 20.9)

Suites judiciaires du drame de Bastia

Paris, mercredi 10
Trente-cinq jours après le drame de Bastia, qui a fait quinze morts et 1 300 blessés, une neuvième inculpation a été prononcée par le juge Rousseau contre Michel Cagnion, secrétaire général de la Fédération française de football. Jean Fournet-Fayard, le président de ladite fédération, avait été inculpé le 1er juin dernier. Trois personnes sont également placées sous mandat de dépôt dans ce dossier, dont le président du SEC Bastia, Jean-François Filippi, qui pourrait être bientôt remis en liberté. (→ 4.7)

Une nouvelle frontière franco-canadienne

New York, mercredi 10
Après trois ans de contentieux, le tribunal arbitral international qui était chargé de régler le différend maritime franco-canadien rend un jugement. Il redéfinit les zones économiques exclusives, accordant à la France 8 700 km², alors qu'elle en réclamait beaucoup plus. Les Canadiens se montrent très satisfaits du jugement, mais les élus de Saint-Pierre-et-Miquelon fulminent et ils prédisent déjà la mort économique de l'archipel. Cet accord, qui reprend les termes de celui de Montréal en 1972, doit être suivi d'une renégociation des droits de pêche.

La zone de pêche du Canada s'étend.

A Pise, les experts se penchent sur la tour

Pise, mercredi 10
Une étape décisive a lieu aujourd'hui, dans les efforts visant à sauver l'un des monuments les plus célèbres d'Italie, la tour de Pise. Son inclinaison a fait sa célébrité, elle pourrait causer sa perte. Les câbles posés depuis un mois autour des premier et deuxième étages de la tour sont resserrés. Gainés de téflon blanc, pratiquement invisibles sur le marbre du monument, 16 câbles doivent rigidifier le noyau interne de la tour et empêcher les pierres de jouer et de se fissurer un peu plus. Ce véritable « corset » devrait être suivi de la mise en place, à l'automne, d'un contrepoids, à la base de la tour. Des lingots de plomb et du béton freineront son inclinaison.

Elle s'enfonce de 8 à 10 mm par an.

Itineris, téléphone saute-frontières

Paris, jeudi 11
France Télécom présente un nouveau service de radiotéléphone numérique européen. *Itineris*, c'est son nom, permet à l'abonné de recevoir et de passer des communications dans toute l'Europe. Utilisant la norme GSM, à laquelle se sont déjà ralliés 18 pays européens et 26 opérateurs, ce service est d'abord lancé à Paris et à Lyon. Les négociations engagées avec les autres pays laissent prévoir une utilisation réellement européenne vers la mi-1993. En France, le réseau, destiné à remplacer les équivalents analogiques, devrait couvrir 90 % de la population française en 1995 à partir des grandes villes.

Le meurtre de Cools fait des remous

Bruxelles, samedi 13
Les déclarations faite par un détective privé impliquant l'ex-ministre régional wallon Alain Van der Biest dans le meurtre de l'ancien vice-Premier ministre André Cools, ont sidéré la Belgique. L'assassinat de celui-ci, abattu en juillet 1991 de deux balles de 7,65 mm, est resté jusqu'ici inexpliqué. Le détective affirme avoir recueilli la confession d'un truand liégeois, à qui Alain Van der Biest aurait demandé de recruter des tueurs pour éliminer André Cools. M. Van der Biest, qui a demandé la levée de son immunité parlementaire, crie à la machination politique et au règlement de comptes chez les socialistes. (→16)

La France débute l'Euro 92 à jeux égaux

Match nul avec l'Angleterre : 0-0.

Malmö, dimanche 14
Le championnat d'Europe des Nations, disputé depuis une semaine en Suède, n'a pas tenu toutes ses promesses pour ce qui concerne le Onze tricolore, annoncé vainqueur possible dès le départ. L'équipe de France a concédé un second match nul, qui laisse planer le doute sur sa qualification. Dimanche dernier déjà, les hommes de Michel Platini avaient été tenus en échec par les Suédois (1-1). Cette fois-ci, ce sont les Anglais qui ont résisté à une formation défensive et timorée. Il faut maintenant que les Français battent impérativement les Danois pour aller en demi-finale. (→21)

Le 14, à Chantilly, la pouliche Jolypha remporte le prix de Diane.

Un Sommet de la Terre clos sans moyens

Les Etats-Unis ont refusé de s'engager sur une réglementation écologique

Rio de Janeiro, dimanche 14
La Conférence mondiale de l'environnement et du développement, sous l'égide de l'ONU, s'achève sur un bilan plutôt modeste. Ce Sommet de la Terre, que les médias avaient un peu trop vite présenté comme une grande messe écologique, a vu au contraire s'affronter les intérêts et parfois les égoïsmes nationaux. En fait, deux manifestations se sont déroulées en parallèle. D'un côté, le sommet de Rio a été pour toutes les organisations non gouvernementales, les groupes de pression écologistes, les scientifiques, une magnifique tribune, où ils ont pu exprimer leurs inquiétudes, ou plus rarement leur optimisme. De l'autre, ce fut une arène de politique internationale, un véritable exercice de diplomatie appliquée. Avec, dès le départ, le maximum de contraintes : un nombre record de pays participants et des intérêts économiques et éthiques opposés. Les buts affichés de ce grand jeu de géopolitique étaient la discussion et la signature de plusieurs conventions de sauvegarde, la mise en place d'un calendrier de mesures (l'Agenda 21). Si réussite il y a pour ce sommet, elle est dans la prise de conscience collective d'un nécessaire respect des équilibres naturels. Malheureusement, l'absence de moyens financiers et de coercition, et surtout le refus des Etats-Unis de s'engager, font de ces conventions de simples vœux pieux.

Juin

1992

Lu	Ma	Me	Je	Ve	Sa	Di
1	2	3	4	5	6	7
8	9	10	11	12	13	14
15	16	17	18	19	20	21
22	23	24	25	26	27	28
29	30					

Moscou, 15
Après son départ du ministère des Finances le 2 avril, le réformateur Egor Gaïdar est nommé Premier ministre. (→ 1.7)

Lituanie, 15
Les électeurs votent à 90,7 % pour le retrait immédiat des 30 000 soldats de l'ex-URSS.

Belgrade, 15
Trente mille étudiants se mettent en grève pour réclamer le départ de Milosevic.

Belgrade, 15
L'écrivain Dobrica Cosic est élu président de la nouvelle fédération yougoslave serbo-monténégrine. (→ 2.7)

Paris, 16
Le président ukrainien Leonid Kravtchouk signe avec François Mitterrand un traité d'entente et de coopération.

Belgique, 16
Accusé d'être le commanditaire de l'assassinat d'André Cools, Alain Van der Biest porte plainte pour diffamation. (→ 2.7)

Sarajevo, 16
La Croatie et la Bosnie-Herzégovine s'allient pour lutter contre les Serbes. (→ 21)

Manille, 16
Fidel Ramos est officiellement proclamé vainqueur des élections présidentielles. (→ 30)

Johannesburg, 16
L'appel de l'ANC à la grève générale est suivi à 70 %. (→ 17)

Prague, 17
Tchèques et Slovaques signent un accord sur la formation d'un gouvernement de transition. (→ 21)

Londres, 18
Les fils de Robert Maxwell, Kevin et Ian, sont inculpés pour escroquerie. (→ 20.7)

Metz, 18
Le corps retrouvé en novembre 1991 près de Verdun est bien celui d'Alain-Fournier, l'auteur du *Grand Meaulnes*.

Paris, 20
L'indemnité de 3 millions de francs obtenue par le Dr Garretta pour son départ soulève l'indignation. (→ 23)

Sarajevo, 21
Les Serbes empêchent les forces de l'ONU de démilitariser l'aéroport. (→ 28)

Washington rend légal l'enlèvement

Washington, lundi 15
La Cour suprême rend un arrêt qui légalise le rapt de suspects dans un pays étranger. Cette décision, qui est contraire aux règles internationales, a stupéfié les milieux judiciaires américains. Les juges suprêmes avaient à se prononcer sur le cas d'un suspect mexicain, enlevé par la police antidrogue américaine. Ce rapt, contesté par les avocats du suspect, l'était aussi par les autorités mexicaines, qui ont fait valoir en vain l'existence d'un traité d'extradition entre les deux pays.

Les derniers Occidentaux libérés au Liban

H. Strübig, 1 127 jours de détention.

Beyrouth, mardi 16
La tragique saga des otages occidentaux au Liban est enfin terminée. Les deux derniers d'entre eux, des Allemands, ont été libérés et remis à des officiels syriens et libanais. Thomas Kemptner, 30 ans, et Heinrich Strübig, 51 ans, auront vécu 1 127 jours de captivité : ils avaient été enlevés à Saïda, au Sud-Liban, en mai 1989. Les ravisseurs voulaient lier leur élargissement à celui des frères Hamadé, incarcérés en Allemagne pour terrorisme. Cette libération traduit la volonté de Téhéran et de Damas d'améliorer leur image sur le plan international.

Un massacre sépare De Klerk et Mandela

Johannesburg, mercredi 17
Une horde sauvage armée de couteaux, de haches et de pistolets qui se rue dans les maisons, tuant sans discernement hommes, femmes et enfants. Les récits des témoins des derniers événements qui ont ensanglanté l'Afrique du Sud sont terribles. Trente-cinq personnes ont été tuées dans la cité noire de Boipatong, au sud de Johannesburg. Le massacre est attribué aux Zoulous de l'Inkhata. Il s'agit de l'épisode le plus sanglant survenu depuis 1990 dans le cadre de la lutte pour le pouvoir qui oppose le Congrès national africain (ANC) à l'Inkhata du chef zoulou Buthelezi. Ces violences interethniques ont fait plus de 12 000 morts depuis 1984. Des responsables de l'ANC ont accusé la police de complicité avec les assaillants. Les autorités ont assuré qu'une commission d'enquête ferait la lumière sur cette affaire. L'ANC a averti que cette tuerie risquait de mettre sérieusement en péril les négociations en cours. Cela alors que les relations entre le gouvernement et l'organisation de Nelson Mandela sont au plus bas. (→ 23)

La cité de Boipatong pleure 35 morts.

Les Irlandais disent oui à Maastricht

Dublin, jeudi 18
Les Irlandais se sont prononcés à 68,7 % pour le traité de Maastricht et, par la même occasion, soulagent partout en Europe les partisans du traité. Ils montrent ainsi leur volonté de s'intégrer à l'union européenne. Du point de vue de la politique intérieure irlandaise, Albert Reynolds, le Premier ministre, se voit massivement soutenu dans ses choix avec cette première grande victoire. A l'issue d'une campagne marquée par les débats sur l'avortement et l'avenir de l'agriculture, les Irlandais décident qu'ils ont tout à gagner et rien à perdre en participant à la construction de l'Europe. Après le non des Danois, ce vote, ainsi que la poursuite du processus référendaire en France, relance la dynamique unitaire. (→ 23)

Le 15, Berlin accueille un salon aéronautique après 64 ans d'interruption. Malgré les hésitations allemandes, le projet de l'EFA est présenté.

Le Centre Georges-Pompidou fête ses quinze ans le 18.

La Moldavie déchirée par les séparatistes

L'antagonisme meurtrier entre roumanophones et russophones.

Moldavie, samedi 20
Les combats s'intensifient entre la minorité russophone (12,8 % des 4,3 millions d'habitants) et les Moldaves. Ceux-ci menacent la ville de Bendery. Au même moment, le président russe, Boris Eltsine, lance un avertissement au président moldave Mircea Snegur, pour lui signifier que la Russie privilégie la voie de la négociation. Mais si les combats sur le Dniestr se poursuivent, Moscou se dit prêt à intervenir pour défendre la communauté russe. (→ 3.7)

Les Danois font une percée dans l'Euro 92

Battue 2 à 1, l'équipe de Michel Platini est éliminée sans gloire.

Stockholm, dimanche 21
Les Allemands n'ont pas raté le rendez-vous d'une finale de l'Euro, qui sera jouée vendredi, après avoir triomphé logiquement (3-2) d'un adversaire suédois tenace et méritant. Mais on attend avec intérêt la demi-finale Danemark - Pays-Bas, pour revoir à l'œuvre ces étonnants Danois qui ont créé la surprise en éliminant, *in extremis*, une équipe de France décevante, dont l'échec et le fiasco ont provoqué une crise grave. (→ 26)

Le 20 à Metz s'ouvre l'exposition de l'armée de l'éternité de Xi'An.

Peugeot triomphe pour la première fois aux 24 Heures du Mans

Le Mans, dimanche 21
C'est un jour de gloire pour la firme Peugeot qui, dès sa deuxième participation, remporte les Vingt-quatre Heures du Mans. La 905 a fait merveille, puisque la voiture pilotée par Yannick Dalmas, Derek Warwick et Mark Blundell, a devancé une Toyota, tandis qu'une autre 905 enlevait la troisième place. C'est la 13e victoire obtenue par une marque française depuis la création de l'épreuve en 1923. (→ 30.8)

La 905 de Dalmas, Warwick et Blundell en tête dès la deuxième heure.

Le 21, la dixième édition de la Fête de la musique bat son plein.

La Tchécoslovaquie prépare sa scission

Prague, dimanche 21
Lors d'une allocution à la radio, le président Vaclav Havel détaille et explique l'accord conclu vendredi par les gouvernements tchèque et slovaque. Les parlements des deux républiques ont désormais jusqu'au 30 septembre pour renégocier une « organisation étatique » de transition. Le Slovaque Vladimir Meciar et le Tchèque Vaclav Klaus se sont accordés sur les modalités du divorce. Cette partition, voulue par les Slovaques, risque pourtant d'achopper sur le partage des biens économiques. (→ 1.7)

Vers un pool de recherche IBM-Toshiba ?

Tokyo, dimanche 21
Des indiscrétions dans la presse dominicale japonaise révèlent que IBM et Toshiba mettent la dernière touche à un accord stratégique sur les mémoires-flash. Ces nouveaux semi-conducteurs sont appelés à un développement très rapide. Essentiels pour les ordinateurs portables, dont le marché est en pleine explosion, leur coût prohibitif entravait leur mise sur le marché. L'accord de recherche entre le géant américain et le japonais doit permettre, à terme, une production de masse et une baisse des coûts de production de ces mémoires-flash. Les partenaires d'IBM font grise mine.

Les mémoires-flash, enjeu du futur.

Juin

1992

Lu	Ma	Me	Je	Ve	Sa	Di
1	2	3	4	5	6	7
8	9	10	11	12	13	14
15	16	17	18	19	20	21
22	23	24	25	26	27	28
29	30					

Tokyo, 22
La conférence internationale sur le Cambodge dégage 880 millions de dollars pour la reconstruction du pays. (→ 8.7)

Ile-de-France, 23
La coordination rurale lève ses barrages sur Paris. (→ 20.7)

Johannesburg, 23
Les négociations entre le gouvernement et l'ANC sont rompues. (→ 26)

Géorgie, 24
Les partisans du président déchu Zviad Gamsakhourdia échouent dans leur tentative de reprise du pouvoir. (→ 14.7)

Londres, 24
Le président de la Lloyd's annonce un déficit de 20,6 milliards de francs pour le dernier exercice soldé, 1989.

Yémen, 26
Les réfugiés somaliens arrivent par centaines. (→ 27.7)

Johannesburg, 26
Accusée dans le massacre de Boipatong, la police contre-attaque et arrête des militants de l'Inkhata, responsables de la tuerie. (→ 4.8)

France, 29
Les routiers installent des barrages sur les routes. (→ 1.7)

Oulan-Bator, 29
L'ex-parti communiste mongol triomphe aux législatives.

Sarajevo, 29
Pour préparer l'arrivée de l'aide humanitaire, les casques bleus se déploient sur l'aéroport. (→ 2.7)

Londres, 30
Des représentants des partis politiques d'Irlande du Nord et du gouvernement de Dublin se rencontrent pour la première fois depuis 1922.

Paris, 30
Bernard Tapie se sépare de l'entreprise Terraillon. (→ 7.7)

DECES

Paris, 26
Richard Fontana (*1952), sociétaire de la Comédie-Française.

Boulogne-Billancourt, 29
Pierre Billotte (*8.3.1906), général et ancien chef d'état-major de De Gaulle.

Le congrès approuve la révision de la Constitution française

Versailles, mardi 23
Les parlementaires, députés et sénateurs, réunis en congrès, votent à une très large majorité en faveur du projet de révision constitutionnelle. Il s'agit du préalable indispensable à la ratification du traité de Maastricht. C'est la quatrième fois depuis les débuts de la Ve République que les deux chambres se réunissaient dans l'ancien château des rois de France. Les élus de la nation ont écouté les orateurs des groupes parlementaires avant d'aller voter. Le RPR, qui n'a participé ni au débat ni au vote, comme annoncé, a fait une sortie remarquée. Ce qui n'a pas empêché le projet de recueillir 592 voix, soit 89 % des suffrages exprimés. (→ 27)

Députés et sénateurs adoptent le projet par 592 voix contre 73 et 14 abstentions.

Transfusion et sida, le procès est ouvert

Paris, mardi 23
La première audience du procès du sang contaminé a enfin lieu. Après la pagaille d'hier, où l'exiguïté de la salle avait amené le report de l'audience, les débats peuvent commencer. Les échanges portent essentiellement sur la qualification des délits. Les parties s'opposent sur la notion d'empoisonnement. Ces escarmouches de procédure, habituelles en ouverture des débats, prennent une ampleur inattendue quand les avocats des hémophiles réclament les assises pour les inculpés et surtout la comparution des responsables politiques. (→ 24.7)

Virgil Gheorghiu (*15.9.1916), auteur de « la Vingt-cinquième Heure », meurt à Paris le 22.

Les élections en Israël suscitent un espoir

Les travaillistes vont relancer la paix.

Jérusalem, mercredi 24
Quinze ans après avoir perdu le pouvoir, les travaillistes menés par Yitzhak Rabin triomphent aux élections législatives. Cette victoire satisfait Américains et Palestiniens, l'enjeu étant le processus de paix engagé au Proche-Orient. Rabin promet de « geler » les implantations à « caractère politique » et d'appliquer, à terme, l'autonomie prévue pour les Palestiniens dans les accords de Camp David. Sa modération va permettre à Israël de bénéficier du soutien financier américain, argument électoral qui s'est révélé décisif auprès de nombreux Israéliens, soucieux de leur situation économique. (→ 13.7)

La police japonaise accuse les yakusas

Tokyo, mardi 23
Les temps sont durs pour les gangsters japonais. Voilà que la police désigne officiellement comme organisations criminelles, aux termes de la nouvelle loi antigang entrée en vigueur le 1er mars, les trois plus puissantes yakusas – associations de truands –, qui se voient interdire diverses activités. Il s'agit des groupes Yamaguchi-gumi (26 000 membres) basé à Kobe, Sumiyoshi-kai (8 000 membres) et Inagawa-kai (7 400 membres) de Tokyo. Les yakusas ont décidé de faire appel...

Le 22, à Pékin, mort de l'ex-président Li Xiannian (*1909), survivant de la Longue Marche.

La surprise de Mitterrand à Sarajevo

Le président fait cavalier seul pour obtenir la réouverture de l'aéroport.

Sarajevo, dimanche 28
Il est venu ouvrir une brèche dans l'étau qui écrase Sarajevo. Le président François Mitterrand a surpris tout le monde en passant six heures dans la capitale bosniaque. Il avait quitté le sommet des Douze de Lisbonne dans le plus grand secret afin de gagner Split la veille. Un hélicoptère l'a emmené au cœur de la ville martyre. Venu « voir, témoigner, observer », le président français, accompagné de Bernard Kouchner, a notamment rencontré le président bosniaque Izetbegovic en ce jour chargé d'Histoire : il y a exactement soixante-dix-huit ans, l'attentat de Sarajevo marquait le début de la Première Guerre mondiale. (→ 29)

Un sommet autour de la mer Noire

Istanbul, jeudi 25
La Turquie réussit un joli « coup » diplomatique. Sous son égide, onze pays, riverains de la mer Noire ou appartenant à son orbite, viennent de signer la « déclaration d'Istanbul ». Cette réunion, qui tend à instaurer une coopération économique à l'intérieur d'une zone englobant les Balkans et le Caucase, a l'immense mérite d'associer des Etats qui ont tous des contentieux avec leurs voisins. Sans même évoquer l'Asie centrale turcophone, la Turquie apparaît comme le pays le plus apte à assurer la stabilité politique de la région ou, du moins, à en éteindre les incendies. (→ 29.10)

Les Douze étudient sept candidatures

Lisbonne, samedi 27
L'élargissement de la Communauté est au menu du 47e sommet européen. Un menu fort chargé pour les chefs d'Etat et de gouvernement. Ils devront aussi se pencher sur le budget communautaire et les conséquences du non danois. Sept pays sont candidats officiels à l'adhésion : la Turquie, Malte, Chypre, l'Autriche, la Suède, la Finlande et la Suisse. Si les réticences sont encore grandes pour les trois premiers cités, l'adhésion des autres ne pose aucun problème, si ce n'est celui d'une possible paralysie des institutions dans une CEE à Seize. (→ 2.7)

Le Danemark sacré champion d'Europe

Vainqueur de l'Allemagne : 2-0.

Goeteborg, vendredi 26
Le football reste un sport incomparable pour les surprises spectaculaires qu'il peut toujours réserver. En devenant champions d'Europe des Nations, les Danois ont obtenu le triomphe le plus étonnant de ces quarante dernières années de haute compétition. Invités de la dernière heure, ils ont battu successivement en demi-finale, après l'épreuve des tirs au but, des Hollandais grands favoris, puis en finale les champions du monde allemands, sur le score de 2 buts à 0, grâce à leur décontraction et à leur habileté.

L'Italie trouve enfin son gouvernement

Rome, dimanche 28
Après 83 longs jours de vacance du pouvoir, l'Italie a enfin un gouvernement. Le président du Conseil socialiste, Giuliano Amato, a formé un gouvernement de coalition, dont le Parti démocratique de la gauche (ex-Parti communiste) et le Parti républicain ne font cependant pas partie. Il s'agit d'un cabinet réduit et marqué par une volonté de renouvellement, dans un contexte de déstabilisantes affaires de corruption. Le gouvernement mènera une politique d'assainissement des finances publiques, de réformes institutionnelles et de lutte antimafia. (→ 19.7)

Port-Fréjus fait des vagues politiques

Lyon, lundi 29
François Léotard est victime de la générosité des promoteurs. Le président d'honneur du parti républicain, inculpé pour ingérence, trafic d'influence et corruption, se voit en effet reprocher un cadeau. La justice se demande pourquoi l'un de ses amis, impliqué dans l'opération immobilière de Port-Fréjus, lui a revendu 1 700 000 francs un mas provençal acheté pour 7 000 000 de francs. Des explications s'imposent. François Léotard a aussitôt démissionné de tous ses mandats.

Boudiaf tué après cinq mois au pouvoir

Algérie, lundi 29
Avec l'assassinat de Mohamed Boudiaf, c'est l'un des emblèmes du nationalisme algérien qui disparaît. Revenu d'exil le 16 janvier dernier, il avait pris la tête du Haut Comité d'Etat. C'est au cours d'un meeting à Annaba, dans l'est du pays, que Boudiaf a été abattu de deux rafales de pistolet mitrailleur. Le tueur, revêtu d'un uniforme des services de sécurité, a été maîtrisé. (→ 1.7)

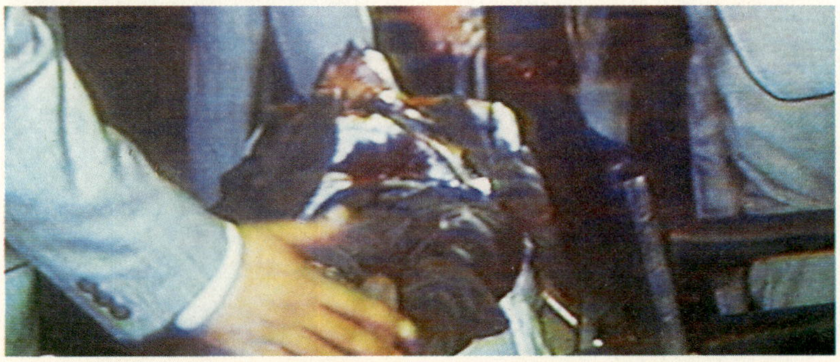

Un assassinat qui ouvre une période pleine d'incertitudes pour l'Algérie.

Président grâce à ... 23,5 % des voix

Manille, mardi 30
Des coups de canon résonnent dans la capitale des Philippines. Mais il ne s'agit pas d'une nouvelle tentative de coup d'Etat. Ces salves saluent le départ de madame Aquino, la présidente sortante. Le nouveau chef de l'Etat, Fidel Ramos, est intronisé aujourd'hui. Ce fidèle de « Cory », élu en mai avec seulement 23,5 % des voix, n'aura pas une tâche facile : il prend la tête d'un pays économiquement mal en point, aux guérillas menaçantes et aux militaires turbulents...

Juillet

1992

Lu	Ma	Me	Je	Ve	Sa	Di
		1	2	3	4	5
6	7	8	9	10	11	12
13	14	15	16	17	18	19
20	21	22	23	24	25	26
27	28	29	30	31		

Prague, 1er
Le président Vaclav Havel forme un nouveau gouvernement fédéral. (→ 3)

Alger, 1er
Ali Kafi remplace Mohamed Boudiaf à la tête de l'Etat. (→ 5)

Vatican, 1er
Le premier mariage de la princesse Caroline de Monaco est annulé.

Varsovie, 2
Lech Walesa refuse la démission du Premier ministre, Waldemar Pawlak. (→ 8)

Lima, 2
Alberto Arana, l'un des chefs du Sentier lumineux, est arrêté. (→ 12.9)

Prague, 3
Les nationalistes slovaques empêchent la réélection de Vaclav Havel. (→ 17)

Ukraine, 3
Le Premier ministre, Vitold Fokine, offre la démission de son gouvernement.

Moldavie, 3
Eltsine signe un accord avec le président Mircea Snegur. Il doit mettre fin au conflit entre russophones et Moldaves.

Bastia, 4
Le maire de Furiani est inculpé pour homicides involontaires.

Kaboul, 4
Une pluie de roquettes s'abat sur la ville : 100 morts. (→ 9.8)

Equateur, 5
Sixto Duran Ballen remporte les élections présidentielles.

Alger, 5
Cinq policiers sont abattus par des extrémistes. (→ 8)

France, 5
Les agriculteurs, à leur tour, bloquent le trafic ferroviaire dans la vallée du Rhône. (→ 6)

DECES

Barcelone, 2
El Camaron de la Isla (*1950), chanteur de flamenco.

Paris, 4
Francis Perrin (*17.8.1901), physicien, l'un des pères de l'énergie atomique française.

New York, 4
Joe Newman (*7.9.1922), trompettiste de jazz.

Le permis à points entre en vigueur et bloque les routes

France, mercredi 1er
Les opposants au permis à points se disent prêts à paralyser le pays. Cela ne va pas leur attirer la sympathie de l'opinion publique. Cette réforme, motivée avant tout par des considérations de sécurité, a pour objectif de faire baisser la mortalité routière. Les professionnels de la route, les routiers en premier lieu, voient dans ce nouveau permis une menace intolérable contre leur outil de travail. Quelle menace pourtant ? S'ils font réellement preuve des qualités professionnelles qu'ils se reconnaissent, leurs craintes ne sont pas fondées. A moins que... Avec l'aide, parfois, des agriculteurs, ils organisent donc le blocus des routes et des vacanciers. (→ 5)

Les routiers ont commencé à mettre en place des barrages dès le 29 juin.

Les animaux du vol 921 sont priés de...

Paris, mercredi 1er
L'aéroport de Roissy-Charles-de-Gaulle est enfin doté d'une structure d'accueil pour les animaux. Ces zones de transit sont devenues obligatoires en Europe. Les aéroports parisiens, à la traîne de leurs équivalents anglais ou allemands, devaient surtout effacer le scandale de 1989. En plein hiver, six cents écureuils de Corée étaient morts par absence de soins et de nourriture. C'est pour éviter de tels carnages et donner un peu plus de transparence au commerce d'animaux que ces zones, sous contrôle vétérinaire, ont été créées.

125 roubles pour un dollar

Moscou, mercredi 1er
Le gouvernement russe se rapproche à petits pas de la convertibilité de sa monnaie. Aujourd'hui est introduit un nouveau cours pour le rouble. Abandonnant la fiction d'une parité arbitraire trop faible, il doit remplacer les divers cours en vigueur. Un dollar s'échange, désormais, contre 125 roubles. Cette parité unique va favoriser les exportateurs russes, et faire revenir vers les changeurs officiels une part des devises étrangères, qui s'échangeaient au marché noir. (→ 8)

Le pont aérien atteint enfin Sarajevo

Le contrôle de l'aéroport permet à l'ONU d'ouvrir le couloir humanitaire.

Hier, 30 t de vivres sont arrivées.

Sarajevo, jeudi 2
Sursis ou amélioration durable ? Les habitants de la capitale bosniaque préfèrent ne pas trop se poser la question et profiter pleinement de l'arrivée de l'aide internationale. Le pont aérien, organisé sous l'égide de l'ONU, tire Sarajevo de son isolement, moins d'une semaine après la visite de François Mitterrand. Le bataillon des casques bleus canadiens chargé d'assurer la protection de l'aéroport est arrivé. Les avions de la CEE ont commencé leurs rotations. A Belgrade, tandis que les manifestations contre le président Milosevic se poursuivaient, un milliardaire américain d'origine serbe, Milan Panic, était nommé Premier ministre de la Fédération. (→ 9)

La France désignée pour le Mondial 98

Zurich, jeudi 2
La France se voit attribuer l'organisation de la Coupe du monde 1998 par la Fédération internationale de football. Le vote a été favorable aux Français par douze voix contre sept au Maroc, l'autre candidat. Il s'agit maintenant d'accélérer la rénovation des stades qui doivent accueillir les matchs de ce Mondial 98, et surtout la construction du grand stade. Les présidents du comité d'organisation pourraient être Fernand Sastre, l'ancien président de la fédération française, et Michel Platini qui a annoncé sa démission du poste de sélectionneur de l'équipe de France. (→ 9)

L'immunité du député Van der Biest levée

Bruxelles, jeudi 2
Alain Van der Biest a perdu son immunité parlementaire. Elle a été levée par la Chambre des députés, à la demande du procureur du roi de Liège et de l'intéressé lui-même. Accusé par un Italien au trouble passé d'être le commanditaire de l'assassinat d'André Cools, M. Van der Biest proteste de son innocence et déclare vouloir être rapidement mis hors de cause. Il n'empêche que ce romancier qui s'était lancé avec succès dans la politique était bien mal entouré. Son chauffeur et son secrétaire particulier ont trempé dans des trafics de titres bancaires. Ce qu'Alain Van der Biest prétend aujourd'hui avoir toujours ignoré. M. Cools en savait-il trop ? (→ 14)

Le procureur du roi veut l'interroger.

Oui à Maastricht au Luxembourg mais...

Luxembourg, jeudi 2
Le grand duché innove dans sa façon de ratifier le traité de Maastricht. Sur les 60 députés, 51 ont voté en faveur de l'union européenne. Mais cette quasi-unanimité a été acquise au prix d'un compromis inédit : le Luxembourg se réserve le droit de réviser certaines dispositions du traité. En particulier celle sur le vote des étrangers. Cette question était au centre de la campagne de ratification, avec 30 % d'étrangers dans la population. Des dispositions restrictives, valables d'abord pour les scrutins locaux, ont donc été adoptées. Reste à attendre l'avis de Bruxelles. (→ 14)

Chômage en hausse pour les Américains

Washington, jeudi 2
La reprise tant attendue n'est pas encore au rendez-vous. Les dernières statistiques de l'emploi aux Etats-Unis sont très mauvaises : le chômage touche maintenant 7,8 % de la population – après 7,5 % en mai. Il s'agit du plus haut niveau en huit ans. Ces chiffres ont conduit les autorités monétaires à baisser une nouvelle fois les taux d'intérêt. Et le dollar a franchi une nouvelle étape dans sa chute, dégringolant jusqu'à 5,05 francs. (→ 21.8)

Nouveau doublé Mansell-Patrese sur le circuit de Magny-Cours

Sur ordre de son écurie, Ricardo Patrese a cédé le passage à Nigel Mansell.

Magny-Cours, dimanche 5
Nigel Mansell est décidément invincible. Il a triomphé une nouvelle fois, en remportant le Grand Prix de France couru sous la pluie et sur une piste détrempée et glissante. Patrese a une fois de plus terminé deuxième dans le sillage de son coéquipier qui conforte un peu plus sa première place au classement du championnat du monde. En effet, Ayrton Senna a encore cédé du terrain en raison de son abandon dès le premier tour, un accrochage avec Gerhard Berger ayant provoqué un carambolage qui lui fut fatal. (→ 26)

Le tango perd Piazzolla, Le compositeur

Buenos Aires, samedi 4
Astor Piazzolla, le pape du tango (*11.3.1921), vient de succomber à une crise cardiaque. Né de parents italiens immigrés en Argentine, il étudia le bandonéon à New York dès 1930, forma son premier orchestre à Buenos Aires en 1946, étudia la composition et la direction, puis obtint une bourse du gouvernement français en 1954. Il se produisit dans le monde entier, fut interprété aussi bien par Julien Clerc, Jacques Higelin, Guy Marchand, Georges Moustaki que par Rostropovitch. Mais il s'attacha avant tout, à travers la musique classique, le jazz, la variété et le rock, à rénover le tango argentin traditionnel et à lui donner ses lettres de noblesse.

Astor, enfant prodige du bandonéon.

André Agassi entre dans le Grand Chelem

Londres, dimanche 5
André Agassi a enfin gagné à Wimbledon son premier titre dans un tournoi du Grand Chelem. L'Américain a battu en finale le Croate Goran Ivanisevic en cinq sets, malgré l'efficacité de son adversaire au service (206 aces, soit une première balle gagnante et inarrêtable, en quinze jours). Agassi aura attendu patiemment son heure, dans le match comme dans le cours de sa carrière qui l'avait vu jusqu'à présent perdre ses trois finales, en 1990 et 1991 à Roland-Garros, et en 1990 à l'US Open de New York. Mon mérite n'en est que plus grand d'avoir triomphé sur le gazon, une surface qui convient moins bien à son jeu que la terre battue. (→ 13.9)

Vainqueur à Wimbledon en cinq sets.

Juillet

1992

Lu	Ma	Me	Je	Ve	Sa	Di
		1	2	3	4	5
6	7	8	9	10	11	12
13	14	15	16	17	18	19
20	21	22	23	24	25	26
27	28	29	30	31		

Tirana, 6
La police albanaise disperse violemment des milliers de candidats à l'émigration.

France, 6
Les CRS et l'armée interviennent pour dégager les barrages routiers. (→ 8)

France, 7
Tapie vend Adidas au groupe anglais Pentland. (→ 15.10)

New York, 7
Après une journée de heurts entre la police et la population hispanique dans le quartier de Washington Heights, le bilan est de 1 mort et 20 blessés.

Alger, 8
Le Premier ministre Sid Ahmed Ghozali démissionne ; il est remplacé par Belaïd Abdesslam. (→ 15)

Varsovie, 8
Lech Walesa accepte le gouvernement formé par Hannah Suchocka, candidate au poste de Premier ministre.

Phnom Penh, 8
Les Khmers rouges refusent le plan de paix de l'ONU. (→ 20.9)

Paris, 9
Le juge Van Ruymbeke inculpe Henri Emmanuelli, président de l'Assemblée nationale, dans le cadre de l'affaire Urba. (→ 10)

Cap Canaveral, 9
Columbia revient sur terre après deux semaines de mission et établit ainsi le record de durée pour un vol orbital de navette. (→ 31)

Paris, 9
La France décide d'envoyer des renforts à Sarajevo. (→ 11)

Cuba, 10
La liberté religieuse est rétablie. (→ 24)

Rwanda, 12
Après 21 mois de guerre civile, rebelles et gouvernement concluent une trêve.

Rome, 12
Le pape Jean-Paul II est hospitalisé pour une « affection intestinale ». (→ 15)

DECES

Chine, 11
Deng Yingchao (*1904), veuve de Zhou Enlai.

Un attentat pour une visite humanitaire

Kurdistan irakien, lundi 6
La Toyota des peshmergas, projetée sur une dune de sable, prend feu. Trois des combattants kurdes qui escortaient Danielle Mitterrand et Bernard Kouchner sont tués sur le coup. L'épouse du chef de l'Etat français a échappé de peu à l'explosion et à la mort. La présidente de la fondation France-Libertés, accompagnée du ministre de la Santé et de l'Action humanitaire, effectuait une visite au Kurdistan pour évaluer les besoins des populations. C'est à Munich, avant l'ouverture du sommet du G7, que François Mitterrand a appris l'attentat. Certains Kurdes irakiens ont mis en cause le régime de Bagdad. (→ 29)

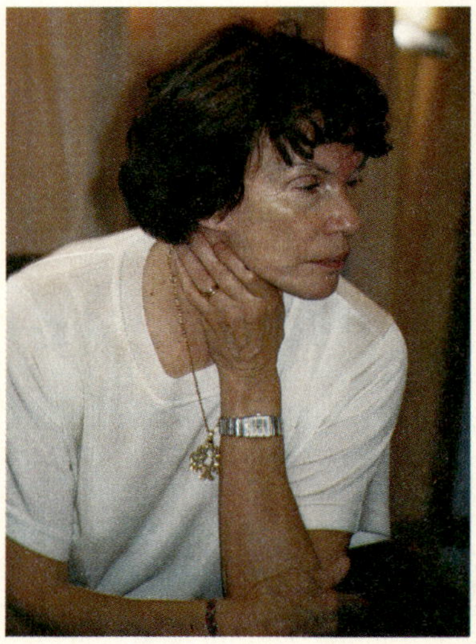

Danielle Mitterrand au Kurdistan.

Saddam Hussein défie encore l'ONU

Bagdad, mardi 7
Nouveau bras de fer entre Bagdad et les Nations unies. Les autorités irakiennes refusent l'entrée du ministère de l'Agriculture aux experts d'une mission de l'ONU. Le bâtiment abriterait des documents sur l'arsenal chimique irakien dont les membres de cette équipe doivent superviser le total démantèlement. Le Conseil de sécurité de l'ONU a mis Saddam Hussein en garde mais celui-ci dénonce une violation de la souveraineté de son pays. Ce durcissement irakien intervient alors que des rumeurs circulent sur une possible tentative de coup d'Etat. (→ 26)

Les routiers lèvent les barrages, Bison futé prend le relais

Toulouse, mercredi 8
L'un des derniers barrages encore en place est dégagé par les forces de l'ordre. Sur tout le territoire, la situation est redevenue presque normale. C'est grâce à l'accord signé entre les professionnels de la route et le gouvernement que les derniers blocages ont pu sauter. Cet accord, s'il ne remet pas en cause le principe du permis à points, en atténue les conséquences les plus brutales. Il partage les responsabilités entre les chauffeurs et les employeurs et améliore les conditions de travail. Les vacanciers peuvent prendre le relais pour les embouteillages, de leur plein gré cette fois-ci. (→ 30.9)

Deux jours avant l'accord, le gouvernement tentait une démonstration de force.

Eltsine réussit au sommet du G7, là où Gorbatchev avait échoué

Le président russe, « bon payeur », met un pied dans le club des riches.

Munich, mercredi 8
Boris Eltsine quitte le sommet des sept pays les plus industrialisés de la planète avec des promesses qui, si elles sont tenues, représentent une belle victoire diplomatique. Les accords de principe obtenus auprès du G7 sont sans commune mesure avec les seuls encouragements dont Mikhaïl Gorbatchev avait dû, l'an dernier, se contenter. Deux jours après l'accord entre le FMI et la Russie, Eltsine a exercé une sorte de chantage à la stabilité. Prophétisant une explosion politique en cas d'échec des réformes, il obtient le report du paiement de la dette, et surtout le statut envié de membre associé du G7.

L'ex-président du Panama est condamné

Le général Noriega écope de 40 ans.

Miami, vendredi 10
Le juge Hoeveler a enfin rendu son verdict : 40 ans de prison pour le général Noriega. Celui que ses adversaires et les médias américains ont surnommé Face d'ananas, avait été reconnu coupable en avril dernier, sur huit chefs d'accusation, allant du trafic de drogue au blanchiment d'argent. Une culpabilité « politique », selon le principal intéressé, qui, dans sa déclaration finale, s'est posé en victime d'un complot américain qui viserait à faire du Panama une colonie américaine. Malgré les preuves à charge accablantes, Noriega n'a eu de cesse d'y impliquer les services secrets et le président Bush.

Le « gouvernement des juges » fait peur

Michel Vauzelle, garde des Sceaux.

Paris, vendredi 10
Michel Vauzelle, garde des Sceaux, s'en prend à la toute-puissance supposée des magistrats. Il réagit à l'annonce faite hier par le quotidien *le Monde* d'une prochaine inculpation d'Henri Emmanuelli, président de l'Assemblée nationale. Il évoque la dérive possible de la justice vers un « gouvernement des juges ». La France aurait-elle enfin trouvé un pouvoir judiciaire digne de ce nom ? Cette « pré-inculpation par voie de presse », comme la qualifie lui-même M. Emmanuelli, est une suite de l'enquête menée par le juge Van Ruymbeke sur les bureaux d'études – et de financement occulte – du PS, l'affaire Urba. (→ 14.9)

Houllier reprend les crampons de Platini

Paris, jeudi 9
Une semaine après l'annonce de la démission de Michel Platini, son successeur à la tête de l'équipe de France a été officiellement désigné. Il s'agit de Gérard Houllier qui fut l'adjoint de Platini de novembre 1988 à juin 1992. Houllier, 45 ans, ancien professeur d'anglais, originaire du Pas-de-Calais, fut entraîneur du Racing Club de Lens de 1982 à 1985, puis du Paris-Saint-Germain de 1985 à 1988 – avec lequel il fut champion de France en 1986. Il est aussi directeur technique national du football (→ 1.12).

Malgré l'embargo, la Serbie lance une vaste offensive en Bosnie

Retranchés, les Bosniaques de Gorazde tiennent tête aux assiégeants.

Sarajevo, samedi 11
En Bosnie-Herzégovine, l'offensive serbe est engagée tous azimuts. La situation est particulièrement critique dans la ville à majorité musulmane de Gorazde, à une centaine de kilomètres de Sarajevo. Les 70 000 personnes qui sont assiégées depuis trois mois n'ont pas reçu d'aide depuis ce temps. Cette offensive généralisée intervient au moment où les neuf ministres de l'UEO (le bras armé de la CEE) ont pris à Helsinki la décision d'envoyer des navires en mer Adriatique pour garantir l'embargo contre la Yougoslavie. Une flotte de l'Otan participera également à cette surveillance. (→ 14)

Le 46e Festival d'Avignon rend hommage à l'Espagne et à l'Amérique latine. Il s'ouvre le 10 par « le Chevalier d'Olmedo » de Lope de Vega, mis en scène par Lluis Pasqual, avec Jean-Michel Dupuis et Jean-Marc Barr.

Virenque repasse le maillot jaune à Lino

Coblence, dimanche 12
Les coureurs du Tour de France sont partis sur les chapeaux de roue pour une première semaine qui a vu les Français briller d'un vif éclat. Mardi dernier à Pau, c'est le jeune Richard Virenque qui s'emparait du maillot jaune, avant de le céder le lendemain à Pascal Lino, auteur d'une échappée payante à Bordeaux où il prit six minutes aux favoris. Lino reste leader de la course. Mais il convient de mettre au crédit des Français les victoires d'étapes obtenues par Dominique Arnoult ou Gilles Delion, et aussi par Laurent Jalabert qui porte aujourd'hui le maillot vert, attribué au premier du classement par points. (→ 19)

Pascal Lino, jeune espoir breton.

Juillet

1992

Lu	Ma	Me	Je	Ve	Sa	Di
		1	2	3	4	5
6	7	8	9	10	11	12
13	14	15	16	17	18	19
20	21	22	23	24	25	26
27	28	29	30	31		

New York, 13
L'ancien gouverneur de Californie, Jerry Brown, refuse de soutenir Clinton. (→ 16)

Géorgie, 14
Les premières « forces de la paix » de la CEI arrivent en Ossétie du Sud. (→ 16)

Sarajevo, 14
Les Serbes bombardent le QG de la Forpronu. (→ 17)

Rome, 15
Le pape est opéré d'une tumeur à l'intestin, qualifiée de « bénigne ».

Liège, 15
Le numéro un français du mobilier urbain, Jean-Claude Decaux, est condamné à un an de prison avec sursis pour corruption.

Alger, 15
Abassi Madani et Ali Belhadj, président et vice-président du FIS, sont condamnés à 12 ans de prison. A l'énoncé du verdict, des manifestations ont lieu dans tout le pays. (→ 17.8)

Jérusalem, 16
Le gouvernement annonce le gel des implantations dans les territoires occupés. (→ 21)

New Delhi, 16
Shankar Dayal Sharma devient chef de l'Etat indien.

Paris, 17
François Mitterrand reçoit Milan Panic, Premier ministre de la « nouvelle Yougoslavie ».

Zemunik, Croatie, 17
L'explosion d'une mine tue deux casques bleus français.

Londres, 17
Un accord de cessez-le-feu est signé entre les Serbes, les Croates et les musulmans. (→ 25)

Londres, 18
John Smith succède à Neil Kinnock à la tête du Labour.

Bristol, 19
De violentes émeutes éclatent à Hartcliff : le chômage en est la cause principale. (→ 23)

Hanoi, 19
Les communistes gagnent les législatives vietnamiennes.

DECES

Londres, 18
Victor Louis (*5.2.1928), journaliste soviétique.

Yitzhak Rabin tend la main à ses voisins

Jérusalem, lundi 13
Le Premier ministre israélien a relancé de façon spectaculaire le processus enclenché à la conférence de Madrid pour la paix au Proche-Orient. Yitzhak Rabin suggère que les délégués jordano-palestiniens se rendent à Jérusalem pour « accélérer » les pourparlers de paix. S'adressant ensuite au roi de Jordanie et aux chefs d'Etat syrien et libanais, le Premier ministre les invite à prendre la parole devant la Knesset. Yitzhak Rabin met ainsi l'accent sur la nécessité de négocier, et enjoint les Palestiniens à accepter sa proposition d'autonomie pour les territoires occupés, « avec tous ses avantages et ses limites ». (→ 16)

Ses buts : Jordanie, Syrie et Liban.

Le PS liégeois mêlé à l'affaire Cools

Liège, mardi 14
L'enquête sur l'assassinat d'André Cools continue de faire des vagues avec la perquisition au siège de la fédération liégeoise du PS. Des enquêtes, devrait-on dire, tant les révélations et les zones d'ombre se multiplient. Si d'un côté les investigations se resserrent autour de M. Van der Biest, pour un trafic de titres et l'implication possible de ses hommes de confiance dans l'assassinat, celui-ci a allumé un contre-feu. Ces accusations de détournements de fonds contre son propre parti obligent le parquet à ouvrir une information judiciaire. (→ 15.10)

Un « oui » à l'Europe pour le bicentenaire de « la Marseillaise »

Paris, mardi 14
Les festivités du 14-Juillet se sont terminées par une *Marseillaise*, interprétée par 500 choristes des trois armes. Le chant des armées révolutionnaires fête ses deux cents ans. Comme chaque année, la *garden-party* de l'Elysée a été l'occasion pour François Mitterrand d'un entretien télévisé. Commentant l'actualité, et les grandes échéances à venir, le président a rappelé son souci de voir le référendum accepté. Un non à Maastricht reviendrait, selon lui, « à casser l'élan européen ». Se disant satisfait de l'action des socialistes au gouvernement, il attend avec sérénité les législatives de 1993. (→ 17)

La cour des Invalides résonne d'un chant aux paroles guerrières contestées.

Bill Clinton investi, Ross Perot se retire

Le trouble-fête abandonne la course.

Dallas, jeudi 16
Au quartier général de ses supporters, le milliardaire texan Ross Perot annonce qu'il se retire de la course. Estimant très faibles ses chances d'accéder à la présidence, il déclare ne pas « vouloir troubler le processus politique ». Il s'est juste posé en porte-parole de l'envie de changement, qui d'après lui tenaille les Américains. Quant à Bill Clinton, l'artisan de la revitalisation des démocrates, la convention du parti s'est terminée pour lui, la veille à New York, en apothéose. Il décroche la désignation tant attendue. Il ne lui reste plus qu'à séduire les ex-fans de Perot. (→ 13.8)

Le 17, à New York, un fabricant danois présente une poupée éducative avec bébé escamotable.

La CEI se dote d'une force d'intervention

Tachkent, jeudi 16
Les Etats membres de la CEI s'entendent sur la création d'une force d'interposition. C'est la multiplication inquiétante des conflits frontaliers et interethniques qui est à l'origine de cette démarche. Les représentants des ministères des Affaires étrangères et de la Défense ont défini les grandes orientations de cette « ONU » de la CEI, pour un projet de force d'interposition qui doit encore être approuvé lors du prochain sommet des gouvernements. Les « casques blancs » seront une force constituée avec des contingents de tous les Etats. (→ 9.8)

Commémoration de la rafle du Vel' d'Hiv' sous les sifflets

La colère de Robert Badinter explose contre les extrémistes sionistes.

Paris, jeudi 16
C'est par des sifflets et des cris de colère, plus ou moins couverts par des applaudissements, que François Mitterrand arrive à la commémoration du cinquantenaire de la rafle du Vel'd'Hiv'. Ces manifestations intempestives de mauvaise humeur, sensibles surtout dans la frange la plus jeune du public, ont une cause bien connue. C'est le refus, lors de l'entretien télévisé du 14 juillet, par le président de la République, de reconnaître la responsabilité de l'Etat, et de l'administration, dans cette rafle. La colère de M. Badinter à l'égard des manifestants ne doit pas occulter le fait que leurs questions restent sans réponse.

Les députés belges ratifient Maastricht

Bruxelles, vendredi 17
Après deux jours de débats sans réelle passion, parce que sans réel suspense, les députés belges ratifient le traité de Maastricht. Après l'Irlande et le Luxembourg, la Belgique est le troisième pays de la CEE à dire oui à l'union européenne, par 146 voix sur 212, et 33 contre. Les débats se sont déroulés dans un parlement presque désert. Les opposants au traité se recrutent pour l'essentiel dans deux familles politiques : les Verts, flamands et wallons; et les Flamands nationalistes ou extrémistes, du Volksunie ou du Vlaams Blok. (→ 21)

Vaclav Havel démissionne sur du velours

Prague, vendredi 17
Le rideau est tombé pour Vaclav Havel. Le dramaturge devenu président tchécoslovaque démissionne. Une décision annoncée moins d'une heure après la proclamation de souveraineté de la Slovaquie qui fait ainsi ses premiers pas vers l'indépendance; le parlement de Bratislava a voté à une large majorité cette proclamation. La république, de 4,5 millions d'habitants, forme avec la République tchèque (Bohême et Moravie, 10 millions d'habitants) la Fédération tchécoslovaque. Vaclav Havel, partisan de la fédération, a justifié sa décision par le désir de ne pas « gêner les grands changements de l'Etat et les efforts d'émancipation » de la république. L'ex-dissident parvenu au pouvoir au lendemain de la Révolution de velours en décembre 1989 a choisi de quitter la scène. (→ 1.9)

La Slovaquie souveraine, il part.

Chiappucci survole les Alpes et le Tour

L'Italien a réalisé un exploit rare.

L'Alpe-d'Huez, dimanche 19
La deuxième semaine du Tour de France, marquée par la magnifique échappée victorieuse de Laurent Fignon sur la route de Mulhouse, s'est terminée dans les Alpes par le duel attendu entre Miguel Indurain et Claudio Chiappucci. Duel qui a clarifié la situation et fait la décision. Samedi, l'Italien avait porté une attaque avec une échappée mémorable de 200 kilomètres, qui lui permit de triompher à Sestrières devant ses supporters. Mais Indurain avait pu limiter son retard dans cette étape et s'emparer du maillot jaune qu'il porte toujours ce soir à l'Alpe-d'Huez où a gagné l'Américain Andrew Hampsten. On voit mal désormais comment Indurain pourrait être battu à Paris. (→ 26)

Deux mois après Falcone, la Mafia assassine le juge Borsellino

Palerme, dimanche 19
Deux mois après l'attentat qui a coûté la vie au juge Giovanni Falcone, la Mafia a frappé un autre magistrat. Le juge Paolo Borsellino est tombé, victime d'un attentat à la voiture piégée qui a coûté la vie à cinq autres personnes dans la capitale sicilienne. La rue était éventrée sur deux cents mètres. Principal artisan de la lutte antimafia depuis la mort du juge Falcone, Paolo Borsellino était son ami et possible successeur. Le maire de Palerme n'a pas hésité à parler de déclaration de guerre. Mais ce nouveau drame relance cruellement le débat sur la crédibilité de l'Etat italien. (→ 21)

Au cœur de Palerme, la Cosa nostra affirme à nouveau sa toute-puissance.

Brest 92, une régate de 2 000 gréements anciens

Brest, vendredi 17
Pendant une semaine, la rade la plus célèbre de Bretagne s'est offert un plaisir digne de sa glorieuse histoire : revivre le temps de la marine à voile. Brest 92 a été un hommage rendu à l'énergie des passionnés de la mer. Tout a commencé en France, il y a dix ans, avec une revue d'histoire et d'ethnologie marine, *le Chasse-Marée*, qui a initié le mouvement en faveur du patrimoine des vieux gréements. Des monuments de labeur et de savoir-faire, que l'incurie moderniste avait laissés pourrir pendant des décennies. Des passionnés ont réparé ces épaves, les ont reconstruites. Sur tout le littoral, les initiatives se sont multipliées. Résultat : 2 000 bateaux, venus du monde entier, en l'honneur du passé.

Les trois-mâts français et norvégien, « Belem » et « Statstraad Lehmkuhl », au début de la manifestation le 11 juillet.

La jonque « Keying II », dont la construction a été financée par Elf.

La caravelle « Pinta », reconstituée pour le film « 1492, Christophe Colomb ».

Près de 1,5 million de spectateurs.

Les navires de pêche représentent 21 % des participants de la manifestation organisée par « le Chasse-Marée ».

Juillet

1992

Lu	Ma	Me	Je	Ve	Sa	Di
		1	2	3	4	5
6	7	8	9	10	11	12
13	14	15	16	17	18	19
20	21	22	23	24	25	26
27	28	29	30	31		

Paris, 20
Le plan d'accompagnement de la réforme de la PAC, présenté par Pierre Bérégovoy, est bien reçu par les syndicats agricoles. (→ 30.8)

Washington, 20
Un Osprey V.22 américain, avion expérimental, s'écrase sur une base militaire : les sept passagers sont tués.

Beyrouth, 20
Les partis chrétiens appellent à la grève pour protester contre la tenue d'élections législatives sous contrôle syrien. (→ 23)

Londres, 20
Kevin Maxwell est condamné à verser 4 milliards de francs d'amende.

Le Caire, 21
Le Premier ministre israélien est en visite en Egypte ; cette rencontre israélo-égyptienne permet à l'Egypte de reprendre sa place dans les pourparlers de paix. (→ 11.8)

Madrid, 21
Les autorités adoptent un plan d'austérité devant permettre à l'Espagne de s'aligner sur les normes prescrites par la CEE pour l'union économique et monétaire. (→ 18.8)

Palerme, 21
Les obsèques des policiers tués lors de l'attentat contre le juge Borsellino sont le cadre de violentes manifestations contre la classe politique. (→ 27)

Grande-Bretagne, 23
La police arrête 62 personnes après les nouveaux heurts qui ont secoué trois villes populaires du nord de l'Angleterre.

Colombie, 24
Pablo Escobar fait savoir qu'il est prêt à se rendre une nouvelle fois, mais contre sa non-extradition.

Bagdad, 26
Après trois semaines d'atermoiement, l'ONU et l'Irak signent un accord permettant aux équipes de contrôle d'inspecter les sites suspects. (→ 20.10)

DECES

Paris, 21
Pierre Uri (*20.11.1911), économiste et initiateur avec Jean Monnet du Plan charbon-acier, l'ancêtre de la CEE.

Arletty « la Parigote » au paradis

Paris, jeudi 23
Léonie, alias Nini Pattes-en-l'air, la môme des faubourgs à la voix gouailleuse et au rire cristallin, n'est plus. Née à Courbevoie il y a 94 ans (*15.5.1898), elle avait débuté comme mannequin chez Poiret avant de brûler les planches : c'est ainsi qu'avait vu le jour le personnage d'Arletty et sa légende d'atmosphère qui lui collait à la peau malgré elle. Révélée par *Fric-Frac* avec Michel Simon en 1936, ses apparitions au cinéma sont brèves jusqu'à sa rencontre avec Marcel Carné, dont *Hôtel du Nord* (1942), *les Visiteurs du soir* (1942), et les inoubliables *Enfants du paradis* (1944-1945) lui apporteront la gloire et sa consécration d'actrice hors du commun.

Aux côtés de Pierre Brasseur dans « les Enfants du paradis », en 1945.

En France, un riche vaut huit pauvres

Paris, lundi 20
Avec le dernier rapport du Cerc (Centre d'études des revenus et des coûts), les ménages français sont heureux d'apprendre que leur patrimoine moyen est de 840 000 F. Une moyenne qui, en soi, ne signifie pas grand chose. Car ce que cette étude révèle, c'est un écart de 1 à 8 entre les extrêmes, professions libérales et ouvriers. Cet écart, variable suivant les types de patrimoine, domestiques, professionnels ou de rapport, amplifie, s'il en était besoin, les écarts de revenus.

British Airways sur la piste numéro un

Londres, mardi 21
Pour 3,75 milliards de francs, la compagnie British Airways s'apprête à devenir le numéro un mondial du transport aérien. C'est à ce prix en effet (750 millions de dollars) qu'elle rachète US Air, en tête sur le marché nord-américain des lignes intérieures. British Airways, en en reprenant 44 % du capital, s'installe dans une position dominante des deux côtés de l'Atlantique. De plus, Colin Marshall, président de BA, admet bien volontiers qu'il a TWA dans sa ligne de mire.

Pablo Escobar fuit sa prison dorée

Medellin, mercredi 22
Le plus puissant des barons de la drogue sud-américains s'est enfui. Et par la grande porte. Le chef du cartel de Medellin, Pablo Escobar, s'est échappé de sa prison-palace située à Envigado, avec pour otages le vice-ministre de la Justice et le directeur de l'administration pénitenciaire. Il devait être transféré vers une prison plus rigoureuse. Le trafiquant colombien, qui avait longuement négocié sa reddition avec les autorités en juin 1991, suivait ses affaires depuis sa prison... (→ 24)

Elf s'offre un monopole, 1 040 stations-service dans l'ex-RDA

Berlin, jeudi 23
En rachetant toutes les stations-service de l'ex-RDA, la société Elf réalise l'investissement français le plus important depuis le lancement des privatisations. L'accord signé par Loïk Le Floch Prigent, P-dg de Elf, avec la Treuhandanstalt prévoit la reprise des 1 040 stations Minol, dont vingt sur autoroutes. Leur modernisation (boutiques et restauration) doit coûter 1,4 milliard de marks. L'autre volet de l'accord est industriel. Associé à Thyssen, Elf va construire une nouvelle raffinerie pour satisfaire les besoins de son nouveau réseau.

L'investissement français le plus important jamais réalisé en Allemagne.

▷

Le Liban en deuil d'un grand féodal

Beyrouth, jeudi 23
Le dernier représentant d'une génération de grands féodaux libanais vient de disparaître. L'ancien président de la République libanaise, Soleiman Frangié (*14.6.1910), est décédé à l'hôpital de l'université américaine de Beyrouth. C'est sous son mandat (1970 à 1976) que la guerre avait débuté. Après s'être opposé à la poussée des Palestiniens, il se heurtera aux ambitions des Gemayel. Ces dissensions entre chrétiens coûteront la vie à son fils Tony. Habile négociateur, ce chrétien nationaliste avait des liens privilégiés avec les Syriens. (→ 31)

Le « sida sans virus » divise les savants

Amsterdam, jeudi 23
Le congrès mondial sur le sida s'achève sur une grave question, à laquelle plusieurs intervenants ont tenté de répondre : existe-t-il un troisième virus ? Partout dans le monde les équipes médicales ont fait part de cas troublants : des infections caractéristiques du sida et des déficiences immunitaires graves sur des personnes séronégatives, donc non contaminées par les virus connus. L'absence de HIV 1 ou 2 doit-elle amener à conclure qu'un sida sans virus est possible ? Des chercheurs américains penchent plutôt pour un rétrovirus encore inconnu, ce qui laisse sceptique la communauté des spécialistes.

Liz Taylor toujours aussi engagée.

L'homme des glaces a un âge, 5 300 ans

Innsbruck, vendredi 24
Un homme vêtu de peaux de bêtes chancelle avant de s'effondrer soudainement. C'était il y a 5 300 ans... La datation est en effet acquise : le corps rejeté par le glacier du Similaun, découvert en septembre 1991 à la frontière austro-italienne, est la plus vieille momie glaciaire trouvée sur le continent. Mais les experts s'affrontent encore : cet homme des glaces était-il berger, chasseur ou chaman, comme pourraient le laisser croire les scarifications ponctuant son corps ? On entendra sans doute à nouveau parler de l'Hibernatus surgi du fond des âges.

Ex-ministres face au sang contaminé

Paris, vendredi 24
Des témoins très attendus se présentent aujourd'hui devant le tribunal correctionnel. Laurent Fabius, Georgina Dufoix et Edmond Hervé, ainsi que leurs conseillers techniques, disent ce qu'ils savaient ou ignoraient du drame du sang contaminé, en 1985. Cette comparution, si elle marque un progrès par rapport à l'impunité dont jouissent d'ordinaire les hommes politiques, ne satisfait pas les parties civiles : le tribunal se refusant à trancher entre culpabilité et responsabilité des anciens ministres. (→ 31)

Le Lider Maximo vedette d'un sommet

Fidel Castro, marxiste indéfectible.

Madrid, vendredi 24
Depuis son arrivée au pouvoir en 1959, le Sommet ibéro-américain de Madrid est le premier voyage de Fidel Castro en Europe occidentale. Son discours a déçu ceux qui attendaient un geste, une ouverture. Les autres ont entendu les thèmes préférés du Lider Maximo, de très violentes diatribes contre l'empire américain. En retour, le Premier ministre espagnol Felipe Gonzalez a épinglé, sans le nommer, le régime castriste, ses prisonniers politiques et son autoritarisme. L'hostilité latente des participants et les manifestations à l'extérieur ont laissé Castro de marbre. (→ 31)

Vers une conférence pour la Yougoslavie

Londres, samedi 25
Pour essayer de mettre un terme à la guerre qui ravage la Bosnie-Herzégovine, le gouvernement britannique a décidé de convoquer une conférence internationale sur la Yougoslavie. Elle devrait réunir les belligérants et des pays de la CEE et de l'ONU dans la seconde quinzaine d'août. Les Britanniques assurent actuellement la présidence de la CEE. Sur le terrain, les combats continuent, notamment à Dobrinja, ce faubourg de Sarajevo pilonné sans relâche par les Serbes depuis trois mois. (→ 3.8)

Miguel Indurain a encore pédalé plus vite

Il enlève son deuxième Tour.

Paris, dimanche 26
Miguel Indurain est arrivé pour la deuxième fois en triomphateur sur les Champs-Elysées. L'Espagnol a remporté le Tour de France 1992. Il l'a fait en *conquistador*, emportant encore vendredi l'étape contre la montre Tours-Blois, à la fantastique moyenne de 52,349 km/h. Indurain est également le vainqueur le plus rapide de l'histoire du Tour avec 39,504 km/h. Il a devancé les deux Italiens Claudio Chiappucci et Gianni Bugno, classés deuxième et troisième, et est le sixième coureur à avoir remporté Tour d'Italie et Tour de France la même année. A noter aussi la cinquième place du Français Pascal Lino. (→ 6.9)

Nigel Mansell a encore raflé le Grand Prix

Schumacher, à la troisième place.

Hockenheim, dimanche 26
Huit victoires en dix Grands Prix : Nigel Mansell est bien parti pour établir un record dans l'histoire de la Formule 1. En enlevant le Grand Prix d'Allemagne, il a assuré sa conquête du titre de champion du monde des pilotes. Sa victoire ne fut pourtant pas aussi facilement acquise qu'à l'accoutumée. Car un sursaut d'Ayrton Senna, se battant comme un beau diable au volant de sa McLaren, permit au Brésilien de devancer Patrese et d'inquiéter Mansell jusqu'à la ligne d'arrivée, qui a terminé avec quatre secondes et demie d'avance sur Senna. En troisième place, Michael Schumacher est ovationné chez lui. (→ 16.8)

Un défilé de 172 pays ouvre les XXVes Jeux d'été

Barcelone, samedi 25

Espagne rime avec universel cette année. Après l'exposition de Séville, la capitale catalane voit enfin l'aboutissement d'années d'efforts. Le défilé d'ouverture des XXVes Olympiades, présidées par le roi Juan Carlos, en est une éblouissante démonstration. L'immense stade de Montjuic a accueilli les délégations de 172 pays. Quand l'apparition de Magic Johnson a déchaîné les applaudissements, les spectateurs, les dirigeants présents et les 10 000 athlètes surent que l'émotion serait au rendez-vous. La fête qui a suivi a mêlé opéra, théâtre d'avant-garde et flamenco, danses et costumes, rendant un hommage flamboyant aux arts de l'Espagne. (→ 31)

Comme Decouflé pour les Jeux d'hiver, l'Espagne a choisi un nouveau style. Ici le voyage d'Hercule à travers les mers.

De l'opéra à l'avant-garde, Montserrat Caballé, Placido Domingo, José Carreras et Teresa Berganza côtoient la folie théâtrale de la Fura del Baus.

La traversée triomphale de la reine du flamenco, Cristina Hoyos.

Le stade de Montjuic, à Barcelone, accueille plus de 10 000 athlètes.

Juillet

1992

Lu	Ma	Me	Je	Ve	Sa	Di
		1	2	3	4	5
6	7	8	9	10	11	12
13	14	15	16	17	18	19
20	21	22	23	24	25	26
27	28	29	30	31		

Baïkonour, 27
Le module *Soyouz* de la mission *Antarès* décolle avec, à son bord, le Français Michel Tognini. (→ 10.8)

Sicile, 27
Giovanni Lizzio, chef de la cellule antiracket de Catane, est abattu après avoir recueilli les aveux d'un repenti allemand. (→ 7.8)

Vincennes, 28
Deux rames de RER se percutent près de Saint-Mandé, faisant 33 blessés.

Afghanistan, 28
Les femmes, même voilées, sont désormais interdites d'antenne à la télévision.

Paris, 29
Pierre Bérégovoy présente son plan de moralisation de la vie politique. (→ 20.10)

Vatican, 29
Israël et le Vatican tentent de normaliser leurs rapports avec la création d'une commission bilatérale.

Madagascar, 29
Un coup d'Etat mené par le pasteur Michel Féty échoue sans que les forces de l'ordre aient à intervenir. (→ 19.8)

Paris, 30
Le CSA condamne TF1 à une amende de 30 millions de francs pour non-respect des quotas d'œuvres françaises.

Lomé, 30
La capitale du Togo, paralysée par la grève générale, est le théâtre de violentes émeutes après la mort de l'opposant Tavio Amorin.

Cuba, 31
L'ex-général de La Guardia affirme : les autorités couvrent le trafic de drogue. (→ 29.10)

Beyrouth, 31
L'ancien président Amin Gemayel rentre au Liban après quatre ans d'exil. (→ 30.8)

Paris, 31
La peine maximale, 4 ans de prison ferme, est requise contre le docteur Michel Garretta. (→ 5.8)

DECES

Los Angeles, 30
Joe Shuster (*1914), dessinateur, l'un des créateurs de *Superman*. (→ 18.11)

Le droit d'ingérence contre la famine

New York, lundi 27
Le secrétaire général des Nations unies trouvait que la communauté internationale s'occupait trop de la crise yougoslave, une « guerre de riches », au détriment d'autres problèmes. Aussi, M. Boutros-Ghali a-t-il plaidé ardemment pour la Somalie. Et il a fait approuver par le Conseil de sécurité le principe d'une opération humanitaire d'envergure. Il est vrai que l'urgence règne dans ce pays de la Corne de l'Afrique ravagé par la guerre civile et la famine. La mise en place d'un pont aérien est envisagée. La résolution de l'ONU est un premier pas vers la mise en pratique du « devoir d'ingérence humanitaire ». (→ 4.8)

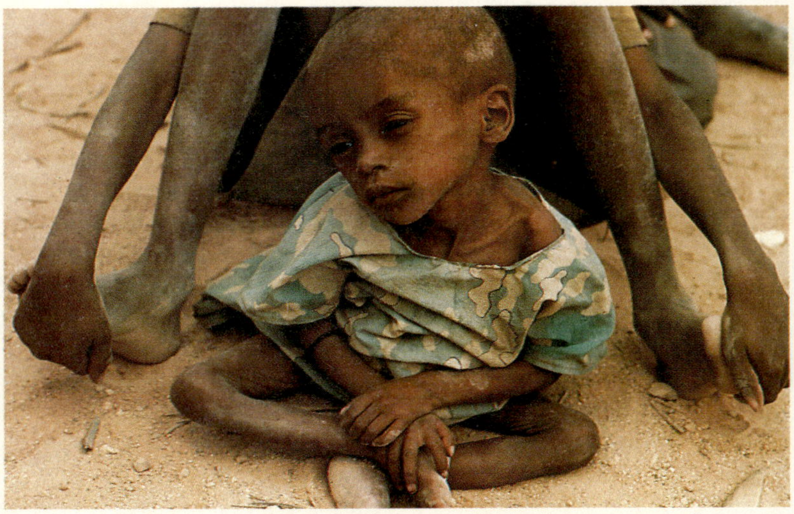

L'ONU et les ONG multiplient les efforts mais l'aide alimentaire est détournée.

Baker soutient les opposants irakiens

Washington, mercredi 29
Pour l'opposition irakienne, c'est une forme de consécration. Six de ses représentants ont en effet été reçus par le chef de la diplomatie américaine. Avant cette rencontre avec James Baker, ces dissidents qui ont du mal à présenter un front uni, n'avaient eu le droit qu'à des visites semi-officielles. Washington adresse ainsi un nouvel avertissement à Saddam Hussein, accusé de multiplier les attaques et d'intensifier la répression contre les Kurdes au nord et les chiites au sud. (→ 27.8)

L'Antarctique russe en grève de liaison

Moscou, mercredi 29
C'est une grève bien particulière dont s'occupe Arthur Tchirigarov, le président de l'association des travailleurs polaires. Depuis le 15 mai, les membres de l'expédition antarctique russe ont décidé de ne plus communiquer avec leur quartier général, situé à Saint-Pétersbourg. Ils poursuivent leurs travaux scientifiques, mais dans un black-out radio total. Tchirigarov doit ouvrir aujourd'hui des négociations salariales, le nœud du problème, avec les services du Premier ministre.

Renvoyé à Berlin, Honecker sera jugé

Berlin, jeudi 30
Huit mois après s'être réfugié à l'ambassade du Chili à Moscou, Erich Honecker a été livré à l'Allemagne réunifiée. Le chef d'Etat de l'ex-RDA a été aussitôt conduit à la prison de Moabit. L'histoire a des résurgences cruelles : Honecker retrouve ainsi les geôles où, voici plus de 50 ans, les nazis l'avaient jeté. Mais, cette fois, l'ancien dirigeant du parti communiste doit répondre du meurtre de 49 fugitifs est-allemands abattus en tentant de franchir le Mur. (→ 12.11)

La navette décolle avec la précision suisse

C. Nicollier à bord d'« Atlantis ».

Cap Canaveral, vendredi 31
Au terme d'un compte à rebours parfait, *Atlantis* a emporté en orbite le premier astronaute suisse Claude Nicollier. Celui-ci a pour mission de déployer la plate-forme automatique *Eureca*, avant d'expérimenter *TSS*, un satellite italien qui a la particularité d'être tenu « en laisse » par un long filin. Claude Nicollier a attendu quatorze ans pour voir son rêve se réaliser. En effet, c'est en 1978 que l'ESA, l'Agence spatiale européenne, l'avait envoyé au centre d'entraînement de Houston. De reports en annulations, ce n'est qu'aujourd'hui qu'il peut mettre à profit sa longue préparation. Le vol doit durer huit jours. (→ 6.8)

Réfugié à Moscou depuis 16 mois.

Deux catastrophes aériennes en Asie

Népal, vendredi 31
Un Airbus A310-300 de la Thai Airways International, qui assurait un vol Bangkok-Katmandou, s'est écrasé dans une vallée à 50 km au sud de la capitale népalaise. Des pluies diluviennes et le mauvais état des routes empêchent un acheminement rapide des secours, bien que l'épave soit déjà repérée. Il y avait 113 personnes à bord. A Nankin, dans l'est de la Chine, quelques heures plus tard, un appareil d'une compagnie intérieure chinoise rate son décollage et s'abîme en flammes en bout de piste. Selon l'agence Chine Nouvelle, il y aurait une centaine de morts et 26 blessés. (→ 28.9)

Médailles d'or pour la France à Barcelone, en judo et au fleuret

L'Anglais Chris Boardman obtient la médaille d'or en poursuite individuelle.

Barcelone, vendredi 31
La première semaine des Jeux olympiques a permis aux Français de s'emparer de neuf médailles en natation et en judo. Les judokas ont atteint le haut du podium grâce à Catherine Fleury, championne des moins de 61 kilos, cinq autres médailles complétant la récolte – une d'argent et quatre de bronze. La deuxième médaille d'or française récompense Philippe Omnès, vainqueur de l'épreuve de fleuret. Stephane Caron, Catherine Plewinski et Frank Esposito s'illustraient, eux, en natation : trois médailles de bronze. Il faut noter la médaille d'or de l'Anglais Chris Boardman, pour la poursuite en cyclisme sur un engin révolutionnaire. (→ 9.8)

Un tatami en or pour Catherine Fleury contre l'Israélienne Yael Arad.

Philippe Omnès triomphe de Serguei Goloubitski (CEI) par 2 manches à 1.

Défilé haute-couture automne-hiver 1992

Paris, vendredi 31
La rumeur bruissait, les esprits s'en réjouissaient, et les défilés ont confirmé la chose : les jupes et les robes s'allongent, les ourlets se rapprochent du sol. Pour Gianni Versace, la palette s'est réduite et joue avec perfection des noirs, des blancs et des broderies dorées. Ces imprimés que Versace a récusés le temps d'un défilé, Christian Lacroix, lui, les combine sous toutes les formes possibles avec l'assurance et la sûreté de goût qui autorisent les métissages de coloris et d'étoffe. Enfin, Jean-Louis Scherrer, aux antipodes, a préféré tabler sur une certaine austérité dans les coupes et les lignes.

Gianni Versace.

Christian Lacroix.

Jean-Louis Scherrer.

Août

1992

Lu	Ma	Me	Je	Ve	Sa	Di
					1	2
3	4	5	6	7	8	9
10	11	12	13	14	15	16
17	18	19	20	21	22	23
24	25	26	27	28	29	30
31						

Bangkok, 1er
Les autorités thaïlandaises destituent quatre généraux impliqués dans les répressions du mois de mai. (→ 14.9)

Johannesburg, 1er
Pour le premier concours de beauté multiracial, c'est une jeune métisse du Cap qui est élue Miss Afrique du Sud.

Paris, 3
La France ratifie le traité de non-prolifération nucléaire.

Los Angeles, 3
Les 4 policiers accusés d'avoir frappé un automobiliste noir en 1991 sont inculpés pour « viol des droits civiques ».

Moscou, 3
Un accord russo-ukrainien place la flotte de la mer Noire sous commandement conjoint.

Espace, 6
L'équipage de la navette *Atlantis* ne réussit pas à larguer le satellite « à fil » *TSS*.

Grasse, 6
Jean-Claude Gaudin, président de la région PACA, est inculpé pour création d'emplois fictifs.

Washington, 6
Les Etats-Unis établissent des relations diplomatiques avec la Croatie, la Slovénie et la Bosnie-Herzégovine. (→ 8)

Sri Lanka, 8
Les séparatistes tamouls abattent neuf militaires dont un général. (→ 15.10)

Sarajevo, 8
Le pont aérien reprend après 72 heures d'interruption. (→ 12)

Moselle, 8
Trois camions allemands chargés de déchets hospitaliers sont refoulés. (→ 14)

Kaboul, 9
Des milliers d'Afghans fuient la reprise des combats. (→ 24)

CEI, 9
L'Arménie accuse l'Azerbaïdjan d'agression. (→ 13)

DECES

Tokyo, 5
Seicho Matsumoto (*1909), maître du roman policier.

Iran, 8
L'ayatollah Aboul Qassem Khoï (*1899), la plus haute autorité spirituelle du chiisme.

Camps de concentration en Bosnie...

Sarajevo, lundi 3
De tels agissements semblaient impensables au cœur d'une Europe dite civilisée. Et pourtant les témoignages se multiplient. Des camps de concentration, où des centaines de civils auraient déjà péri, existeraient sur le territoire de la Bosnie-Herzégovine. C'est la presse américaine qui a fait état la première de « camps de la mort » tenus par des Serbes. La Croix-Rouge internationale s'est vu interdire l'accès à ces sites. L'ONU a confirmé que les Serbes avaient ouvert au moins un camp pour prisonniers musulmans. Washington évoque également des centres de détention, théâtres de meurtres et de tortures. (→ 16)

Un rappel de triste mémoire qui met les Serbes au ban des nations.

Les Croates gardent Franjo Tudjman

Zagreb, lundi 3
Les Croates ont voté en masse pour l'ancien général communiste du maréchal Tito. Le président sortant, Franjo Tudjman, 70 ans, est quasiment plébiscité dès le premier tour en recueillant plus de 55 % des voix. Pourtant, les sondages prévoyaient un second tour. Son parti, l'Union démocrate croate (HDZ), emporte également la majorité des sièges au parlement. L'homme qui symbolise l'accession de la Croatie à l'indépendance a su rassurer une population lasse de la guerre, sans oublier la nécessité de récupérer les territoires pris par l'ennemi. (→ 6)

Il avait quelque chose de Tennessee

Michel Berger, un style et des tubes.

Saint-Tropez, lundi 3
Michel Berger (*28.11.1947) ne jouera plus du piano debout : l'auteur de *Starmania* est mort cette nuit d'une crise cardiaque à l'hôpital. Fils du professeur Jean Hamburger et de la concertiste Annette Haas, Michel Berger fit preuve très tôt de ses dons musicaux, mais si, enfant, c'est Mozart qu'il joue, la découverte, à 13 ans, du blues de Ray Charles le fait se détourner de la musique classique. Chanteur discret et pudique, c'est en écrivant pour les autres que Michel Berger connaît le succès : son nom reste indissociable de celui de l'interprète inégalée de *Ça balance pas mal à Paris*, France Gall, égérie et épouse.

Un quart de la population est menacé de mort en Somalie

Mogadiscio, mardi 4
Victimes de la folie des hommes et de la dureté de la nature, des milliers de Somaliens sont menacés de mort. La guerre civile qui ravage le pays depuis le début de l'année 1991, conjuguée à la sécheresse, pourrait décimer un quart de la population. A court terme, ce sont 1,7 million des 7 millions de Somaliens qui risquent de succomber à la famine, alors que les bandes armées entravent toute aide. Le ministre de la Santé et de l'Action humanitaire, Bernard Kouchner, s'est rendu sur place pour tenter de mobiliser la communauté internationale. (→ 19)

Sept millions de Somaliens victimes de la famine et de la guerre civile.

L'ANC fait pression par grève générale

Johannesburg, mardi 4
Au deuxième jour de la grève générale lancée par l'ANC en Afrique du Sud, le mouvement s'est encore amplifié. Les dirigeants du Congrès national africain ont d'ailleurs annoncé de nouvelles formes de protestations, avec des marches dans les grands centres urbains. Le boycottage des écoles atteindrait 92 %. Ce vaste mouvement traduit certainement la nécessité pour les dirigeants de l'ANC de montrer à leurs troupes leur détermination, alors que le dialogue commencé il y a plus de deux ans se détériore. Malgré quelques violences, aucun dérapage sérieux n'est à déplorer. (→ 7.9)

Transfusion et sida, un verdict attendu

Paris, mercredi 5
La parole est à la défense. Dans leur plaidoirie, les avocats du docteur Garretta demandent la relaxe de leur client, victime « d'une société qui se fuit ». Après sept semaines de procès devant la chambre correctionnelle, ils s'attaquent à la conspiration et à la « vengeance sociale » dont seraient aussi victimes les responsables de la transfusion. Ils dénoncent l'impunité des politiques. Or, les témoignages et les rapports d'enquêtes n'ont cessé de mettre en évidence la responsabilité de Michel Garretta dans la contamination des hémophiles. (→ 23.10)

Le décret-loi contre la Mafia est adopté

Rome, vendredi 7
Le parlement italien a adopté la loi antimafia, au nom d'un impératif de sécurité nationale. Elle prévoit la prolongation des enquêtes sur les délits mafieux, une meilleure protection des témoins et des repentis, à qui sont accordées des garanties plus sérieuses. La clef de voûte de cette loi est la « super-procure », structure juridico-policière chargée de court-circuiter les pesanteurs administratives, pour augmenter l'efficacité, et présentée comme l'arme absolue antimafia. (→ 27)

La CEI, toujours puissance olympique

Marie-Josée Pérec, championne olympique du 400 mètres féminin, a apporté sa huitième médaille d'or à la France.

Le 4x100 m américain, emmené par Carl Lewis, bat le record du monde.

Le Britannique Linford Christie s'impose dans le 100 m, sprint des rois.

Barcelone, dimanche 9
En terminant victorieusement le relais 4 × 100 mètres, l'Américain Carl Lewis a conquis sa deuxième médaille d'or durant ces Jeux – après celle du saut en longueur –, mais aussi le huitième titre olympique de sa carrière. Les Américains ont dominé les épreuves d'athlétisme, cependant marquées par l'exploit du sprinter anglais Linford Christie, brillant vainqueur du 100 mètres, mais aussi par l'étonnante défaite de Sergueï Bubka, recordman du monde du saut à la perche. Autre grande attraction, le triomphe des extraordinaires basketteurs américains Magic Johnson et Michael Jordan, dont le « Dream Team » offrit constamment un spectacle incomparable pour devenir champion olympique. Mais ce sont les athlètes de la CEI (l'ex-URSS) qui ont raflé le plus de médailles – 112 – sur l'ensemble des compétitions. Quant aux Français, 29 médailles – dont huit en or –, ils ont égalé le record obtenu à Londres en 1948. Marie-Josée Pérec, championne du 400 m, a sauvé l'honneur d'un athlétisme bien mal en point, contrairement à des sports comme le judo et l'escrime toujours fidèles aux rendez-vous des grandes compétitions, ou aussi comme le tir à l'arc – or pour Franck David – et la voile – or en Tornado, pour Loday-Hénard. Et comme le tennis de table – argent pour Jean-Philippe Gatien – et le handball dont les joueurs ont décroché, contre toute attente une magnifique et surprenante troisième place en bronze. (→ 3.9)

1992 Barcelone

Athlétisme hommes

100 m
1. Christie GBR 9.96
2. Fredericks NAM 10.02
3. Mitchell USA 10.04

200 m
1. Marsh USA 20.01
2. Fredericks NAM 20.13
3. Bates USA 20.38

400 m
1. Watts USA 43.50
2. Lewis USA 44.21
3. Kitur KEN 44.24

800 m
1. Tanui KEN 1:43.66
2. Kiprotich KEN 1:43.70
3. Gray USA 1:43.97

1 500 m
1. Cacho Ruiz ESP 3:40.12
2. El Basir MAR 3:40.62
3. Sulaiman QAT 3:40.69

5 000 m
1. Baumann GER 13:12.52
2. Bitok KEN 13:12.71
3. Bayisa ETH 13:13.03

10 000 m
1. Skah MAR 27:46.70
2. Chelimo KEN 27:47.72
3. Abebe ETH 28:00.07

110 m haies
1. McKoy CAN 13.12
2. Dees USA 13.24
3. Pierce USA 13.26

400 m haies
1. Young USA 46.78
2. Graham JAM 47.66
3. Akabusi GBR 47.82

3 000 m steeple
1. Birir KEN 8:8.84
2. Sang KEN 8:9.55
3. Mutwol KEN 8:10.74

Hauteur
1. Sotomayor CUB 2.34 m
2. Sjoeberg SUE 2.34 m
3. Partyka POL 2.34 m
Forsythe AUS 2.34 m
Conway USA 2.34 m

Longueur
1. Lewis USA 8.67 m
2. Powell USA 8.64 m
3. Greene USA 8.34 m

Triple saut
1. Conley USA 18.17 m
2. Simpkins USA 17.60 m
3. Rutherford BAH 17.36 m

Perche
1. Tarassov CEI 5.80 m
2. Trandenkov CEI 5.80 m
3. Garcia Chico ESP 5.75 m

Poids
1. Stulce USA 21.70 m
2. Doehring USA 20.96 m
3. Lykho CEI 20.94 m

Marteau
1. Abduvaliev CEI 82.54 m
2. Astapkovitch CEI 81.96 m
3. Nikouline CEI 81.38m

Disque
1. Hubertas LIT 65.12 m
2. Schult ALL 64.94 m
3. Moya Sandoval CUB 64.12 m

Javelot
1. Zelezny TCH 89.66 m
2. Raty FIN 86.60 m
3. Backley GBR 83.38 m

Décathlon
1. Zmelik TCH 8 611 pts
2. Penalver ESP 8 412 pts
3. Johnson USA 8 309 pts

Marathon
1. Hwang Young-cho KOR 2 h 13:23
2. Morishita JAP 2 h 13:45
3. Freigang ALL 2 h 14

Relais 4 x 100 m
1. USA 37.40 (Marsh, Burrell, Mitchell, Lewis)
2. NGA 37.98 (Kayode, Imoh, Adeniken, Ezinwa)
3. CUB 38 (Simon Gomez, Lamela Loaces, Isasi Gonzalez, Aguilera Ruiz)

Relais 4 x 400 m
1. USA 2:55.74 (Valmon, Watts, Johnson, Lewis)
2. CUB 2:59.51 (Martinez Despaigne, Herrera Ortiz, Tellez, Hernandez Prendez)
3. GBR 2:59.73 (Black, Grindley, Akabusi, Regis)

20 km marche
1. Plaza Montero ESP 1 h 21:45
2. Leblanc CAN 1 h 22:5
3. De Benedictis ITA 1 h 23:11

Athlétisme femmes

100 m
1. Devers USA 10.82
2. Cuthbert JAM 10.83
3. Privalova CEI 10.84

200 m
1. Torrence USA 21.81
2. Cuthbert JAM 22.02
3. Ottey JAM 22.09

400 m
1. Pérec FRA 48.83
2. Bryzgina CEI 49.05
3. Restrepo Gaviria COL 49.64

800 m
1. Van Langen NED 1:55.54
2. Nurutdinova CEI 1:55.99
3. Quirot Moret CUB 1:56.80

1 500 m
1. Boulmerka ALG 3:55.30
2. Rogacheva CEI 3:56.91
3. Q. Yunxia CHN 3:57.08

3 000 m
1. Romanova CEI 8:46.04
2. Dorovskikh CEI 8:46.85
3. Chalmers CAN 8:47.22

10 000 m
1. Tulu ETH 31:6.02
2. Meyer AFS 31:11.75
3. Jennings USA 31:19.89

100 m haies
1. Patoulidou GRE 12.64
2. Martin USA 12.69
3. Donkova BUL 12.70

400 m haies
1. Gunnell GBR 53.23
2. Farmer-Patrick USA 53.69
3. Vickers USA 54.31

Hauteur
1. Henkel ALL 2.02 m
2. Astafei ROM 2 m
3. Quintero CUB 1.97 m

Longueur
1. Drechsler ALL 7.14 m
2. Kravets CEI 7.12 m
3. Joyner-Kersee USA 7.7 m

Poids
1. Kriveleva CEI 21.06 m
2. Huang CHN 20.47 m
3. Neimke ALL 19.78 m

Disque
1. Marten CUB 70.06 m
2. Khristova BUL 67.78 m
3. Costian AUS 66.24 m

Javelot
1. Renk ALL 68.34 m
2. Shikolenko CEI 68.26 m
3. Forkel ALL 66.86 m

Heptatlon
1. Joyner-Kersee USA 7 044 pts
2. Belova CEI 6 845 pts
3. Braun GBR 6 649 pts

Marathon
1. Yegorova CEI 2 h 32:41
2. Arimori JAP 2 h 32:49
3. Moller NZE 2 h 33:59

Relais 4 x 100 m
1. USA 42.11 (Ashford, Jones, Guidry, Torrence)
2. CEI 42.16 (Bogoslovskaya, Malchugina, Trandenkova, Privalova)
3. NGA 42.81 (Utondu, Idehen Opara Thompson, Onyali)

Relais 4 x 400 m
1. CEI 3:20.20 (Ruzina, Dzhigalova, Nazarova, Bryzgina)
2. USA 3:20.92 (Kaiser, Torrence, Miles, Stevens)
3. GBR 3:24.23 (Smith, Douglas, Stoute, Gunnell)

10 km marche
1. Chen CHN 44.32
2. Nikolaeva CEI 44.33
3. Li CHN 44.41

Flute, médaille d'or en tir à l'arc.

Aviron hommes

Skiff
1. Lange ALL 6:51.40
2. Chalupa TCH 6:52.93
3. Broniewski POL 6:56.82

Deux sans barreur
1. GBR 6:27.72 (Redgrave, Pinsent)
2. ALL 6:32.68 (Hoeltzenbein, Von Ettinshausen)
3. SLO 6:33.43 (Cop, Zvegelj)

Double scull
1. AUS 6:17.32 (Hawkins, Antonie Peter)
2. AUT 6:18.42 (Jonke, Zerbst)
3. NED 6:22.82 (Zwolle, Rienks)

Deux barré
1. GBR 6:49.83 (Searle, Searle; barreur: Herbert)
2. Italie 6:50.98 (Abbagnale, Abbagnale; barreur: Di Capua)
3. Roumanie 6:51.58 (Popescu, Taga; barreur: Raducanu)

Quatre sans barreur
1. AUS 5:55.04 (Cooper, McKay, Green, Tomkins)
2. USA 5:56.68 (Burden, McLaughlin, Bohrer, Manning)
3. SLO 5:58.24 (Klemencic, Mirjanic, Jansa, Mujkic)

Quatre de couple
1. ALL 5:45.17 (Willms, Hajek, Volker, Steinbach)
2. NOR 5:47.09 (Bjonness, Thorsen, Undset, Saetersdal)
3. ITA 5:47.33 (Farina, Galtarossa, Corona, Soffici)

Quatre barré
1. RUM 5:59.37 (Talapan, Ruican, Popescu, Taga, Raducanu)
2. ALL 6:0.34 (Kellner, Brudel, Peters, Finger, Reiher)
3. POL 6:3.27 (Streich, Jankowski, Tomiak, Lasicki, Cieslak)

Huit
A. CAN 5:29.53
2. RUM 5:29.67
3. ALL 5:31.00

Aviron femmes

Skiff
1. Lipa RUM 7:25.54
2. Bredael BEL 7:26.64
3. Lauman CAN 7:28.85

Deux sans barreuse
1. CAN 7:6.22 (McLean, Heddle)
2. ALL 7:7.96 (Werremeier, Schwerzmann)
3. USA 7:8.11 (Seaton, Pierson)

Double scull
1. ALL 6:49 (Koeppen, Boron)
2. RUM 6:51.47 (Cochelea, Lipa)
3. CHN 6:55.16 (Gu, Lu)

Quatre sans barreuse
1. CAN 6:30.85 (Barnes, Taylor, Monroe, Worthington)
2. USA 6:31.86 (Donohoe, Eckert, Fuller, Feeney)
3. ALL 6:32.33 (Frank, Mehl, Siech, Hohn)

Quatre de couple
1. ALL 6:20.18
2. RUM 6:24.34
3. EUN 6:25.07

Huit
1. CAN 6:2.62
2. RUM 6:6.26
3. ALL 6:7.80

Basket-ball

Messieurs
1. Etats-Unis – 2. Croatie – 3. Lituanie

Dames
1. CEI – 2. Chine – 3. Etats-Unis

Boxe

– 48 kg (mi-mouche)
1. Marcelo Garcia CUB
2. Bojinov BUL
3. Velasco PHI
Quast ALL

– 51 kg (mouche)
1. Chol Su Choi CON
2. Gonzalez Sanchez CUB
3. Austin USA
Kovacs HON

– 54 kg (coq)
1. Casamayor Johnson CUB
2. McCullough IRL
3. Sik Li CON
Achik MAR

– 57 kg (plume)
1. Tews ALL
2. Reyes Lopez ESP
3. Soltani ALG
Paliani CEI

– 60 kg (légers)
1. De La Hoya USA
2. Rudolph ALL
3. Bayarsaikhan MON
Sik Hong-sung COR

– 63,5 kg (super-légers)
1. Vinent CUB
2. Leduc CAN
3. Goeran Kjall FIN
Doroftei RUM

– 67 kg (mi-moyens)
1. Carruth IRL
2. Hernandez Sierra CUB
3. Chenglai THA
Santiago PUR

– 71 kg (super mi-moyens)
1. Lemus Garcia CUB
2. Delibas NED
3. Mizsei HON
Reid GBR

– 75 kg (moyens)
1. Hernandez CUB
2. Byrd USA
3. Johnson CAN
Seng Bae-lee COR

– 81 kg (mi-lourds)
1. May ALL
2. Zaoulitchnyi CEI
3. Beres HON
Bartnik POL

– 91 kg (lourds)
1. Felix Savon Fabre CUB
2. Izonritei NGA
3. Tua NZE
Van Der Lijde NED

Plus de 91 kg (super-lourds)
1. Balado Mendez CUB
2. Igbineghu NGA
3. Nielsen DAN
Aldinov Roussinov BUL

Canoë-kayak hommes

Slalom C1
1. Pollert TCH 113,69 pts
2. Marriott GBR 116,48 pts
3. Avril FRA 117,18 pts

Slalom C2
1. Strausbaugh-Jacobi USA 122,41 pts
2. Simek-Rohan TCH 124,25 pts
3. Adisson-Forgues FRA 124,38 pts

Slalom K1
1. Ferrazzi ITA 106,89 pts
2. Curinier FRA 107,06 pts
3. Lettmann ALL 108,52 pts

Kayak-Monoplace (K1) (500 m)
1. Kolehmainen FIN 1:40.34
2. Gyulay HON 1:40.64
3. Holmann NOR 1:40.71

Kayak-Biplace (K2) (500 m)
1. ALL 1:28.27 (Bluhm, Gutsche)
2. POL 1:29.84 (Freimut, Kurpiewski)
3. ITA 1:30 (Rossi, Dreossi)

Canadien-Monoplace (C1) (1 000 m)
1. Boukhalov BUL
2. Klementjevs LAT
3. Zala HON

Canadien-Biplace (C2) (1 000 m)
1. ALL (Papke, Spelly)
2. DAN (Nielsson, Frederiksen)
3. FRA (Hoyer, Boivin)

Kayak-Monoplace (K1) (1 000 m)
1. Robinson AUS
2. Holmann NOR
3. Barton USA

Kayak-Biplace (K2) (1 000 m)
1. ALL (Bluhm, Gutsche)
2. SUE (Olsson, Sundqvist)
3. POL (Kotowicz, Bialkowski)

Kayak 4 places (K4) (1 000 m)
1. ALL (Von Appen, Kegel, Reineck, Wohllebe)
2. HON (Csipes, Gyulay, Fidel, Abraham)
3. AUS (Graham, Rowling, Wood, Andersson)

Canoë-kayak femmes

Slalom K1
1. Micheler ALL 126,41 pts
2. Woodward AUS 128,27 pts
3. Chiadek USA 131,75 pts

Kayak-Monoplace (K1) (500 m)
1. Schmidt ALL 1:51.60
2. Koban HON 1:51.96
3. Dylewska POL 1:52.36

Kayak-Biplace (K2) (500 m)
1. ALL 1:40.29 (Portwich, Von Seck)
2. SUE 1:40.41 (Gunnarsson, Andersson)
3. HON 1:40.81 (Koban, Donusz)

Kayak 4 places (K4) (500 m)
1. HON (Donusz, Czigany, Meszaros, Koban)
2. ALL (Borchert, Schmidt, Von Seck, Portwich)
3. SUE (Olsson, Haglund, Rosenqvist, Andersson)

Cyclisme hommes

100 km contre la montre par équipes
1. ALL 2 h 1:39 (B. Dittert, C. Meyer, U. Peschet, M. Rich)
2. ITA 2 h 2:39 (F. Anastasia, L. Colombo, G. Contri, A. Peron)
3. FRA 2 h 5:25 (H. Boussard, D. Faivre-Pierret, P. Gaumont, J. Harel)

Poursuite par équipes
1. Allemagne – 2. Australie – 3. Danemark

Vitesse
1. Fiedler ALL
2. Neiwand AUS
3. Harnett CAN

Kilomètre contre la montre
1. Moreno ESP 1:3.342
2. Kelly AUS 1:4.288
3. Hartwell USA 1:4.753

Poursuite individuelle
1. Boardman GBR
2. Lehmann ALL
3. Anderson NZE

Course par points
1. Lombardi ITA 44 pts
(Les 50 km en 1 h 0:59.213. Moyenne: 49,190 km/h)
2. Van Bon NED 43 pts
3. Mathy BEL 41 pts

Epreuve sur route
1. Casartelli ITA 4 h 35:21
(Moyenne: 42,360 km/h)
2. Dekker NED 4 h 35:21
3. Ozols LAT 4 h 35:21

Cyclisme femmes

Poursuite individuelle
1. Rossner (ALL) – 2. Watt (AUS) – 3. Twigg (USA)

Vitesse
1. Salumae (EST) – 2. Neumann (ALL)
3. Haringa (NED)

Epreuve sur route
1. Watt AUS les 81 km en 2 h 4:22 (Moyenne: 38,973 km/h.)
2. Longo-Ciprelli FRA à 20
3. Knol NED à 21

Sports équestres

Jumping individuel
1. Beerbaum ALL "Classic Touch"
2. Raymakers NED "Ratina Z"
3. Dello Joio USA "Irish"

Jumping par équipes
1. NED 12 pts (Raymakers, "Ratina Z"; Tops, "Top Gun"; Lansink, "Egano")
2. AUT 16,75 pts (Muntzner, "Graf Grande"; Simon, "Apricot D"; Fruhmann, "Genius")
3. FRA 25,75 pts (Godignon "Quidam de Revel"; Bourdy, "Razzia du Poncel"; Robert, "Nonix"; Navet, "Quito de Baussy")

Dressage individuel
1. Uphoff ALL "Rembrandt" 1 626 pts
2. Werth ALL "Gigolo" 1 551 pts
3. Balkenhol ALL "Goldstern" 1 515 pts

Dressage par équipes
1. ALL 5 224 pts (Uphoff-"Rembrandt", Theodorescu-"Gruno x", Werth-"Gigolo")
2. NED 4 742 pts (Van Grunsven-"Olympic Bonfire", Sanders-"Olympic Montreux", Bartels-"Olympic Courage")
3. USA 4 643 pts

Concours complet individuel
1. Ryan/"Kibach Tic Toc" AUS 70 pts
2. Blocker/"Feine Dame" ALL 81,30 pts
3. Tait/"Messiah" NZE 87,60 pts

Concours complet par équipes
1. AUS 288,80 pts (Rolton, Hoy, Ryan)
2. NZE 290,80 pts (Nicholson, Latta, Tait)
3. ALL 300,30 pts (Baumann, Mysegaes, Ehrenbring, Blocker)

Escrime hommes

Fleuret individuel
1. Omnès FRA
2. Goloubitski CEI
3. Gregory Gil CUB

Sabre individuel
1. Szabo HON
2. Marin ITA
3. Lamour FRA

Epée individuel
1. Srecki FRA
2. Kolobkov CEI
3. Henry FRA

Fleuret par équipes
1. Allemagne – 2. Cuba – 3. Pologne

Sabre par équipes
1. CEI – 2. Hongrie – 3. France

Epée par équipes
1. Allemagne – 2. Hongrie – 3. CEI

Escrime femmes

Fleuret individuel
1. Trillini ITA
2. Hui Feng CHN
3. Sadovskaia CEI

Fleuret par équipes
1. Italie – 2. Allemagne – 3. Roumanie

Football

1. Espagne – 2. Pologne – 3. Ghana

Gymnastique hommes

Concours général individuel
1. Chtcherbo CEI
2. Misioutine CEI
3. Belenki CEI

Concours général par équipes
1. CEI 585,450 pts (Chtcherbo, Belenki, Misioutine, Korobtchinski, Vorpaev, Charipov)
2. Chine 580,375 pts (X.-Li, C.-Li, Guo, J.-Li, D.-Li, G.-Li).
3. Japon 578,250 pts (Iketani, Hatakeda, Chinen, Nishikawa, Aihara, Matsunaga)

Barre fixe
1. Dimas USA 9,875 pts
2. Misioutine CEI 9,837 pts
3. Wecker ALL 9,837 pts

Barres parallèles
1. Stcherbo CEI
2. JingLi CHN
3. Korobtchinski CEI
Linyao Guo CHN
Matsunaga JAP

Sol
1. Xiao Li CHN 9,925 pts
2. Misioutine CEI 9,787 pts
3. Iketani JAP 9,787 pts

Anneaux
1. Stcherbo CEI 9,937 pts
2. Li CHN 9,875 pts
3. Xiaosahuang Li CHN 9,862 pts
Wecker ALL 9,862 pts

Cheval d'arçons
1. Stcherbo CEI 9,925 pts
Pae CON 9,925 pts
3. Wecker ALL 9,887 pts

Saut de cheval
1. Chtcherbo CEI 9,856 pts
2. Misioutine CEI 9,781 pts
3. Ok Ryul Yoo COR 9,762 pts

Gymnastique femmes

Concours individuel
1. Goutsou CEI 39,737 pts
2. Miller USA 39,725 pts
3. Milosovici RUM 39,687 pts

Concours par équipes
1. CEI 395,666 pts (Boginskaia, Lyssenko, Galierva, Goutsou, Groudneva, Tchoussovitina)
2. RUM 395,079 pts (Bontas, Milosovici, Gogean, Hadarean, Neculita, Pasca)
3. USA 394,704 pts (Miller, Okino, Zmeskal, Strug, Dawes, Bruce)

Sol
1. Milosovici RUM 10 pts
2. Onodi HON 9,950 pts
3. Goutsou CEI 9,912 pts
Bontas RUM
Miller USA

Saut de cheval
1. Onodi HON 9,925 pts
2. Milosovici RUM 9,925 pts
3. Lyssenko CEI 9,912 pts

Barres asymétriques
1. Lu CHN 10 pts
2. Goutsou CEI 9,975 pts
3. Miller USA 9,962 pts

Poutre
1. Lyssenko CEI 9,975 pts
2. Lu CHN 9,912 pts
3. Miller USA 9,912 pts

Gymnastique rythmique et sportive
1. Timoshenko CEI 59,037 pts
2. Pascual Garcia ESP 58,100 pts
3. Straldina CEI 57,912 pts

Haltérophilie

52 kg
1. Ivanov BUL 265 kg
2. Lin Qisheng CHN 262,5 kg
3. Ciharean RUM 252,5 kg

1992 Barcelone

56 kg
1. Byung-kwan COR 287,5 kg
2. Liu Shoubin CHN 277,5 kg
3. Luo Jianming CHN 277,5 kg

– 60 kg
1. Suleymanoglu TUR 320 kg
2. Peshalov BUL 305 kg
3. Yinggiang CHN 295 kg

– 67,5 kg
1. Militossain CEI 337,5 kg
2. Yotov BUL 327,5 kg
3. Behm ALL 320 kg

– 75 kg
1. Kassapu CEI 357,5 kg
2. Lara Rodriguez CUB 357,5 kg
3. Myong Nam COR 352,5 kg

– 82,5 kg
1. Dimas GRE 370 kg (167,5 + 202,5)
2. Siemion POL 370 kg (165 + 205)
3. Pas de médaille de bronze décernée.

90 kg
1. Kakhiachvili CEI 412,5 kg
2. Syrtsov CEI 412,5 kg
3. Wolczaniecki POL 392,5 kg

100 kg
1. Tregoubov CEI 410 kg
2. Taimazov CEI 402,5 kg
3. Malak POL 400 kg

110 kg
1. Weller CEI 432 kg
2. Ahoev CEI 430 kg
3. Botev BUL 417,5 kg

+ 110 kg
1. Kourlovitch CEI 450 kg
2. Taranenko CEI 425 kg
3. Nerlinger ALL 412,5 kg

Handball

Messieurs
1. CEI – 2. Suède – 3. France

Dames
1. Corée du Sud – 2. Norvège – 3. CEI

Hockey sur gazon

Messieurs
1. Allemagne – 2. Australie – 3. Pakistan

Dames
1. Espagne – 2. Allemagne – 3. Grande-Bretagne

Judo messieurs

– 60 kg
1. Gousseinov CEI
2. Yoon COR
3. Koshino JAP
et Trautmann ALL

– 65 kg
1. Sampaio BRE
2. Csak HON
3. Quellmalz ALL
et Planas CUB

– 71 kg
1. Koga JAP
2. Hjtos HON
3. Smaga ISR
Chung COR

– 78 kg
1. Yoshida JAP
2. Morris USA
3. Byung-Joo COR
et Damaisin FRA

– 86 kg
1. Legien POL
2. Tayot FRA
3. Gill CAN
et Okada JAP

95 kg
1. Kovacs HON
2. Stevens GBR
3. Meijer NED
et Sergeev CEI

Plus de 95 kg
1. Khakhaleichvili CEI
2. Ogawa JAP
3. Douillet FRA
Csosz HON

Judo dames

– 48 kg
1. Nowak FRA
2. Tamura JAP
3. Savon CUB
et Senyurt TUR

– 52 kg
1. Martinez ESP
2. Mizoguchi JAP
3. Rendle GBR
et Li CHN

– 56 kg
1. Blasco ESP
2. Fairbrother GBR
3. Tateno JAP
et Morales CUB

– 61 kg
1. Fleury FRA
2. Arad ISR
3. Zhang CHN
et Petrova CEI

– 66 kg
1. Reve CUB
2. Pierantozzi ITA
3. Rakels BEL
et Howey GBR

72 kg
1. Mi-Jung COR
2. Tanabe JAP
3. Meignan FRA
et De Kok NED

Plus de 72 kg
1. Xiaoyan CHN
2. Rodriguez CUB
3. Lupino FRA
et Sakaue JAP

Lutte gréco-romaine

48 kg
1. Koutcherenko CEI
2. Maenza ITA
3. Amita CUB

52 kg
1. Ronningen NOR
2. Ter-Mkretchian CEI
3. Kyung Kap COR

57 kg
1. Han-Bong (COR) – 2. Yildiz (ALL) – 3. Zetian (CHN)

62 kg
1. Pirim (TUR) – 2. Martinov (CEI) – 3. Delis (CUB)

68 kg
1. Repka HON
2. Dougoutchiev CEI
3. Smith USA

74 kg
1. Iskandarian CEI
2. Tracz POL
3. Kornbakk SUE

82 kg
1. Farkas HON
2. Stepien POL
3. Tourlykhanov CEI

90 kg
1. Bullmann ALL
2. Basar TUR
3. Kogouachvili CEI

100 kg
1. Perez CUB
2. Koslowski USA
3. Demiachkievitch CEI

130 kg
1. Kareline CEI
2. Johansson SUE
3. Grigoras RUM

Lutte libre

48 kg
1. Kim Il COR
2. Jong Shin-kim COR
3. Oroudjov CEI

52 kg
1. Li COR
2. Jones USA
3. Jordanov BUL

57 kg
1. Diaz CON
2. Smal CEI
3. Sik Kim COR

62 kg
1. Smith USA
2. Mohammadian IRI
3. Martinez CUB

68 kg
1. Fadzaev CEI
2. Dotchev Getzov BUL
3. Akkaishi JAP

74 kg
1. Jang Soon COR
2. Monday USA
3. Azghadi ALL

82 kg
1. Jackson USA
2. Jabraijlov CEI
3. Azghadi IRI

90 kg
1. Khadartsev CEI
2. Simsek TUR
3. Campbell USA

100 kg
1. Khabelov CEI
2. Balz ALL
3. Kayali TUR

1. Baumgartner USA
2. Thue CAN
3. Gobedjichvili CEI

Natation hommes

50 m libre
1. Popov CEI 21.91
2. Biondi USA 22.09
3. Jager USA 22.30

100 m libre
1. Popov CEI 49.02
2. Borges BRE 49.43
3. Caron FRA 49.50

200 m libre
1. Sadovyi CEI 1:46.70
2. Holmertz SUE 1:46.86
3. Kasvio FIN 1:47.63

400 m libre
1. Sadovyi CEI 3:45.00
2. Perkins AUS 3:45.16
3. Holmertz SUE 3:46.77

1 500 m libre
1. Perkins AUS 14:43.48
2. Housman AUS 14:55.29
3. Hoffmann ALL 15:2.29

100 m dos
1. Tewksbury CAN 53.98
2. Rouse USA 54.04
3. Berkoff USA 54.78

200 m dos
1. Lopez Zubero ESP 1:58.47
2. Selkov CEI 1:58.87
3. Battistelli ITA 1:59.40

100 m papillon
1. Morales USA 53.32
2. Szukala POL 53.35
3. Nesty SUR 53.41

200 m papillon
1. Stewart USA 1:56.26
2. Loader NZE 1:57.93
3. Esposito FRA 1:58.51

100 m brasse
1. Diebel USA 1:1.50
2. Rozsa HON 1:1.68
3. Rogers AUS 1:1.76

200 m brasse
1. Barrowman USA 2:10.16
(record du monde)
2. Rozsa HON 2:11.23
3. Gillingham GBR 2:11.29

200 m quatre nages
1. Darnyi HON 2:0.76
2. Burgess USA 2:0.97
3. Czene HON 2:1

400 m 4 nages
1. Darnyi HON 4:14.23
2. Namesnik USA 4:15.57
3. Sacchi ITA 4:16.34

4 x 100 m
1. USA 3:16.74 (Hudepohl, Biondi, Jager, Olsen)
2. CEI 3:17.56 (Khnykine, Prigoda, Bashkatov, Popov)
3. ALL 3:17.90 (Troeger, Richter, Zesner, Pinger)

4 x 200 m
1. CEI 7:11.95 (Lepikov, Pychnenko, Taianovitch, Sadovyi)
2. SUE 7:15.51 (Wallim, Holmertz, Werner, Frolander)
3. USA 7:16.23 (Hudepohl, Stewart, Olsen, Gjertsen)

4 x 100 m quatre nages
1. USA 3:36.93 (Rousse, Diebel Morales, Olsen), record du monde égalé
2. CEI 3:38.56 (Selkov, Ivanov Khnykine, Popov)
3. CAN 3:39.66 (Tewksbury, Cleveland, Gery, Clarke)

A Fu, l'or en plongeon haut vol.

Natation femmes

50 m libre
1. Yang CHN 24.79
2. Zhuang CHN 25.08
3. Martino USA 25.23

100 m libre
1. Zuhang CHN 54.64
2. Thompson USA 54.84
3. Van Almsick ALL 54.94

200 m libre
1. Haislett USA 1:57.90
2. Van Almsick ALL 1:58
3. Kieglas ALL 1:59.67

400 m libre
1. Hase ALL 4:7.18
2. Evans USA 4:7.37
3. Lewis AUS 4:11.22

800 m libre
1. Evans USA 8:25.52
2. Lewis AUS 8:30.34
3. Henke ALL 8:30.99

100 m dos
1. Egerszegi HUN 1:0.68
2. Szabo HUN 1:1.14
3. Loveless USA 1:1.43

200 m dos
1. Egerszegi HON 2:7.06
2. Hase ALL 2:9.46
3. Stevenson AUS 2:10.20

100 m papillon
1. Qian CHN 58.62
2. M. Ahmann-Leighton USA 58.74
3. Plewinski FRA 59.01

200 m papillon
1. Sanders USA 2:8.67
2. Wang CHN 2:9.01
3. O'Neill AUS 2:9.03

100 m brasse
1. Roudkovskaia CEI 1:8
2. Nall USA 1:8.25
3. Riley AUS 1:9.25

200 m brasse
1. Iwasaki JAP 2:26.65
2. Lin CHN 2:26.85
3. Nall USA 2:26.88

200 m quatre nages
1. Lin CHN 2:11.65 (record du monde)
2. Sanders USA 2:11.91
3. Hunger ALL 2:13.92

400 m quatre nages
1. Egerszegi HON 4:36.54
2. Li Lin CHN 4:36.73
3. Sanders USA 4:37.58

4 x 100 m libre
1. USA 3:39.46 (Haislett, Torres, Martino, Thompson)
2. CHN 3:41.60 (Zhuang, Lu, Yang, Le)
3. ALL 3:41.60 (Van Almsick, Osygus, Hunger, Stellmach)

4 x 100 m quatre nages
1. USA 4:2.54 (Loveless, Nall, Ahmann-Leighton, Thompson)
2. ALL 4:5.19 (Hase, Doerries, Van Almsick, Hunger)
3. CEI 4:6.44 (Jivanevskaia, Roudkovskaia, Kiritchenko, Mechtcheriakova)

Plongeon hommes

Tremplin 3 m
1. Lenzi USA 676,530 pts
2. Tan CAN 645,570 pts
3. Saoutine CEI 627,780 pts

Haut vol
1. Shuwei Sun CHN 677,310 pts
2. Donie CEI 633,630 pts
3. Ni Xiong CHN 600,150 pts

Plongeon femmes

Tremplin 3 m
1. Gao CHN 572,400 pts
2. Lachko CEI 514,140 pts
3. Baldus ALL 503,070 pts

Haut vol
1. Mingwia Fu CHN 461,430 pts
2. Mirochina CEI 411,630 pts
3. Clark USA 401,910 pts

Pentathlon moderne

Classement individuel
1. Skrzypaszek POL 5 559 pts
2. Mizser HON 5 446 pts
3. Zenovka CEI 5 361 pts

Classement par équipes
1. POL 16 018 pts
2. CEI 15 924 pts
3. ITA 15 760 pts

Tennis

Simple messieurs
1. Rosset SUI
2. Arrese ESP
3. Ivanisevic CRO
Cherkasov CEI

Double messieurs
1. Becker-Stich ALL
2. Ferreira-Norval AFS
3. Ivanisevic-Prpic CRO
Frana-Miniussi ARG

Simple dames
1. Capriati USA
2. Graf ALL
3. Sanchez ESP
Fernandez USA

Tennis de table

Simple messieurs
1. Waldner SUE
2. Gatien FRA
3. Ma Wenge CHN
Taek Soo-kim COR

Double messieurs
1. Lu Lin-Wang Tao CHN
2. Fetzner-Roskopf ALL
3. Kang Hee-Lee Chul COR
Kim Taek-Yo Nams COR

Simple dames
1. Deng Yaping CHN
2. Qiao Hong CHN
3. Hyun Jung COR
Li Bun CON

Double dames
1. Den Yaping-Qiao Hong CHN
2. Chen Zihe-Gao Jun CHN
3. Li Bun-Yu Sun CON
Hong Cha-Huyn Jung COR

Tir hommes

Pistolet vitesse olympique
1. Schumann ALL 789 pts
2. Kuzmins LAT 785 pts
3. Vokhmianine CEI 786 pts

Pistolet libre
1. Loukachik CEI 658 pts
2. Wang CHN 657 pts
3. Skanaker SUE 657 pts

Pistolet à 10 m
1. Wang Yifu CHN 684,8 pts
2. Pyjianov CEI 684,1 pts
3. Babii RUM 684,1 pts

Carabine à 10 m
1. Fedkine CEI 593 pts
2. Badiou FRA 591 pts
3. Riederer ALL 590 pts

Carabine couché
1. Eun-Chul COR 702,5 pts
2. Stenvaag NOR 701,4 pts
3. Pletikosic EUN 701,1 pts

Carabine 3 x 40
1. Petikian CEI 1 267,4 pts
2. Foth USA 1 266,6 pts
3. Koba JAP 1 265,9 pts

Cible mobile
1. Jakosits ALL 673 pts
2. Asrabaev CEI 672 pts
3. Racansky TCH 670 pts

Tir femmes

Pistolet 10 m
1. Logvinenko CEI 486,4 pts
2. Sekaric EUN 486,4 pts
3. Grousdeva BUL 481,6 pts

Pistolet combiné 22
1. Logvinenko CEI 684 pts
2. Duihong Li CHN 680 pts
3. Munkhbayar MON 679 pts

Carabine à air comprimé
1. Kab-Soon Yeo COR 498,2 pts
2. Letcheva BUL 495,3 pts
3. Binder BOS 495,1 pts

Carabine 3 x 20
1. Meili USA 684,3 pts
2. Matova BUL 682,7 pts
3. Ksiazkiewicz POL 681,5 pts

Tir à l'arc hommes

Individuel
1. Flute FRA
2. Chung COR
3. Terry GBR

Par équipes
1. Espagne – 2. Finlande – 3. Grande-Bretagne

Tir à l'arc femmes

Individuel
1. Y. Cho COR
2. S. Kim COR
3. Valeeva CEI

Par équipes
1. Corée du Sud – 2. Chine – 3. CEI

Voile hommes

Finn
1. ESP Garcia 33,40 pts
2. USA Ledbetter 54,70 pts
3. NZE Monk 64,70 pts

470
1. ESP (Calafat, Sanchez) 50 pts
2. USA (Reeser, Burnham) 66,70 pts
3. Estonie (T. Toniste, N. Toniste) 68,70 pts

Flying Dutchmann
1. ESP 29,70 pts
2. USA 32,70 pts
3. DAN 37,70 pts

Soling
1. Danemark – 2. Etats-Unis – 3. Grande-Bretagne

Tornado
1. FRA (Loday, Hénard) 40,40 pts
2. USA (Smyth, Notary) 42 pts
3. AUS (Booth, Forbes) 44,40 pts

Star
1. USA (Reynolds, Haenel) 31,40 pts
2. NZE (Davis, Cowie) 58,40 pts
3. CAN (McDonald, Jespersen) 62,70 pts

Planche à voile
1. David FRA
2. Gebhardt USA
3. Kleppich AUS

Voile femmes

470
1. ESP (Zabell, Guerra) 30,70 pts
2. NZE (Egnot, Shearer) 39,70 pts
3. USA (Isler, Healy) 42,40 pts

Europe
1. NOR Andersen 48,70 pts
2. ESP Via Dufresne 57,40 pts
3. USA Trotman 62,70 pts

Planche à voile
1. NZE 47,80 pts
2. CHN 65,80 pts
3. NED 68,70 pts

Volley-ball

Messieurs
1. Brésil – 2. Pays-Bas – 3. Etats-Unis

Dames
1. CEI – 2. Cuba – 3. Etats-Unis

Le tableau final des médailles

Pays	Or	Arg.	Br.	T
Communauté des Etats indépendants (CEI)	45	38	29	112
Etats-Unis (USA)	37	34	37	108
Allemagne (ALL)	33	21	28	82
Chine populaire (CHN)	16	22	16	54
Cuba (CUB)	14	6	11	31
Espagne (ESP)	13	7	2	22
Corée du Sud (COR)	12	5	12	29
Hongrie (HON)	11	12	7	30
France (FRA)	8	5	16	29
Australie (AUS)	7	9	11	27
Italie (ITA)	6	5	8	19
Canada (CAN)	6	5	7	18
Grande-Bretagne (GBR)	5	3	12	20
Roumanie (ROU)	4	6	8	18
Tchécoslovaquie (TCH)	4	2	1	7
Corée du Nord (CON)	4	0	5	9
Japon (JAP)	3	8	11	22
Bulgarie (BUL)	3	7	6	16
Pologne (POL)	3	6	10	19
Pays-Bas (NED)	2	6	7	15
Kenya (KEN)	2	4	2	8
Norvège (NOR)	2	4	1	7
Turquie (TUR)	2	2	2	6
Indonésie (IND)	2	2	1	5
Brésil (BRE)	2	1	0	3
Grèce (GRE)	2	0	0	2
Suède (SUE)	1	7	4	12
Nouvelle-Zélande (NZE)	1	4	5	10
Finlande (FIN)	1	2	2	5
Danemark (DAN)	1	1	4	6
Maroc (MAR)	1	1	1	3
Irlande (IRL)	1	1	0	2
Ethiopie (ETH)	1	0	2	3
Algérie (ALG)	1	0	1	2
Estonie (EST)	1	0	1	2
Lituanie (LIT)	1	0	1	2
Suisse (SUI)	1	0	0	1
Jamaïque (JAM)	0	3	1	4
Nigeria (NGA)	0	3	1	4
Lettonie (LET)	0	2	1	3
Afrique du Sud (AFS)	0	2	0	2
Autriche (AUT)	0	2	0	2
Namibie (NAM)	0	2	0	2
Belgique (BEL)	0	1	2	3
Croatie (CRO)	0	1	2	3
Iran (IRA)	0	1	2	3
EUN*	0	1	2	3
Israël (ISR)	0	1	1	2
Mexique (MEX)	0	1	0	1
Pérou (PER)	0	1	0	1
Taiwan (TAI)	0	1	0	1
Mongolie (MON)	0	0	2	2
Slovénie (SLO)	0	0	2	2
Argentine (ARG)	0	0	1	1
Bahamas (BAH)	0	0	1	1
Colombie (COL)	0	0	1	1
Ghana (GHA)	0	0	1	1
Malaisie (MAL)	0	0	1	1
Pakistan (PAK)	0	0	1	1
Philippines (PHI)	0	0	1	1
Porto Rico (PUR)	0	0	1	1
Qatar (QAT)	0	0	1	1
Surinam (SUR)	0	0	1	1
Thaïlande (THA)	0	0	1	1
Total	259	258	298	815

* Serbie, Monténégro, Macédoine.

Août

1992

Lu	Ma	Me	Je	Ve	Sa	Di
					1	2
3	4	5	6	7	8	9
10	11	12	13	14	15	16
17	18	19	20	21	22	23
24	25	26	27	28	29	30
31						

Chine, 10
L'émission prochaine d'actions en Bourse provoque des émeutes à Shenzhen. (→ 19.10)

Ulster, 10
Londres déclare illégale l'organisation protestante paramilitaire UDA.

Rio de Janeiro, 10
Collor de Mello est soupçonné d'avoir réalisé 270 millions de dollars de profits illégaux. (→ 16)

Rabat, 11
Au lendemain de la démission du gouvernement, le roi du Maroc nomme Karim Lamrani Premier ministre. (→ 5.9)

Sarajevo, 12
Les casques bleus réussissent à évacuer 300 femmes et enfants. (→ 16)

Géorgie, 12
Le président Chevardnadze ordonne la liquidation des partisans armés de Zviad Gamsakhourdia. (→ 14)

Corse, 13
Yvon Briant, président du CNI, se tue dans un accident d'avion.

Azerbaïdjan, 13
Les combats s'intensifient dans le Haut-Karabakh où la loi martiale est décrétée.

Etats-Unis, 13
George Bush fait de James Baker le directeur de sa campagne électorale. (→ 20)

Géorgie, 14
Les forces géorgiennes pénètrent en Abkhazie, république autonome en proie à l'agitation séparatiste. (→ 18)

Estonie, 16
Le FMI prête 40 millions de dollars au pays. (→ 21.9)

DECES

Japon, 12
Kenji Nakagami (*1946), écrivain.

Saint-Denis, 12
Fernand Grenier (*9.7.1901), ministre communiste du général de Gaulle.

New York, 14
Tony Williams (*1928), premier ténor des Platters.

Georgetown, 14
John J. Sirica (*19.3.1904), juge de l'affaire du Watergate.

Le billet de Tognini pour l'espace a coûté 73 millions de francs

Kazakhstan, lundi 10
Partie le 27 juillet du centre de lancement de Baïkonour, la mission spatiale franco-russe *Antarès* s'est achevée ce matin à 3 h 15, heure de Paris. Le module de descente *Soyouz TM 14*, avec à son bord Michel Tognini et les Russes Viktorenko et Kareli, s'est posé en douceur dans la steppe kazakhe. Dans la station orbitale *Mir*, le cosmonaute français a pu mener à bien plusieurs expériences scientifiques, mises au point par des centres de recherche ou des firmes françaises. Cette mission, qui a coûté 73,2 millions de francs au Cnes, est la première d'une série de cinq prévues jusqu'à l'an 2000. (→ 26.10)

La mission franco-russe « Antarès » est le premier vol facturé par la CEI.

Une réconciliation contre des dollars

Washington, mardi 11
La grande réconciliation entre Jérusalem et Washington a été célébrée avec éclat. Le président américain a annoncé l'octroi à Israël de garanties fédérales à hauteur de dix milliards de dollars pour financer l'installation de 400 000 Juifs de l'ex-URSS. George Bush a également réaffirmé sa détermination à maintenir la supériorité stratégique israélienne dans la région. Surtout si Jérusalem s'engage sérieusement dans le processus de paix. (→ 23)

Hold-up héliporté sur un avion d'Air Inter

Un butin de 7 millions de francs.

Bastia, mardi 11
Le pilote du Mercure d'Air Inter, qui s'apprête à décoller pour Marseille, freine brusquement. Un hélicoptère vient de se poser sous son nez et lui barre le chemin de la piste d'envol. Deux hommes cagoulés en descendent et, sous la menace de leurs armes, se font ouvrir la soute de l'avion. Ils en extraient plusieurs sacs scellés Securipost avant de remonter dans l'hélicoptère. L'engin et son pilote, pris en otage, seront retrouvés à une trentaine de kilomètres de Bastia. Le butin, selon la police, est de 7 millions de F. (→ 19)

Le lac Baïkal menacé par la pollution

Sibérie, mardi 11
Sur les bords du lac Baïkal, la mission d'études de la Fondation Ushaïa s'achève. Pendant quinze jours, des étudiants et des scientifiques français ont tenté, parfois en vain, d'y voir un peu plus clair dans l'avenir de la plus grande réserve d'eau douce du monde. Cette merveille naturelle, qui abrite dans ses eaux très pures et sur ses rives des espèces animales et végétales uniques, n'a jamais cessé d'intriguer les savants. Le lac le plus profond du monde (1 637 m) est l'objet d'attentions souvent contradictoires. Les savants russes se déchirent sur les niveaux supposés de pollution, sans même disposer de chiffres fiables. Du catastrophisme au discours rassurant, règne le flou le plus total.

Une usine de cellulose mise en cause.

L'Amérique du Nord se fait son marché

Washington, mercredi 12
Les autorités américaines annoncent avec éclat la signature du traité de libre échange de l'Amérique du Nord (Nafta). Les Etats-Unis, le Canada et le Mexique vont former, grâce à cet accord, un marché unique de plus de 350 millions d'habitants. Sa mise en place doit s'étaler sur quinze ans. Le Nafta devrait faciliter le rattachement du Mexique, pays en développement, à la zone déjà unifiée en 1988 des Etats-Unis et du Canada, et consacrer le redressement spectaculaire mais encore fragile de ce pays. Mais le Nafta n'a pas les ambitions de ses équivalents européens, les traités de Rome et de Maastricht. (→ 8.10)

John Cage a trouvé la durée du silence

New York, mercredi 12
John Cage (*5.9.1912) a désormais l'éternité pour écouter ce silence qu'il vénérait, et du nom duquel il baptisa le recueil de ses théories. Terrassé, à 79 ans, par une congestion cérébrale, ce provocateur, dont les œuvres ont fait scandale, fut l'inventeur, dans les années 50, du *happening musical* basé sur la participation du public et l'utilisation du « piano préparé » – clous et morceaux de gomme calés entre les cordes. Il était connu à Paris pour sa collaboration, dans le cadre du Festival d'automne, aux ballets de Merce Cunningham, le chorégraphe de la *modern dance* dont il était le conseiller musical.

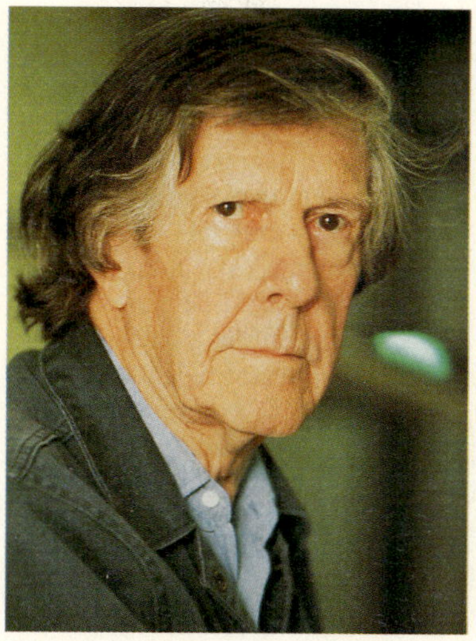

« Beethoven a tué l'art musical. »

Un trafic de déchets médicaux mis à jour

Chaumont, vendredi 14
C'est un véritable trafic clandestin que les douaniers de Haute-Marne ont découvert avec l'interception de deux nouveaux camions allemands chargés de déchets médicaux. Depuis une semaine, c'est le dixième chargement ainsi saisi. L'importation de matériels de soins usagés est sévèrement réglementée, et la société chargée du recyclage de ces déchets, la Sodex, ne détient pas les autorisations nécessaires. Son gérant, Michel Picard, réfute cependant les accusations de trafic illégal, et annonce porter plainte contre X pour abus de confiance : d'après lui, les déchets auraient été frauduleusement chargés à Berlin. (→ 17)

La France, poubelle des Allemands.

Mansell, le roi des pilotes de Formule 1

Senna, une course ; Mansell, un titre.

Budapest, dimanche 16
En terminant deuxième du Grand Prix de Hongrie, gagné cette fois-ci par Ayrton Senna, Nigel Mansell est devenu, à trente-neuf ans, champion du monde des pilotes de Formule 1, alors qu'il reste encore cinq courses à disputer avant la fin de la saison. Le Britannique, qui a gagné huit des onze Grands Prix courus cette année, aura dû attendre douze ans et 176 courses pour obtenir un titre mondial que seuls six pilotes britanniques avaient pu conquérir avant lui, le dernier, Hunt, ayant triomphé en 1976. (→ 30)

Collor déclenche la « guerre des couleurs »

Les Brésiliens refusent la corruption.

Brasilia, dimanche 16
La mobilisation a bien eu lieu, mais pas dans le sens qu'espérait le président brésilien. Il avait appelé ses compatriotes à défiler en arborant le jaune et le vert des couleurs nationales afin de lui manifester leur soutien. Des milliers de personnes ont préféré s'habiller en noir, en signe de deuil, pour le pays qu'une avalanche de révélations sur la corruption du président et de ses proches a plongé dans une grave crise. Sa démission ne semble plus exclue. Il a, en tout cas, perdu la « guerre des couleurs »... (→ 18)

Le 16, à Memphis, commémoration du quinzième anniversaire de la mort d'Elvis Presley.

Les camps en Bosnie, une méthode de « nettoyage ethnique »

Bosnie-Herzégovine, dimanche 16
Une expression revient désormais sinistrement dès que la guerre dans l'ex-Yougoslavie est évoquée, celle de « purification ethnique ». Des termes qui recouvrent une méthode d'intimidation systématique visant à provoquer le départ des territoires conquis de populations de nationalités différentes. Le ministre français de la Santé et de l'Action humanitaire a pu visiter des camps tenus par les Serbes dans le nord de la Bosnie. Ce sont des gens terrorisés qu'il a trouvés, détenus dans des conditions pénibles. Si les Serbes semblent le plus impliqués dans ce terrible processus, M. Kouchner a tenu à préciser que les autres parties se rendaient également coupables d'agissements peu avouables. (→ 26)

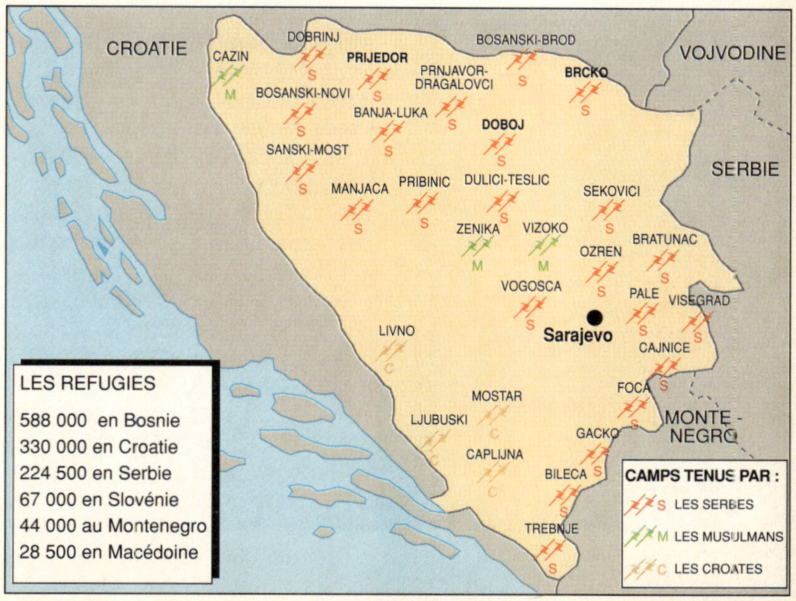

Août

1992

Lu	Ma	Me	Je	Ve	Sa	Di
					1	2
3	4	5	6	7	8	9
10	11	12	13	14	15	16
17	18	19	20	21	22	23
24	25	26	27	28	29	30
31						

Paris, 17
Deux militants du FIS réfugiés en France sont expulsés et choisissent le Pakistan comme terre d'accueil. (→ 26)

Moselle, 17
Deux nouveaux camions transportant des déchets hospitaliers allemands sont interceptés. (→ 21)

Salzbourg, 18
Saint-François d'Assise, unique opéra d'Olivier Messiaen, est présenté au festival dans une mise en scène de Peter Sellars.

Rio de Janeiro, 18
Les preuves de corruption à l'encontre du président Collor sont fournies par la commission d'enquête. Une procédure de destitution est lancée. (→ 29.9)

Abkhazie, 18
Les troupes géorgiennes contrôlent Soukhoumi, la capitale, et remplacent les autorités indépendantistes par un conseil militaire. (→ 11.10)

Madagascar, 19
La nouvelle Constitution, qui doit instaurer la troisième République, est approuvée par 75 % des suffrages.

Etats-Unis, 20
Le roi Hussein de Jordanie est opéré d'un cancer.

Londres, 20
Des photos compromettantes de la duchesse d'York, en compagnie de son conseiller financier, sont publiées par la presse à scandales.

Miami, 23
L'alerte à l'ouragan est déclenchée en Floride. (→ 24)

Jérusalem, 23
Le gouvernement israélien décide de libérer huit cents Palestiniens. (→ 10.9)

DECES

Etats-Unis, 18
John Sturges (*3.1.1911), réalisateur des *Sept Mercenaires* et de *Règlement de comptes à OK Corral*.

Paris, 19
Jean-Albert Grégoire (*1899), sportif, écrivain et père de la Traction avant Citroën.

Toronto, 20
Tony Lainé (*1930), Français, psychiatre d'enfants.

Un traité en campagne à lire en vacances

Le traité, grand succès de librairie.

France, mardi 18
Un traité et toutes ses déclinaisons ! Voilà la grande surprise éditoriale de l'été, un succès auquel les libraires ne s'attendaient pas. Le mérite des polémiques autour du traité de Maastricht, de ses avantages et de ses inconvénients, est d'avoir réveillé l'intérêt des Français. Alors que la désaffection à l'égard de la chose politique est devenue un lieu commun dans la bouche des politologues, le référendum renverse la tendance. Les pamphlets, comme les apologies, se vendent très bien : la soif de comprendre et la volonté de ne pas voter idiot ont saisi les Français. Mais seront-ils séduits par cette prose référendaire ? (→ 27)

Gardiens en grève, détenus en révolte

Un meurtre a provoqué leur colère.

France, mercredi 19
La situation dans les prisons françaises devient explosive. Des deux côtés des grilles, la colère monte. Au troisième jour de grève des surveillants, les détenus, privés de parloir et de promenades, parfois sans douches et sans cigarettes, se sont mutinés dans plusieurs établissements. A Mulhouse, un prisonnier, juché sur le toit, s'est tué en tombant. Les syndicats pénitentiaires ont lancé ce mouvement pour protester contre le meurtre d'un gardien par un détenu dangereux qui aurait dû se trouver en quartier de haute sécurité. Ayant à gérer des prisons surpeuplées, les surveillants réclament un débat sur les conditions de sécurité et de travail. (→ 8.9)

Woody Allen dans un mauvais scénario

New York, mardi 18
Le plus new-yorkais des cinéastes se retrouve, pour une affaire de mœurs, sous le feu des projecteurs. Lors d'une conférence de presse destinée, en principe, à mettre fin aux ragots, Woody Allen raconte toute l'histoire. Il est bien amoureux de Soon-Yi, 21 ans, la fille adoptive de Mia Farrow. Cette dernière a donc décidé de rompre avec lui. Là où les choses s'enveniment, c'est que Woody Allen est obligé de se défendre sur des accusations de violences sexuelles faites à deux autres de ses enfants adoptifs. L'affaire tourne au sordide. (→ 2.12)

La fin d'une idylle new-yorkaise.

La France lance un pont aérien contre la famine en Somalie

Mogadiscio, mercredi 19
La mobilisation internationale pour lutter contre la famine en Somalie s'accélère. Le pont aérien français a notamment commencé en établissant une liaison entre Djibouti et la ville de Baidoa (sud-ouest du pays). Les combats entre bandes armées qui ravagent la Somalie au nom de rivalités claniques continuent cependant d'entraver l'acheminement de l'aide humanitaire. Le représentant de l'ONU, M. Sahnoun, a demandé à ces factions de relever le défi et d'assurer la sécurité de ces opérations vitales. Selon l'organisation Médecins sans frontières, des milliers de rescapés en sont réduits à manger leurs vêtements ou leurs sacs en peau de chèvre. (→ 28)

Partie de Djibouti, l'aide alimentaire arrive à Baidoa, dans le sud-ouest.

Inquiétude face à la criminalité en Corse

Paris, mercredi 19

Un comité interministériel se penche sur la flambée de violence en Corse. Présageant moins un phénomène passager qu'une évolution des criminalités, le comité décide de renforcer de 10 % les effectifs de police et de gendarmerie. L'impératif de sécurité publique devient difficile à faire respecter. Une violence, politique ou de droit commun, et de plus en plus les deux à la fois, gangrène les liens sociaux. L'absence de réactions de l'opinion publique corse, voire une connivence, laisse dubitatif sur l'efficacité des mesures policières. (→ 20.9)

Les républicains choisissent Bush et ses « valeurs familiales »

Soutenu par Barbara, George Bush a obtenu l'investiture de la Convention.

Houston, jeudi 20

Sans véritable concurrence, l'investiture de George Bush a dû décevoir les amateurs de suspense politique. La grande messe républicaine a été le théâtre d'une gigantesque OPA morale. Les ultra-conservateurs se sont en effet posés en défenseurs des valeurs familiales. George Bush les a relayés et a enfourché ce nouveau cheval de bataille. Ces valeurs fondamentales, à la base de l'éthique américaine, sont, d'après lui et ses supporters, menacées par les visées démocrates. Usant de l'amalgame, il a mêlé, dans un bel ensemble, la drogue, l'avortement, le crime, les homosexuels et l'absence de prières dans les écoles publiques. (→ 1.10)

Accord franco-allemand sur les déchets

La frontière est désormais fermée.

Bonn, vendredi 21

Les ministres français et allemands de l'Environnement se sont mis d'accord sur un plan en cinq points qui devrait permettre, sur dix ans et un investissement de vingt milliards de francs, de développer mesures préventives et répressives. Côté français, 160 à 200 usines de retraitement des ordures sont prévues, qui remplaceront avantageusement les 6 000 décharges non contrôlées du territoire. Côté allemand, les autorités s'engagent à développer une technologie de retraitement qui fait cruellement défaut à ce pays. Côté européen, enfin, l'instauration d'un réseau d'informations commun doit permettre le démantèlement des trafics illégaux. (→ 20.10)

Chute du dollar, coup dur pour la reprise

New York, vendredi 21

En petite forme depuis deux mois, la monnaie américaine connaît des accès de faiblesse de plus en plus inquiétants. A l'origine de cette déprime, les écarts de taux d'intérêt entre les Etats-Unis et l'Allemagne qui reflètent des préoccupations et des performances économiques totalement opposées : volonté de relance d'un côté, lutte contre l'inflation de l'autre. Cette chute du billet vert provoque de graves tensions au sein du Système monétaire européen et éloigne un peu plus l'espoir d'une reprise. (→ 17.9)

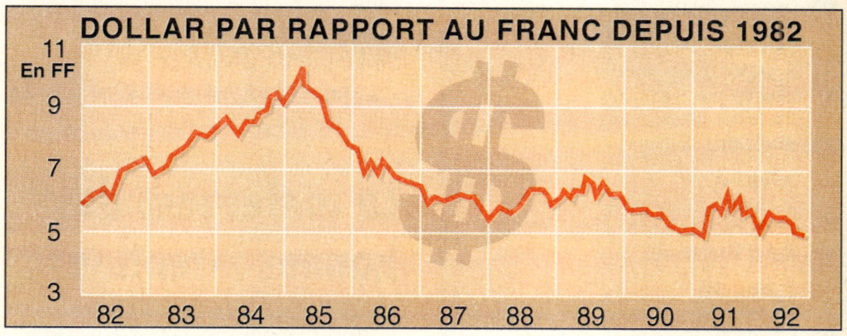

Le 19, en Allemagne, les homosexuels se rendent par centaines dans les mairies pour obtenir une reconnaissance officielle de leur union.

Le 23, à Rostock (ex-RDA), pour la seconde nuit d'affilée, des violences racistes sont perpétrées contre un foyer de demandeurs d'asile. (→ 29)

Août

1992

Lu	Ma	Me	Je	Ve	Sa	Di
					1	2
3	4	5	6	7	8	9
10	11	12	13	14	15	16
17	18	19	20	21	22	23
24	25	26	27	28	29	30
31						

Pékin, 24
Les relations diplomatiques entre la Chine et la Corée du Sud sont rétablies. (→ 15.9)

Kaboul, 24
Les diplomates français, italiens et bulgares sont évacués.

Pakistan, 24
Quatre Israéliens censés avoir espionné les installations nucléaires du pays sont arrêtés.

Londres, 26
Lors de la conférence de paix sur l'ex-Yougoslavie, la France et l'Allemagne demandent la création d'un tribunal international. (→ 27)

Paris, 27
Jacques Chirac s'engage en faveur de Maastricht. (→ 3.9)

Tokyo, 27
Le vice-président du PLD, parti au pouvoir, démissionne, accusé de corruption. (→ 28)

Rome, 27
Liliana Ferraro succède au juge antimafia Falcone. (→ 6.9)

Isère, 28
Les pompiers mettent quatre heures pour maîtriser un incendie dans la centrale nucléaire de Saint-Alban.

Avignon, 30
Des agriculteurs en colère perturbent l'université d'été du Parti socialiste.

Liban, 30
Le boycott des élections législatives est suivi dans les zones chrétiennes. (→ 8.9)

Bruxelles, 31
Les tensions séparatistes menacent le gouvernement.

Alsace, 31
Deux cents tombes juives sont profanées à Herrlisheim.

Niger, 31
Les militaires imposent par un coup de force la loi martiale dans le nord du pays, agité par la rébellion des Touaregs. (→ 4.9)

DECES

Bruxelles, 26
Bob de Moor (*20.12.1925), dessinateur des studios Hergé.

Paris, 30
Claude Barma (*3.11.1918), réalisateur de télévision : *Belphégor*, *les Rois maudits*.

Le cyclone « Andrew » frappe en Floride le 24 : huit morts.

Alger confronté au terrorisme aveugle

Alger, mercredi 26
Quand la bombe explose, dans le hall de l'aéroport, des centaines de passagers se pressent contre les guichets du vol Air France vers Paris. Du terrorisme destiné à tuer le plus grand nombre de personnes. Dans les cris et les hurlements des sirènes, les secours s'affairent pour apporter les premiers soins à la centaine de blessés. On relève neuf morts. Comme celui du centre-ville contre une agence d'Air France, le même jour, qui n'a fait que des dégâts matériels, cet attentat n'a pas été revendiqué. (→ 22.11)

L'attentat de l'aéroport fait 9 morts.

Les chiites irakiens sont placés sous la protection des alliés

Bagdad, jeudi 27
Les premiers avions américains ont survolé le sud de l'Irak : l'opération *Surveillance du Sud* a commencé. Les Etats-Unis, la France et la Grande-Bretagne ont, en effet, décidé d'instaurer une zone d'exclusion aérienne pour protéger les populations chiites du sud. Tout appareil irakien, civil ou militaire, qui volera au sud du 32ᵉ parallèle sera intercepté. Des Mirage 2000 français participeront à cette opération violemment dénoncée par Bagdad. La menace de la guerre sainte est une fois de plus brandie... (→ 24.11)

Les Awacs surveillent la zone d'exclusion aérienne au sud du 32ᵉ parallèle.

La conférence des bonnes intentions

Londres, jeudi 27
L'essai reste à transformer ; et les accords signés à l'occasion de la conférence internationale de paix sur l'ex-Yougoslavie risquent de connaître des difficultés d'application. La CEE et l'ONU ont pourtant obtenu des concessions réciproques de la part des participants. Des actions concrètes sont prévues, telles la fermeture des camps de détention, l'envoi d'observateurs aux frontières internes, la supervision internationale des armes lourdes... La Serbie est menacée d'isolement total en cas de violation des accords. Les plus optimistes avancent qu'un dialogue a été engagé et qu'il doit continuer à Genève. Les pessimistes considèrent que seule une intervention armée pourrait faire respecter un cessez-le-feu. (→ 3.9)

L'aide à la Somalie s'internationalise

Le pont aérien américain apporte l'aide décidée par l'ONU il y a 16 jours.

Mogadiscio, vendredi 28
La Somalie a besoin plus que jamais de la perfusion de l'aide internationale. Le pont aérien américain, organisé par les Etats-Unis depuis le port kenyan de Mombasa, a commencé avec des rotations d'avions Hercules. Washington s'est engagé à acheminer 80 000 tonnes de vivres avant la fin de l'année budgétaire et 145 000 tonnes en 1993. Plus de 250 soldats et 11 avions ont été engagés. La Croix-Rouge et l'Unicef assurent déjà un pont aérien depuis Nairobi. La France fait de même depuis Djibouti. (→ 9.9)

Plan de relance économique au Japon

Tokyo, vendredi 28
Le gouvernement japonais renoue avec la tradition économique de l'interventionnisme. Il décide de mettre en place un plan de relance de très grande envergure. Face aux technocrates du PLD, les tenants de l'orthodoxie financière et budgétaire, les « politiques » ont imposé cette relance, que Keynes n'aurait pas reniée. C'est donc une enveloppe de 10 700 milliards de yens (400 milliards de francs), qui est annoncée pour enrayer le sérieux ralentissement de l'activité. De la chute des profits et de la Bourse à la stagnation des investissements et de la consommation des ménages, tout incite le gouvernement et le patronat à réagir. C'est donc l'équivalent d'un tiers du budget français ou de 2,3 % du PIB japonais qui va être distribué, sous forme d'aide aux équipements collectifs, d'achats immobiliers et de soutiens aux banques, fragilisées par des créances douteuses. Mais cette relance a peu de chances d'avoir des répercussions extérieures positives pour les pays du G7 : au contraire, elle va très certainement doper les exportations nippones.

Félix Guattari va voir l'inconscient de près

Philosophe et « psy » antipsychiatre.

La Borde, Blois, dimanche 30
Félix Guattari (*30.4.1930) est décédé à la clinique de La Borde où, depuis sa création en 1953 par le docteur Jean Oury, il appliquait ses théories sur l'antipsychiatrie. Cet adversaire de Lacan et de la psychiatrie asilaire fut co-auteur, avec Gilles Deleuze, de nombreux ouvrages – de *l'Anti-Œdipe* en 1972 à *Qu'est-ce que la philosophie ?* en 1991. Engagé dans les mouvements de soutien à l'Amérique latine, à l'Afrique, aux marginaux et, plus récemment, aux écologistes, il était de tous les combats.

Réaction des Allemands contre le racisme

Rostock, samedi 29
Ce sont plus de 15 000 manifestants qui ont répondu à l'appel de l'Association des citoyens contre le racisme : devant le foyer dévasté de la Gustower Strasse, théâtre de violents affrontements xénophobes, les militants d'extrême droite ont laissé place à ceux qui n'acceptent pas la violence raciste. Les habitants de Rostock se calfeutrent chez eux ; ici, 17 % de la population active sont au chômage, et on attribue vite aux demandeurs d'asile tous les maux qui accablent l'ex-RDA. (→ 11.9)

Williams-Renault, constructeurs numéro 1

Spa-Francorchamps, dimanche 30
L'Allemand Michael Schumacher a dû attendre seize Grands Prix de F1 avant de connaître la joie de la victoire. C'est en Belgique qu'il triomphe au volant de sa Benetton-Ford. Mais, en finissant aux deuxième et troisième places, Mansell et Patrese ont assuré définitivement à Williams-Renault le titre envié de champion du monde des constructeurs. Belle récompense pour Frank Williams, le cerveau de la firme, mais aussi pour Renault qui se voit enfin payé de son immense effort sur la conception du moteur. (→ 13.9)

Quinze mille manifestants dénoncent la xénophobie et les violences à Rostock.

Schumacher, sur Benetton-Ford, enlève le Grand Prix de Spa-Francorchamps.

Peugeot, champion des voitures de sport

Suzuka, dimanche 30
Par leur victoire au volant d'une 905 dans les 1 000 kilomètres de Suzuka au Japon, Yannick Dalmas et Derek Warwick, les vainqueurs des Vingt-quatre Heures du Mans, offrent aux griffes de Peugeot le titre de champion du monde des voitures de sport. Le constructeur de Montbéliard, déjà champion du monde des rallyes en 1985 et 1986 avec la 205 Turbo 16, fort de quatre victoires successives dans le Paris-Dakar en 1987, 1988, 1989 et 1990, a ainsi atteint tous ses objectifs. Avant de se lancer, peut-être, dans la bataille de Formule 1...

Avance décisive de la 905 sur Toyota.

A partir du 31, il n'y a plus de conducteurs dans les rames de la ligne D du métro lyonnais ; c'est le métro lourd le plus automatisé du monde.

Septembre

1992

Lu	Ma	Me	Je	Ve	Sa	Di
	1	2	3	4	5	6
7	8	9	10	11	12	13
14	15	16	17	18	19	20
21	22	23	24	25	26	27
28	29	30				

Tchécoslovaquie, 1er
Alexandre Dubcek, l'ancien leader du printemps de Prague en 1968, est très grièvement blessé dans un accident de voiture. (→ 7.11)

Varsovie, 1er
L'ancien Premier ministre polonais Piotr Jaroszewicz et sa femme sont retrouvés assassinés.

Djakarta, 1er
Les pays non alignés se réunissent pour tenter de s'organiser face à l'emprise grandissante de l'ONU. (→ 6)

Slovaquie, 1er
Le parlement vote la nouvelle Constitution. (→ 6.10)

Russie, 3
Les téléspectateurs peuvent voir pour la première fois Alexandre Soljenitsyne, interviewé dans sa maison du Vermont, aux Etats-Unis.

Etats-Unis, 3
Le pays compte 35,7 millions de pauvres, le plus fort chiffre depuis 1964.

Niger, 4
Après avoir pris le pouvoir, les militaires lancent une vague d'arrestations sans précédent contre les Touaregs dans le nord du pays.

Sofia, 4
L'ancien dirigeant communiste Todor Jivkov est condamné à 7 ans de prison ferme.

Washington, 4
L'accord Ciel ouvert, signé entre les Pays-Bas et les Etats-Unis, supprime les restrictions de marché pour les compagnies aériennes.

Perpignan, 5
Les douaniers interceptent 610 kg de cocaïne. C'est la plus grosse saisie jamais réalisée en France.

Rabat, 5
Le référendum sur la modification constitutionnelle, restreignant les pouvoirs du roi, est approuvé à 99,6 %.

France, 5
Fode Sylla et Delphine Batho succèdent à Harlem Désir à la tête de SOS Racisme.

Italie, 6
L'un des mafiosi les plus puissants de Sicile, Giuseppe Madonia, est arrêté. (→ 14)

Paris-Moscou-Pékin, 16 000 km de rallye

Paris, mardi 1er
Le Belge René Metge est l'organisateur d'une aventure routière hors du commun. Ancien vainqueur du Paris-Dakar, puis coorganisateur de ce même rallye, créateur du raid Harricana au Canada, il connaît son affaire. Place du Trocadéro, 19 h 50 : il donne le départ à la Yamaha de Stéphane Peterhansel, la première des 15 motos appelées à parcourir les 16 000 km de Paris à Pékin, avec 151 équipages engagés (93 autos et 20 camions de course). Hubert Auriol, Bruno Saby ou Waldegaard passeront par Varsovie et Moscou, traverseront dix pays, des Etats indépendants de l'ex-URSS, le Tibet et enfin la Chine. (→ 27)

Varsovie, première étape à 1 600 km.

La manne de Bush à ses agriculteurs

Washington, mercredi 2
C'est peut-être la hache de guerre avec l'Europe que vient de déterrer George Bush. Le président américain décide de subventionner les exportations de blé pour un peu plus de un milliard de dollars. Cette mesure risque d'accentuer la pression sur les Européens dans le cadre des négociations du Gatt : les experts de la CEE considèrent les hostilités ouvertes... Autre mesure prise en pleine campagne présidentielle, le candidat Bush a décidé de passer outre les protestations de Pékin en autorisant la vente de 150 avions de combat F-16 à Taiwan. (→ 11.10)

Fischer et Spassky violent l'embargo de l'échiquier politique

Sveti Stefan, mercredi 2
Si une résolution de l'ONU peut parfois arrêter des Etats, elle ne peut apparemment pas empêcher un match d'échecs. Après une parenthèse de 20 ans, durant laquelle les rumeurs les plus folles ont couru sur son compte, Bobby Fischer retrouve en face de lui Boris Spassky, qui de Soviétique est devenu Français. Presque au cœur de la guerre dans l'ex-Yougoslavie, sur une petite île du Monténégro, et grâce surtout à des millions de dollars, les deux maîtres rééditent la rencontre de 1972. Alors que l'administration américaine condamne cette violation de l'embargo contre la Serbie et son allié monténégrin, Fischer est apparu presque serein. (→ 9)

Aux portes du conflit, Fischer remporte la première partie au Monténégro.

Le 1er, raz-de-marée sur la côte ouest du Nicaragua : 86 victimes.

Mitterrand défend le traité de Maastricht

Paris, jeudi 3
Symbole du savoir et des certitudes, c'est dans le grand amphithéâtre de la Sorbonne que François Mitterrand s'est expliqué sur les enjeux du traité de Maastricht. Retransmis en direct à la télévision, il s'agissait plus d'un débat que d'une intervention. Interrogé par Guillaume Durand et un échantillon de Français, courtoisement contredit par Philippe Seguin, le chef de l'Etat a, point par point, très pédagogiquement défendu ce traité. En duplex et en direct d'Allemagne, Helmut Kohl est même intervenu pour se faire l'avocat du « oui ». (→ 20)

En direct de la Sorbonne, sur TF1.

Conférence ouverte à Genève, vol humanitaire abattu en Bosnie

Sarajevo, jeudi 3
C'est à 13 h 17 que l'appareil italien a effectué son dernier contact radio. Les débris de l'avion sont retrouvés 34 km à l'ouest de Sarajevo sans aucun survivant parmi les quatre membres de l'équipage. L'appareil italien participait au pont humanitaire organisé par le Haut Commissariat aux réfugiés (HCR) : il transportait des couvertures destinées aux habitants de la capitale bosniaque. Tous les vols humanitaires vers Sarajevo ont été suspendus. Acte de guerre ou simple accident : la première hypothèse semble se confirmer avec l'impact de missile relevé sur l'épave. Ce drame assombrit l'atmosphère, alors que s'ouvre, à Genève, la première réunion de la conférence permanente sur l'ex-Yougoslavie. Le démantèlement des camps de détention, la levée du siège des villes encerclées, la supervision internationale des armes lourdes y seront abordés. L'Otan et l'UEO ont proposé que des soldats protègent les convois humanitaires. (→ 8)

Un missile touche un avion italien ; le pont aérien sur Sarajevo est interrompu.

Vers Europol, Office européen de police

Strasbourg, vendredi 4
L'Europe de la sécurité se construit peu à peu. Quatre ministres français et allemands ont concélébré le baptême de l'Office européen de police. L'équipe de quinze policiers européens n'a en fait pour le moment comme tâche que l'étude des modalités d'action d'Europol, qui devrait être opérationnel en janvier prochain. Dans un premier temps, l'organisation se cantonnera à des échanges d'informations sur le trafic de drogue. Il reste encore du chemin à parcourir et des réticences à faire tomber avant la constitution d'un « FBI européen ».

Les Jeux paralympiques d'été à Barcelone

Barcelone, jeudi 3
Les pistes du stade de Montjuic se réveillent. Une clameur, des cris d'encouragement certainement plus discrets qu'en août se font entendre, lorsque les délégations y pénètrent : 3 200 athlètes ont répondu présent pour les IXes Jeux paralympiques d'été. Le succès est grandissant pour le sport pratiqué par des handicapés. Litanie de destins brisés et de plaintes ? C'est tout le contraire qui se produit. Simplement une réelle admiration sportive pour les performances athlétiques des aveugles, qui courent guidés par des « sherpas » le long des pistes, ou pour les occupants des fauteuils roulants, qui jouent au basket en vrais professionnels.

Un défilé qui réunit 94 délégations.

Gianni Bugno conserve son titre mondial

Benidorm, dimanche 6
Gianni Bugno avait raté son Tour de France, mais pas le Championnat du monde. Le *campionissimo* conserve en effet son maillot arc-en-ciel, en s'imposant brillamment dans le Mondial couru en Espagne. Il mate aussi les coureurs français qui furent pourtant omniprésents en fin de course, avec le ferme désir de préparer le sprint victorieux de Laurent Jalabert. Ce dernier avait pris la roue de Bugno dans les derniers kilomètres. Mais l'Italien se dégagea en puissance dans les 500 derniers mètres. Jalabert ne parvint pas à le déborder sur la ligne d'arrivée, terminant deuxième à une longueur de Bugno, mais devançant le Russe Konyshev.

Avec Laurent Jalabert dans sa roue.

Divergences entre les non-alignés

Djakarta, dimanche 6
Autre conséquence indirecte de la crise yougoslave : celle de diviser le mouvement des non-alignés. Leur dixième sommet, qui s'achève en Indonésie, aura été marqué par des débats houleux sur la guerre aux Balkans. Sous la pression des pays musulmans, les participants ont dénoncé la politique « répugnante de purification ethnique » menée par « des » Serbes en Bosnie-Herzégovine. Une condamnation qui n'a pas emporté l'adhésion du représentant yougoslave...

En deux jours, 15 000 hectares de forêt ont brûlé en Haute-Corse

Corse, dimanche 6
Les dernières 48 heures resteront dans la mémoire des pompiers de Corse comme les plus éprouvantes qu'ils aient connues. Plus de 150 départs de feu ont été recensés. Essentiellement dans les zones de pacage, parfois près des villages ou de zones habitées, pour que les secours s'y concentrent et laissent les flammes faire leur travail ailleurs. Cette stratégie incendiaire est tellement limpide, tellement prévisible les jours de grand vent, que le préfet a porté plainte contre X. Les renforts de soldats n'ont pu empêcher plus de 15 000 hectares de partir en fumée.

Pour les pompiers, la majorité des départs de feux sont d'origine criminelle.

Septembre

1992

Lu	Ma	Me	Je	Ve	Sa	Di
	1	2	3	4	5	6
7	8	9	10	11	12	13
14	15	16	17	18	19	20
21	22	23	24	25	26	27
28	29	30				

Philippines, 7
Des pluies diluviennes entraînent des torrents de boue sur les flancs du volcan Pinatubo et font 55 morts.

Athènes, 7
Helmut Voigt, ancien membre de la Stasi soupçonné d'avoir aidé le terroriste Carlos, est arrêté. (→ 14)

Ciskei, 7
L'armée tire sur une manifestation de l'ANC, faisant au moins 25 morts.

Tadjikistan, 7
Le président Nabiev est contraint à la démission sous la menace des armes. (→ 28)

Bosnie, 8
Deux soldats français sont tués et trois autres blessés lors de l'attaque d'un convoi humanitaire. (→ 15)

Tokyo, 8
Le gouvernement japonais autorise l'envoi de soldats sous tutelle de l'ONU au Cambodge. (→ 20)

Moulins, 8
Des détenus prennent une vingtaine de gardiens en otages. (→ 11)

Monténégro, 9
Boris Spassky mène 2 à 1 contre Bobby Fischer. (→ 5.11)

Johannesburg, 9
Winnie Mandela abandonne toutes ses fonctions au sein de l'ANC.

Mogadiscio, 9
Des firmes italiennes et suisses, profitant de la situation en Somalie, y expédient des déchets toxiques. (→ 14)

Paris, 11
François Mitterrand est opéré de la prostate. (→ 16)

Clairvaux, 11
Un surveillant est tué lors de l'évasion de 8 détenus, qui emmènent 2 otages. Les gardiens en colère se mettent en grève. (→ 20)

Venise, 12
Le Lion d'or de la Mostra est remis au Chinois Zhang Yimou pour *Qiu Ju Da Guansi.*

DECES

Hollywood, 12
Anthony Perkins (*4.4.1932), l'acteur de *Psychose*.

Les patrons français... pessimistes

Paris, mardi 8
La rentrée a été meurtrière pour les entreprises. L'absence de reprise de l'activité a eu pour conséquence que nombre de firmes n'ont pas passé l'été : jamais le chiffre des faillites n'avait été aussi élevé. Et si cette flambée des mises en liquidation ne suffisait pas à illustrer la morosité ambiante, un sondage de la Sofres pour *le Figaro* et Europe 1 arrive à point pour la confirmer. Il ressort de cette consultation des chefs d'entreprise que 75 % d'entre eux se déclarent pessimistes sur la situation économique. Ils sont 64 % à rejeter la politique suivie par Pierre Bérégovoy, mais sont tout autant majoritairement favorables à la ratification du traité de Maastricht, pour des raisons plus économiques que personnelles. Sur le front de l'emploi et de l'investissement, les intentions déclarées vont dans le sens de la stabilité. Le climat est avant tout marqué par l'attentisme. Les chefs d'entreprise regrettent l'absence de signaux clairs, de décisions européennes pour rétablir la confiance. C'est sur ce dernier point que les performances économiques ne suffisent plus. Enfin, Jacques Chirac et Edouard Balladur recueillent la majorité des suffrages pour l'alternance prévue après les législatives. (→ 16.10)

Hausse vertigineuse des faillites.

L'homme au foie de singe est mort

Pittsburgh, lundi 7
Une infection foudroyante et d'origine inconnue a emporté l'homme à qui l'on avait greffé, en juin dernier, un foie de babouin. Il n'en demeure pas moins que cette xénogreffe reste riche d'enseignements. Jamais un organe animal n'avait été toléré aussi longtemps par un être humain. Cela a été rendu possible par la relative proximité génétique des babouins et des hommes, et surtout grâce aux progrès réalisés dans les médicaments antirejet. Hormis les problèmes éthiques et religieux qu'elles vont poser, les xénogreffes, avec l'aide du génie génétique, sont une solution d'avenir.

Des intégristes au parlement libanais

Ils profitent du boycott des chrétiens.

Beyrouth, mardi 8
Le Liban a connu ses premières élections législatives depuis vingt ans. Loin d'être un facteur de réconciliation, ce scrutin a provoqué une grave crise politique. La question de la représentativité du futur parlement, posée par le boycott des chrétiens, reste entière. Avec ces élections, les Libanais ont en tout cas pu exprimer leur rejet de la mainmise syrienne. Les troupes de Damas sont déployées sur les deux tiers du territoire. Mais le scrutin a aussi montré la percée des intégristes chiites. Des représentants du Hezbollah, seule milice non désarmée du pays au nom de la résistance contre Israël, font ainsi leur entrée à la Chambre.

Le 7, Hervé Bourges présente le nouvel habillage des chaînes publiques, France 2 et France 3.

Pour la promotion du trot, les sulkys défilent le 8, à Paris, de la République à la Bastille.

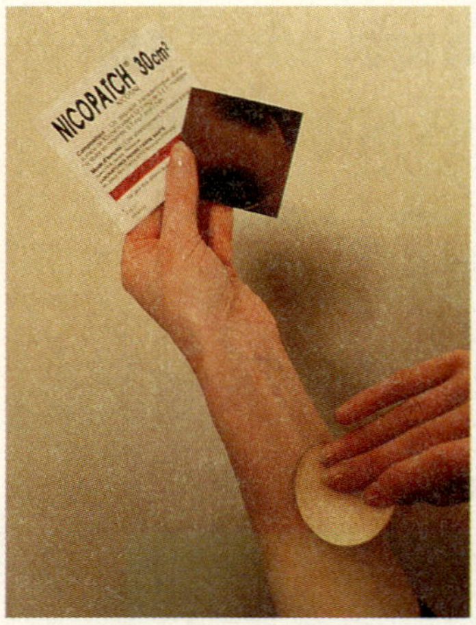

Lancé début avril, le timbre anti-tabac a du succès malgré un coût de 1 500 F pour 3 mois de cure.

Rabin veut la paix avec la Syrie

Jérusalem, jeudi 10
La paix n'est plus un vain souhait : en se déclarant prêt à un « retrait limité » et à des « concessions territoriales » sur le plateau du Golan, dont l'importance stratégique pour Israël est vitale, le Premier ministre Yitzhak Rabin a fait un geste spectaculaire en direction de la Syrie. Celle-ci, en échange, devrait mettre fin à l'état de guerre, ouvrir les frontières et établir de véritables relations diplomatiques avec Israël. La balle est donc dans le camp syrien qui, pour l'instant, qualifie la proposition de l'Etat hébreu d'« inacceptable ».

La xénophobie fait des émules outre-Rhin

Les violences continuent, malgré les premières condamnations hier.

Bonn, vendredi 11
« Ausländer raus ! » Ces mots hurlés par les casseurs, bien des Allemands les font leurs. Si les émeutiers, comme à Rostock, ne sont plus applaudis, 51 % de la population expriment clairement leur rejet des étrangers. Ce climat de xénophobie arrange l'extrême droite qui profite de la situation pour appeler à une « révolution sociale » antiparlementaire. (→ 8.11)

Le Sentier lumineux perd son « Pol Pot »

Lima, samedi 12
La quatrième épée du marxisme semble rengainée pour longtemps. Le leader du Sentier lumineux se désignait ainsi lui-même, dans la lignée de Marx, Lénine et Mao. Après douze années de clandestinité, Abimaël Guzman est finalement tombé. Un commando antiterroriste l'a arrêté dans une villa de la capitale péruvienne. L'organisation terroriste serait responsable de la mort d'au moins 20 000 personnes. La lutte contre le terrorisme avait été invoquée par le président Fujimori lors de son « coup d'Etat civil » en avril dernier. (→ 25)

Grand Prix hécatombe, Mansell se retire

Ayrton Senna vainqueur à Monza.

Monza, dimanche 13
Le Grand Prix d'Italie de F1 gagné par Ayrton Senna devant Brundle et Schumacher a été plus mouvementé dans les coulisses que sur la piste : après l'annonce du retrait de Honda et de son moteur de la Formule 1, Nigel Mansell, le nouveau champion du monde des pilotes, a décidé d'arrêter la compétition. L'ultime proposition de McLaren n'a pu le convaincre. « L'argent n'est pas en cause », a déclaré Mansell, qui en fait ne veut pas faire équipe avec Alain Prost l'an prochain, tout près d'être engagé chez Williams-Renault. (→ 29)

Michael Jackson, 75 000 fans à Vincennes

La tournée mondiale de la star passe par Paris pour un concert de 135 min.

Edberg est toujours le roi de l'US Open

Le Suédois remporte l'US Open.

New York, dimanche 13
Stefan Edberg a survolé le tournoi de l'US Open, comme il l'avait fait l'an dernier en écrasant Courier en finale. Le Suédois a conservé son titre en battant cette fois-ci l'Américain Pete Sampras, non sans mal [3-6, 6-4, 7-6 (7-5), 6-2]. Il lui a fallu se faire violence au cours d'une compétition-marathon où il dut batailler ferme pour éliminer Lendl, puis Chang, qui lui résistèrent longtemps avant de s'incliner en cinq sets avec *tie-break*. En gagnant à Flushing Meadows son sixième tournoi du Grand Chelem, Stefan Edberg revient parmi les premiers du classement ATP, derrière Jim Courier qui lui avait ravi le titre il y a vingt-deux mois. (→ 22.11)

Paris, dimanche 13
L'exactitude est aussi la politesse des stars. A 20 h 30, comme prévu, Michael Jackson est entré sur la gigantesque scène de l'hippodrome de Vincennes. Le show est rodé et les petites imperfections gommées. L'éclairage met en valeur le chanteur et lui seul. Publicité vivante pour la chirurgie esthétique, sa performance scénique devrait rassurer les fans et faire taire les rumeurs grâce à ce spectacle vraiment digne d'une tournée planétaire.

Des opérations de chirurgie esthétique ont métamorphosé son image.

Septembre

1992

Lu	Ma	Me	Je	Ve	Sa	Di
	1	2	3	4	5	6
7	8	9	10	11	12	13
14	15	16	17	18	19	20
21	22	23	24	25	26	27
28	29	30				

Rennes, 14
Henri Emmanuelli, président de l'Assemblée nationale, est inculpé de complicité de trafic d'influence et de recel. (→ 1.10)

Naples, 14
Le numéro 1 de la Camorra, Carmine Alfieri, est arrêté.

Pakistan, 14
Les inondations dans le nord-ouest du pays ont fait 2 000 victimes.

Berlin, 14
Klaus Croissant, ancien avocat de la Fraction armée rouge, est arrêté et inculpé pour collaboration avec la Stasi.

Bangkok, 14
La coalition prodémocratique obtient 185 sièges sur 360 lors des élections législatives.

Pékin, 15
La Chine accorde son soutien à la Serbie et s'engage à livrer du pétrole. (→ 23)

Bruxelles, 15
Plus de 300 responsables religieux manifestent en faveur de la paix.

Paris, 16
Mme Claude est condamnée à 6 mois de prison ferme pour proxénétisme.

Rome, 17
Le Sénat ratifie le traité de Maastricht. (→ 20)

Berlin, 17
Un attentat contre des Kurdes fait 4 morts. L'opposition accuse Téhéran. (→ 25)

Genève, 18
L'Equateur quitte l'Opep, dont les contraintes sont trop fortes.

Zonza, Corse, 20
Un gendarme mobile est abattu d'un coup de carabine. (→ 7.10)

France, 20
Malgré 10 millions de francs débloqués pour la centrale de Clairvaux, les surveillants continuent leur grève. (→ 4.10)

DECES

Canada, 14
Paul Martin (*1903), ancien ministre et diplomate.

Paris, 15
Pierre Sergent (30.6.1926), chef militaire de l'OAS-métropole durant la guerre d'Algérie.

Les casques bleus arrivent en Somalie

Mogadiscio, lundi 14
Quarante militaires pakistanais ont débarqué à l'aéroport de la capitale somalienne, qu'ils doivent notamment prendre en charge. Ce sont des avions américains qui les ont acheminés. Ils forment une équipe d'éclaireurs avant l'arrivée du gros du contingent de l'ONU : à terme, 500 casques bleus pakistanais doivent être déployés à Mogadiscio. Ils essaieront d'assurer la sécurité de l'acheminement de l'aide humanitaire. Cette aide, quand elle n'est pas tout simplement pillée, fait l'objet de taxes exorbitantes perçues par les diverses factions. (→ 20.10)

L'hérédité perd un pan de son mystère

Paris, vendredi 18
C'est une équipe française qui remporte la première étape de cette grande course, lancée par les Américains : dresser la carte des gènes humains. Grâce, entre autres, aux moyens financiers dégagés par le Téléthon, les chercheurs du CEPH (Centre d'étude du polymorphisme humain) et du Généthon, dirigés par Daniel Cohen, ont pu présenter une vue d'ensemble du génome humain. Ce bagage génétique, inscrit sur les chromosomes, est comparable à un livre bourré d'informations. Le progrès est d'avoir trouvé la table des matières qui en permet désormais l'accès direct.

Le 17, la Carte bleue, lancée à l'origine par six grandes banques françaises, fête ses 25 ans.

Le cancer de Mitterrand révélé au public

Le président quitte l'hôpital Cochin.

Paris, mercredi 16
Un communiqué de l'Elysée a mis fin à toutes les supputations : le président de la République, qui est sorti de l'hôpital Cochin après cinq jours d'hospitalisation, est atteint d'un cancer de la prostate. Cette annonce, qui précise que cette affection est « peu grave », a le mérite de jouer sur la transparence. Les lésions cancéreuses de la prostate touchent un homme sur trois à 75 ans – François Mitterrand en a 76. Elles évoluent lentement et les traitements sont éprouvés. Reste à savoir si cette maladie rendue publique ne va pas accélérer la course à la succession et affaiblir ainsi le crédit du président. (→ 7.10)

Crise du SME à l'approche du référendum

Bruxelles, jeudi 17
Au terme d'une nuit de discussions, la livre sterling et la lire quittent le Système monétaire européen. Les raisons de cette tourmente monétaire ? La faiblesse endémique du dollar depuis un mois, en renforçant le mark comme monnaie refuge, a perturbé l'équilibre du SME. Mais aussi, l'action de certains opérateurs monétaires, qui tablent sur le « non » lors du référendum français, a cassé la confiance que devait inspirer le SME pour bien fonctionner. Cette crise de crédibilité touche les monnaies les plus faibles. Déjà la dévaluation de la peseta est acquise. A qui le tour ? (→ 25)

Les ancêtres de l'Europe exposés à Paris

Le Grand-Palais accueille 650 pièces de la civilisation des Etrusques.

Paris, samedi 19
C'est aux Etrusques, grands voyageurs et habiles commerçants, que nos ancêtres les Gaulois doivent d'avoir connu le vin. Mais l'exposition du Grand-Palais témoigne que leur héritage ne s'arrête pas là. Installés dès le IXe siècle av. J.-C. au nord-ouest de Rome, à qui ils fournirent ses premiers rois, ils avaient acquis de l'Orient et de la Grèce leur amour du luxe et de l'art. Ils travaillaient l'argile et le bronze (la *Chimère d'Arezzo*), décoraient de scènes profanes les parois de leurs tombes (Tarquinia) et représentaient leurs morts, souriants, en train de converser ou de dîner à demi étendus sur le couvercle de leurs sarcophages en forme de lit.

Petit « oui » des Français pour ratifier Maastricht

France, dimanche 20
Les partisans du oui poussent un ouf de soulagement. Mais c'est un soulagement retenu. Certes, la cause est entendue, la France ratifie le traité sur l'union européenne. Mais cette majorité est si courte que personne dans les états-majors politiques ne songe à crier victoire. La partition de l'électorat en deux camps quasi égaux ne laisse pas d'inquiéter. Si François Mitterrand peut se targuer d'avoir gagné le pari de la ratification référendaire, les grands partis peuvent s'interroger sur leur perte de crédit. En effet, seuls les deux partis extrêmes de l'échiquier politique, le PC et le FN, et quelques francs-tireurs dans les partis dits de gouvernement, le PS, l'UDF et le RPR, avaient appelé à voter non, soit un petit quart de l'électorat. En théorie. Car le refus de Maastricht et la possibilité de manifester un mécontentement plus général à l'occasion du référendum ont amplifié cette réponse négative. Les motivations en sont multiples, du refus de la puissance technocratique bruxelloise au geste de défiance contre l'*establishment* politique. Les consignes de vote ont été très peu suivies. Et ce d'autant plus que la participation au scrutin (70,8 %) a été plus forte que prévu et que ce supplément d'électeurs a pour l'essentiel voté contre Maastricht. Victoire amère, qui sonne comme un signal d'alarme... (→ 1.10)

Séguin et Pasqua, francs-tireurs du « non » : 48,99 %. Lang et Fabius face au « oui » acquis de justesse : 51,01 %.

Les 1 862 électeurs de Santeny (Val-de-Marne) expérimentent le système Civis, vote électronique avec une carte à puce, lors du référendum.

Le Japon de retour en Asie pour la paix

Phnom Penh, dimanche 20
Pour la première fois depuis la fin de la Seconde Guerre mondiale, des soldats japonais vont séjourner sur le sol d'un pays d'Asie. Huit officiers sont arrivés au Cambodge afin de participer à la force de maintien de la paix de l'ONU. Ils rejoindront le contingent des observateurs militaires de l'Apronuc chargés de réunir des informations sur les différentes factions cambodgiennes. Six cents soldats nippons sont attendus dans le pays au cours des quatre prochaines semaines.

Doublé des Kawasaki au 56e Bol d'or moto

Victoire de Fogarty, Rymer, Hislop.

Le Castellet, dimanche 20
Le 56e Bol d'or moto a été marqué par un incident qui aurait pu avoir de graves conséquences. Suivie pendant vingt-quatre heures par 75 000 spectateurs passionnés, la course n'a pu en effet parvenir à sa fin. Cinquante minutes avant l'heure de l'arrivée, malgré les renforts de la police prévus pour éviter un nouveau drame comme celui des Vingt-quatre Heures du Mans, le public a envahi la piste. Ce qui obligea le directeur de la course à neutraliser l'épreuve et à arrêter définitivement les concurrents. Mais, heureusement pour la morale sportive, la Kawasaki des Britanniques Terry Rymer, Carl Fogarty et Steve Hislop avait déjà course gagnée.

Mark Roe remporte le Trophée Lancôme

St-Nom-la-Bretèche, dimanche 20
Malgré la présence des Faldo, Langer, Olazabal et Strange, parmi les meilleurs champions de golf, c'est un *outsider*, l'Anglais Mark Roe, qui a créé la surprise, en remportant le 23e Trophée Lancôme comptant parmi les plus grands tournois de golf du monde. Sa régularité a fait du jeune Britannique un vainqueur inattendu. En alignant quatre parcours sous le « par », il a signé sa première grande victoire internationale. Une victoire qui a réjoui l'intéressé, mais aussi tous les amis de ce garçon gai et décontracté, voire fantaisiste, dont les dix ans de carrière n'avaient été marqués, jusqu'à présent, que par un seul succès en 1989, à l'Open de Catalogne.

... et un chèque de 800 000 francs.

Septembre

1992

Lu	Ma	Me	Je	Ve	Sa	Di
	1	2	3	4	5	6
7	8	9	10	11	12	13
14	15	16	17	18	19	20
21	22	23	24	25	26	27
28	29	30				

Estonie, 21
Les résultats des législatives et des présidentielles montrent une forte poussée des nationalistes. (→ 5.10)

Moscou, 21
Mikhaïl Gorbatchev refuse de comparaître devant la Cour constitutionnelle dans le procès sur la légalité de l'ex-PCUS. (→ 2.10)

Hanoi, 23
Le général Le Duc Anh est élu président du Viêt-nam.

Tours, 24
British Airways prend le contrôle de TAT, en acquérant 49 % des parts de la compagnie régionale française.

Ankara, 25
Le gouvernement turc accroît la répression contre les Kurdes en Anatolie.

Liège, 25
La Cour d'assises condamne un curé de 72 ans, coupable de viol, à 3 ans de monastère.

Allemagne, 25
La dernière tranche du canal Rhin-Danube reliant la mer Noire à la mer du Nord est inaugurée.

Aude, 27
De graves inondations font 3 morts et 4 disparus.

Népal, 28
Un Airbus A 300 pakistanais s'écrase près de Katmandou et fait 167 morts.

Bucarest, 28
Les premiers résultats des présidentielles donnent Iliescu vainqueur devant Constantinescu. (→ 11.10)

Tadjikistan, 28
Moscou envoie des renforts pour soutenir les troupes déjà présentes.

Lima, 28
Le procès d'Abimaël Guzman est ouvert devant un tribunal militaire. (→ 7.10)

Kiev, 30
Le Premier ministre ukrainien, Vitold Fokine, présente sa démission.

DECES

France, 29
Jean Aurenche (*11.9.1903), scénariste, dialoguiste et réalisateur de cinéma.

Une crue ravage Vaison-la-Romaine

Vaucluse, mardi 22
La vieille cité gallo-romaine est endeuillée par une catastrophe sans précédent. Des pluies d'orages, torrentielles, certains évoquent même le mot de «tropicales», se sont abattues en amont. Le lit de la rivière s'étrangle au niveau de Vaison et ce goulet est la cause principale du drame. Comme dans un entonnoir, le niveau de l'eau est monté de 17 mètres. A l'entrée de la ville, la crue a dévasté un camping, emportant les caravanes qui sont venues s'écraser contre les ponts. A leur tour, ceux-ci ont cédé, sauf le vieux pont romain. Au débouché, c'est un lotissement, que l'on a laissé se construire sur un lit de rivière inondable, qui a été la victime des flots. Les secours relèvent 28 morts et au moins 55 disparus. (→ 27)

Des pluies torrentielles sont à l'origine du désastre : 28 victimes.

La RFY des Serbes exclue de l'ONU

New York, mercredi 23
L'Assemblée générale des Nations unies compte un membre de moins. La République fédérale de Yougoslavie (Serbie et Monténégro) est exclue de l'Organisation. Il s'agit du premier pays – depuis l'Afrique du Sud il y a dix-huit ans – à être exclu de l'enceinte internationale. Cette mesure a été approuvée par 127 pays ; 6 ont voté contre, la Yougoslavie et cinq pays africains ; et 26 autres se sont abstenus. Le plaidoyer du Premier ministre yougoslave, Milan Panic, n'a pas fait fléchir les membres de l'ONU. (→ 9.10)

Un enfant divorce de ses parents

Orlando, vendredi 25
Le fils a répudié sa mère. Gregory Kingsley, 12 ans, a été autorisé par un tribunal de Floride à se séparer de sa mère pour lui préférer une famille adoptive. Il s'agit bien d'une première juridique : l'enfant a intenté lui-même l'action en justice. Sa mère biologique avait manifesté dans le passé son désintérêt et son incapacité à le prendre en charge. Son père, alcoolique, avait accepté de renoncer à ses droits parentaux. Gregory devient désormais Shawn Russ, le neuvième enfant de sa nouvelle famille d'adoption.

Franc et mark, une parité maintenue

Paris, vendredi 25
Le ministère des Finances peut respirer : après huit jours de tempête monétaire, la devise française tient bon face à la spéculation. Le franc, malmené sur les marchés monétaires, qui le donnaient à la baisse, a pu bénéficier de l'action conjointe de la Banque de France et de la Bundesbank. L'une et l'autre ont dû acheter plusieurs dizaines de milliards de francs et relever leur taux pour maintenir la parité entre franc et mark. Si une telle stratégie s'est mise en place, c'est que l'avenir de l'UEM était en jeu.

Le 24, à Los Angeles, Jean-Paul Gaultier présente sa collection, avec Madonna en mannequin.

Le 25, la police de Lima exhibe Abimaël Guzman, arrêté le 12. (→ 28)

Lartigue et Peterhansel, premiers à Pékin

Avec la victoire de la ZX en rallye, Citroën renoue avec les raids du passé.

Pékin, dimanche 27
Chacun son tour. Le duel Citroën-Mitsubishi s'est terminé par la victoire de la firme française dans le rallye Paris-Moscou-Pékin, les Japonais ayant triomphé dans Paris-Le Cap en janvier dernier. C'est en effet la ZX de Lartigue et Périn qui l'a emporté à Pékin, parvenant à repousser la coalition des Mitsubishi qui enlevèrent les 2e, 3e et 4e places. La victoire des Citroën est symbolique, puisqu'elle rejoint dans l'histoire la fameuse Croisière jaune effectuée en 1931 à travers toute l'Asie, par... André Citroën.

Wim Wenders inaugure l'envolée d'Arte

La chaîne franco-allemande met fin à l'écran noir avec « les Ailes du désir ».

Strasbourg, lundi 28
Ce soir, à 19 h, l'écran noir de la Cinq s'éclaircit à nouveau. La chaîne culturelle franco-allemande, bilingue, se veut délibérément singulière face à ses consœurs. Culturelle, mais non pas élitiste, affirme Alain Maneval, son directeur de la programmation. Diffusée par câble en Allemagne et sur le réseau hertzien en France, Arte peut toucher 10 millions de foyers outre-Rhin et 20 millions dans l'Hexagone. Pour 1992, le budget de la chaîne s'élève à 1,2 milliard de francs, financé à parité égale par les deux pays.

Le parlement brésilien destitue Collor

Le président tombe pour corruption.

Brasilia, mardi 29
Les députés brésiliens, debout dans le parlement, chantent l'hymne national. Ils viennent de destituer, à une écrasante majorité, le président Fernando Collor de Mello. Le plus jeune chef de l'Etat du Brésil, accusé de corruption et de forfaiture, est ainsi suspendu pour six mois, au cours desquels le Sénat le jugera. Le « Collorgate », après six mois de rebondissements du scandale financier, trouve ainsi son épilogue.

Alain Poher quitte le « perchoir » du Sénat

Paris, mercredi 30
Le poste excite toutes les convoitises. A peine M. Alain Poher a-t-il annoncé qu'il ne se représenterait pas à la présidence du Sénat que les luttes intestines pour sa succession commencent. Depuis 1968, il occupait cette fonction, la deuxième de la République, d'un point de vue protocolaire. La droite, de l'UDF au RPR, regorge de remplaçants virtuels. Charles Pasqua ouvre le bal et se déclare candidat. (→ 2.10)

Après 24 ans, succession ouverte.

Le 26, à Zermatt, la firme Swatch fête son succès mondial : la sortie de sa cent millionième montre.

Le 30, le permis à points a fait exploser les ventes de CB. (→ 1.12)

Le 29, à Estoril, Alain Prost fait ses premiers tours de piste avec une Williams-Renault. (→ 25.10)

Octobre

1992

Lu	Ma	Me	Je	Ve	Sa	Di
			1	2	3	4
5	6	7	8	9	10	11
12	13	14	15	16	17	18
19	20	21	22	23	24	25
26	27	28	29	30	31	

France, 1er
A ce jour, 2 910 000 chômeurs sont inscrits à l'ANPE.

Paris, 1er
Le chromosome 21, responsable du mongolisme et de la maladie d'Alzheimer, est mis en carte génétique.

Etats-Unis, 1er
Le milliardaire texan Ross Perot se repositionne dans la course à la Maison Blanche. (→ 11)

Paris, 1er
Par solidarité envers Henri Emmanuelli, inculpé de recel et de trafic d'influence, 26 dirigeants socialistes demandent également leur inculpation. (→ 20)

Londres, 1er
John Major annonce le réexamen du traité de Maastricht avant la fin de l'année. (→ 8)

Salonique, 1er
Le P-SG reste en lice dans les finales de qualification pour la Coupe d'Europe de football ; le match n'a duré qu'une mi-temps, les supporters grecs ayant envahi le terrain. (→ 4.11)

Paris, 2
Air France annonce la suppression de 1 500 emplois.

Paris, 2
René Monory est élu président du Sénat, par 200 voix, contre 76 à Claude Estier. Jean-Pierre Soisson est nommé ministre de l'Agriculture. Il remplace Louis Mermaz, qui devient porte-parole du gouvernement.

Paris, 3
Harlem Désir préside les premières assises de son mouvement politique, le Mouvement.

Millau, 3
Le groupe Besnier, propriétaire des camemberts Président, annonce le rachat de 57 % du capital de Roquefort.

Mozambique, 4
Afonso Dhlakama, chef de la Résistance nationale, et le président Joaquim Chissano signent un accord de paix qui met fin à seize ans de guerre civile.

Bois-d'Arcy, 4
Trois détenus s'évadent de la maison d'arrêt en hélicoptère.

Un 747 cargo d'El Al percute deux immeubles à Amsterdam

Le B-747, chargé de 114 t de fret et de 100 000 l de kérosène, s'est écrasé sur la cité ouvrière de Bijlmermeer.

Amsterdam, dimanche 4
A 18 h 36, quinze minutes après son décollage de l'aéroport de Schipol, un avion cargo israélien s'est écrasé sur un quartier populaire de la banlieue d'Amsterdam. L'impact a été d'une telle violence que deux immeubles de neuf étages ont été pulvérisés. Des dizaines de familles, principalement des immigrés antillais et surinamiens, dînaient ou regardaient la télévision lors de la catastrophe. Outre les quatre occupants du vol LY 1862 d'El Al, les autorités font état, dans un bilan provisoire, de 200 à 300 morts. Le pilote a vraisemblablement perdu le contrôle de son appareil. (→ 15)

L'informatique va mal aux Etats-Unis

Etats-Unis, jeudi 1er
Les géants des puces traversent une mauvaise passe. A quelques jours d'intervalle, IBM et DEC ont annoncé des plans de réduction d'effectifs : 40 000 emplois supprimés pour le premier et 15 000 pour Digital. Le marasme n'est pas dû seulement à l'absence de reprise mais aussi à des choix stratégiques parfois maladroits. La lutte commerciale a fait s'effondrer les marges, qu'il faut reconstituer (→ 15.12).

Mikhaïl Gorbatchev assigné en Russie

Moscou, vendredi 2
Par Cour constitutionnelle interposée, le différend qui oppose Boris Eltsine et Mikhaïl Gorbatchev se prolonge. Ce dernier n'ayant pas voulu répondre aux convocations de la Cour – qui juge les « crimes constitutionnels du PCUS » –, les ministres de la Défense et des Relations extérieures lui ont interdit de quitter la Russie. Ce procès du PCUS, qui n'est rien d'autre qu'un « montage politique » pour Gorbatchev, le contraint à annuler toutes ses invitations à l'étranger. (→ 14)

Une mutinerie à Sao Paulo fait 111 morts

Surpopulation carcérale explosive.

Sao Paulo, vendredi 2
« Quelque chose d'anormal », déclare le directeur du pénitencier et l'euphémisme a fait frémir les familles des victimes. Les équipes médicales ont relevé 111 morts et 170 blessés, après l'intervention de la police anti-émeute dans une mutinerie. Des bribes de témoignages font apparaître que la police n'a pas fait de quartiers, tirant à l'arme automatique, lâchant les chiens sur des prisonniers menottés. Une tragédie que les autorités ont, en vain, tenté de cacher.

Le 4, l'exposition Henry Moore s'achève dans les jardins de Bagatelle.

Octobre

1992

Lu	Ma	Me	Je	Ve	Sa	Di
			1	2	3	4
5	6	7	8	9	10	11
12	13	14	15	16	17	18
19	20	21	22	23	24	25
26	27	28	29	30	31	

Tallinn, 5
Lennart Meri est élu président de la République estonienne, par le parlement.

Jihlava, 6
Les Premiers ministres slovaque et tchèque relancent le processus de partition de la Tchécoslovaquie. (→ 7.11)

Virginie, 7
Un C-130 militaire s'écrase sur un quartier résidentiel à Berkeley Springs ; il y a 6 morts.

Bastia, 7
Ange Orsini est abattu près de l'aéroport : 34ᵉ assassinat depuis le début de l'année.

Londres, 7
Deux explosions dans le centre de la capitale britannique font 5 blessés ; l'IRA revendique les deux attentats.

Lima, 7
Abimaël Guzman, le chef du Sentier lumineux, est condamné à la prison à perpétuité ; il est tenu pour responsable de la mort de 25 000 personnes depuis 1980.

Texas, 8
Les Etats-Unis, le Mexique et le Canada signent l'accord de libre-échange nord-américain.

Bonn, 8
Le Bundestag se prononce pour la ratification du traité de Maastricht. (→ 16)

Paris, 9
Max Frérot, l'un des responsables d'Action directe, comparaît devant la cour d'assises spéciale de Paris. (→ 14)

Saint-Domingue, 10
Le pape Jean-Paul II se rend à Saint-Domingue ; c'est son premier voyage à l'étranger depuis son hospitalisation. (→ 12)

Luanda, 11
De violents accrochages ont lieu entre la police angolaise et l'Unita. (→ 29)

Douala, 11
Paul Biya est réélu président de la République du Cameroun avec 39,9 % des suffrages, contre Ni John Fru Ndi. (→ 23)

Tbilissi, 11
Edouard Chevardnadze accède à la présidence du parlement géorgien avec 95 % des voix.

Le Koweït élit ses députés islamistes

Koweït-City, lundi 5
Il y a six ans, le parlement avait été dissous pour « mauvais usage de la démocratie ». Les élections de ce jour marquent ainsi le retour à la vie parlementaire dans un Koweït au climat morose : des promesses faites par l'émir Jaber pendant la sombre période de l'occupation irakienne. Mais ce scrutin marque également un retour en force de l'opposition, laïque mais aussi islamiste, qui rafle la moitié des sièges. La plupart des islamistes koweïtiens, qui effectuent une percée très remarquée, essaient de donner une image modérée de leur mouvement.

Des présidentielles contestées en Angola

L'Unita, prête à reprendre les armes.

Luanda, mardi 6
Les élections du 29 septembre dernier, sous contrôle de l'ONU, le premier scrutin libre de ce pays, semblent gravement compromises quant à leurs suites. Près de 90 % des votes ont été dépouillés et ont permis de désigner José Eduardo Dos Santos, le président sortant et chef du MPLA, comme vainqueur. Cette sanction des urnes a été aussitôt contestée par l'Unita, le mouvement d'opposition armée, anciennement soutenu par l'Afrique du Sud. Le chef de l'Unita, Jonas Savimbi, et ses généraux, évoquant des fraudes massives, menacent de rallumer la guerre civile si le scrutin n'est pas annulé. (→ 11)

Mitterrand manque un sommet africain

Libreville, mercredi 7
Il n'y a que treize chefs d'Etat à avoir fait le déplacement au Gabon. L'absence de François Mitterrand à l'affiche du 17ᵉ sommet franco-africain est sans doute pour beaucoup dans cette désaffection. Pierre Bérégovoy remplace le président, « en congé maladie », mais étant donné l'importance des liens personnels, certains se sont fait représenter. D'autres, pour cause de situations intérieures instables ou de processus électoraux, ont préféré ne pas s'éloigner. Cette année, le menu est peu « risqué », car il est plus question d'aides au développement que de transition démocratique.

Le prix Nobel pour un écrivain antillais

Derek Walcott, poète et dramaturge.

Stockholm, jeudi 8
Le prix Nobel de littérature est décerné à un « mulâtre de style », « blanc et noir, esclave et maître ». Derek Walcott, 63 ans, symbolise en effet à lui seul tout un monde, qu'il rattache, dans l'ordre : aux Caraïbes, sa patrie, à l'Angleterre, terre linguistique, et à l'Afrique, continent ancestral. Fils d'une dramaturge et d'un peintre écrivain, Derek Walcott dit avoir le sentiment de continuer l'œuvre de ses parents, surtout de son père prématurément disparu. Aujourd'hui professeur de littérature anglaise à Boston, l'auteur d'*Omeros* et de *The Gulf* fait résonner dans son œuvre poétique et théâtrale « l'épopée métisse » d'un monde coloré. (→ 16)

Un inculpé devient un « mis en cause »

Paris, vendredi 9
Bataille de mots ou véritable progrès ? Le débat autour de la réforme du code de procédure pénale, à l'Assemblée nationale, a donné lieu la nuit dernière à des empoignades sémantiques. C'est surtout vrai pour la notion d'inculpation. L'enjeu est de garantir les droits des personnes et parmi ces droits, la présomption d'innocence. Il s'agit de trouver une dénomination qui occulte le plus longtemps possible la culpabilité. On parlera désormais de « mise en examen » puis de « mise en cause ».

Le 8, au Havre, le « Club Med II », un cinq-mâts de 187 m, effectue ses essais en mer. Il peut embarquer 439 passagers et 213 hommes d'équipage.

Willy Brandt l'antinazi avait reçu le prix Nobel de la paix

Bonn, jeudi 8
Herbert Ernst Frahm s'est éteint près de Bonn. Avec lui disparaît le symbole d'une nation à la recherche d'une nouvelle conscience. Willy Brandt (*18.12.1913), puisque c'est sous son nom de résistant aux nazis qu'il restera dans l'histoire, chancelier de 1969 à 1974, prix Nobel de la paix, président d'honneur du SPD, a réussi à concilier moralité et politique. C'est lui qui, en 1970, s'agenouillait devant le mémorial du ghetto de Varsovie, c'est lui qui inaugurait dès 1969 cette politique d'ouverture vers l'Est qu'on lui reprochera tant, c'est lui enfin, et personne d'autre, que les Berlinois ont acclamé lors de la chute du mur de Berlin, en novembre 1989.

Couvé du regard par Golda Meir lors de son voyage en Israël en juin 1973.

Survol de la Bosnie interdit aux Serbes

New York, vendredi 9
Les avions serbes sont interdits de vol au-dessus de la Bosnie. C'est le Conseil de sécurité de l'ONU qui a décrété zone d'exclusion aérienne le territoire de la république. Seuls seront autorisés les vols humanitaires. Cependant, aucune sanction n'est prévue en cas de violation de la résolution. Les Etats-Unis souhaitaient un texte plus « musclé », autorisant l'interception et la destruction en vol. Simultanément, les rumeurs d'un accord de cessez-le-feu « inconditionnel » entre Serbes et Croates circulaient. Un arrangement qui isolerait encore un peu plus les musulmans. (→ 18)

Ion Iliescu reste président de la Roumanie

Réélu avec 61 % des suffrages.

Bucarest, dimanche 11
Ion Iliescu était donné perdant par l'intelligentsia libérale, à cause de son passé communiste, à cause des mineurs qui, à sa demande, avaient semé la terreur dans la capitale en 1990. Mais c'était méconnaître la peur du changement d'une majorité de Roumains. Iliescu a usé à bon escient de son image rassurante de grand-père pétri d'expérience. Les agriculteurs et les ouvriers ont très largement voté pour lui, très peu tentés par la libéralisation politique et surtout économique prônée par les formations d'opposition. Son rival, Emil Constantinescu, candidat de la Convention démocratique, a obtenu 39 % des voix.

Paris plus Onze aux négociations du Gatt

Bruxelles, dimanche 11
La reprise des pourparlers du Gatt s'annonce risquée pour les intérêts agricoles français. En effet, la volonté partagée par les deux parties, CEE et Etats-Unis, d'aboutir rapidement à un accord, pourrait entraîner un divorce dans le camp européen, entre la France, prête à utiliser son droit de veto, et ses onze partenaires. Les Français s'arc-boutent sur la protection de leur céréaliculture et de leur élevage. Car ce sont justement les domaines pour lesquels les négociateurs ont le plus avancé, prévoyant une baisse des subventions à l'exportation et des capacités de production pour désengorger le marché. (→ 14)

Le temps se gâte pour le blé français.

Le 10, mémorial pour 20 000 morts du sida face à la Maison Blanche.

Le 11, aux Etats-Unis, premier débat télévisé des présidentiables. (→ 3.11)

La Twingo, vedette du Mondial de l'automobile

Paris, dimanche 11

Le premier week-end du Mondial de l'automobile a connu une affluence record. Les visiteurs s'agglutinent autour du stand Renault pour y découvrir une petite voiture toute en rondeur, avec des couleurs vives et dont les journaux ont déjà abondamment parlé, la Twingo. Ce modèle sur lequel l'ancienne régie mise beaucoup est la seule véritable nouveauté grand public du salon. Renault la présente comme un nouveau concept : les options ont été réduites, au profit d'un haut niveau d'équipement ; la carrosserie, très originale, peut séduire mais aussi en agacer certains. Comme dans toute manifestation de ce type, les stands présentent à côté de voitures prévues pour la production, des prototypes, des études des bureaux de style, qui laissent pantois, comme le F100 de Mercedes. L'arrière-plan économique de ce Mondial, insaisissable pour le curieux qui flâne dans les allées, est en pleine mutation. Au moment où les constructeurs japonais perdent (un peu) de leur superbe à cause de leur marché intérieur déprimé, les Européens, et en particulier les Français et les Allemands, commencent à récolter les fruits de leurs investissements massifs et de leurs restructurations dans les années 80. Cette industrie, que l'on disait moribonde, a maintenant comblé une partie de son retard vis-à-vis des Nippons. Seulement, de nouveaux concurrents sortent aussi leurs griffes, les Coréens...

Baptisée W60 en 1986, puis Twingo par un ordinateur, la petite dernière de Renault sera disponible en mars 1993.

Ferrari a osé changer de couleur.

Le prototype F100 de Mercedes a pour particularité une conduite centrale.

Les Coréens de Hyundai s'attaquent au marché français avec la Pony.

Jaguar présente au salon le premier exemplaire livré en France de la XJ 220.

Octobre

1992

Lu	Ma	Me	Je	Ve	Sa	Di
			1	2	3	4
5	6	7	8	9	10	11
12	13	14	15	16	17	18
19	20	21	22	23	24	25
26	27	28	29	30	31	

Guyane française, 12
Une grève générale est organisée pour protester contre le délabrement économique de la région.

Séville, 12
L'Exposition universelle ferme ses portes après avoir reçu 15 millions de visiteurs.

Pékin, 12
Le 14e congrès du Parti communiste chinois est ouvert. (→ 19)

Munich, 13
La police trouve 2 kg d'uranium sur le parking d'une autoroute. (→ 28)

Londres, 13
British Coal annonce la fermeture de 27 houillères et le licenciement de 30 000 mineurs. (→ 19)

France, 14
Les agriculteurs manifestent dans tout le pays pour protester contre les négociations du Gatt à Bruxelles. (→ 21)

Paris, 14
Max Frérot est condamné à la réclusion criminelle à perpétuité pour la mort d'un inspecteur divisionnaire.

Moscou, 14
Pour déstabiliser Gorbatchev, Boris Eltsine rend publiques les archives sur le massacre de Katyn perpétué en 1940 par les Soviétiques. (→ 30.11)

Amsterdam, 15
Le bilan de la catastrophe du Boeing 747 cargo d'El Al est établi à 76 morts. (→ 13.11)

Sri Lanka, 15
La guérilla tamoule massacre 150 musulmans dans l'est du pays.

Londres, 15
Le groupe Pentland renonce au rachat d'Adidas.

Bruxelles, 15
Les parlementaires belges lèvent à nouveau l'immunité du député socialiste Van der Biest, autorisant ainsi les poursuites à son encontre, pour trafic de titres volés.

Birmingham, 16
En conseil extraordinaire, les chefs d'Etat et de gouvernement des Douze réaffirment leur attachement au traité de Maastricht. (→ 29)

Le monde célèbre Christophe Colomb

Saint-Domingue, lundi 12
C'est devant un monument lourd de symboles que le pape célèbre une messe. Le phare-mausolée de Colomb a nourri les polémiques. Imaginée en 1931 par un jeune architecte britannique, à la suite d'un concours international voulu par le dictateur Trujillo, cette entreprise mégalomaniaque porte la marque de ce dernier. L'immense croix latine couchée aurait dû être l'emblème de son règne. C'est son successeur, Joaquim Balaguer, 86 ans, aveugle, qui l'inaugure. Son coût démesuré frise l'indécence et le mur masquant les bidonvilles des alentours aux visiteurs a provoqué la colère des Dominicains.

Le Faro, voulu par le dictateur Trujillo en 1931, est un phare horizontal.

La Nasa se met à l'écoute des extraterrestres avec le radiotéléscope d'Arecibo.

Puerto Rico, lundi 12
En ces temps de célébrations des grandes découvertes et des esprits pionniers, la coïncidence est heureuse. La Nasa met en service ce jour même, à Arecibo, le plus puissant des radiotéléscopes de notre monde. La cuvette transformée en gigantesque récepteur d'ondes radio existe depuis longtemps. Mais avec le projet Seti (Search for extraterrestrial intelligence), la Nasa a « mis le paquet » grâce à une enveloppe de 100 millions de dollars. Cela lui a permis de mettre en place les puissants scanners inaugurés ici. En 3 jours, ces détecteurs pourront faire le travail effectué en 30 ans. Ce sont 800 étoiles qui doivent être auscultées. Le but de cette mobilisation ? Détecter une intelligence d'un autre « nouveau monde ».

Paris, lundi 12
Le 7e Art apporte aussi sa contribution à la commémoration du cinquentième anniversaire de la découverte de l'Amérique, avec la sortie mondiale du film de Ridley Scott, *1492, Christophe Colomb.* La promotion du film insiste sur l'universalité de l'événement, exactement calé sur le jour anniversaire. Les critiques et le public seront bien sûr au rendez-vous, les uns pour faire la fine bouche, les autres pour en apprécier le spectacle. Nonobstant la valeur réelle ou supposée de ce long métrage, ou ses partis-pris historiques, Gérard Depardieu y incarne un Colomb inoubliable, en avance sur son temps, un prophète en quelque sorte.

« 1492, Christophe Colomb » : une sortie mondiale dans 5 000 salles.

Les Indiens, ici à Santiago, multiplient les manifestations contre l'hommage rendu à Colomb.

Le Caire est frappé par un tremblement de terre meurtrier

Le Caire, lundi 12
Les habitants de la capitale égyptienne ont été moins victimes de la secousse tellurique que des maux qui minent cette ville depuis des décennies. Ce sont en effet la surpopulation et l'urbanisation anarchique sur des sols sableux gorgés d'eau, qui ont rendu ce tremblement de terre, d'une ampleur plutôt moyenne, à ce point meurtrier et destructeur. L'arrêt des communications entre les différentes régions du pays rend tout bilan extrêmement précaire. Mais au Caire, où l'on relève 120 morts et de nombreux blessés, victimes des effondrements mais aussi de la panique, ce sont les quartiers pauvres qui ont le plus souffert.

Le bilan s'établit à 120 morts et 2 000 blessés pour une secousse d'une minute.

Le Onze de France se rachète au Parc

Paris, mercredi 14
En battant l'Autriche au parc des Princes, dans un match de qualification en Coupe du monde, le Onze de France a mis fin à une longue série noire qui l'avait privé de la moindre victoire depuis onze mois. Ce succès (2-0) fut assuré par le duo d'attaquants Papin-Cantona, qui marqua les deux buts aux 3e et 77e minutes. Les Tricolores durent attendre la fin du match pour se rassurer, Papin ratant un penalty à la 81e minute. Mais tout n'a pas été parfait dans le jeu des Français qui devront offrir un meilleur spectacle contre la Finlande, pour rivaliser avec Bulgares et Suédois. (→ 14.11)

L'immobilier fait peur aux banquiers

Paris, vendredi 16
L'immobilier parisien est gravement malade et c'est l'ensemble des acteurs financiers qui se retrouve fiévreux. Cette fièvre laisse augurer des réveils difficiles pour les banquiers qui avaient soutenu l'activité immobilière dans la grande euphorie des années 80 finissantes. Une bulle spéculative dont on ne voyait pas la fin et qui a éclaté il y a près d'un an. Mais les espoirs de reprise s'éloignant, les banques s'aperçoivent que les crédits à l'immobilier, de bureaux surtout, allègrement distribués, risquent de se transformer en pertes sèches.

Le prix Nobel de physique à nouveau décerné à un Français

Georges Charpak, après de Gennes.

Stockholm, vendredi 16
Les attributions des prix Nobel se terminent avec celui de la paix, décerné à l'opposante guatémaltèque Rigoberta Menchu, qui défend la cause des Indiens. Deux jours plus tôt, l'Académie suédoise avait récompensé Georges Charpak avec le Nobel de physique, pour ses travaux sur la détection des particules et ses inventions d'instruments de mesures. Comme Pierre-Gilles de Gennes, primé l'an dernier, Charpak travaille à l'Ecole supérieure de physique et de chimie de Paris. Les Américains ont raflé l'essentiel des prix avec Fischer et Krebs en médecine, Becker en économie et Marcus pour le Nobel de chimie.

Rigoberta Menchu, Nobel de la paix.

Le 15 à Alfortville, Michel Rocard inaugure Chinagora. Vitrine commerciale pour la Chine en France, le projet a coûté 400 millions de francs.

Une destruction mystérieuse à Sarajevo

Sarajevo, dimanche 18
La seule minoterie industrielle de Sarajevo est détruite. Ses machines assuraient 95 % de la production de farine de la ville. Selon les responsables de l'usine, trois obus tirés par des chars serbes seraient à l'origine de la catastrophe. Mais plusieurs témoignages mettent en doute cette version des faits : les murs sont intacts et de nombreux signes plaident en faveur d'une explosion interne. Les Bosniaques pourraient avoir voulu justifier le renforcement de l'aide humanitaire. Tout est possible dans cette guerre où la désinformation est reine. (→ 19)

Plus de minoterie... plus de pain.

Octobre

1992

Lu	Ma	Me	Je	Ve	Sa	Di
			1	2	3	4
5	6	7	8	9	10	11
12	13	14	15	16	17	18
19	20	21	22	23	24	25
26	27	28	29	30	31	

Paris, 19
Le procès des responsables présumés de l'accident de train de la gare de Lyon, le 27 juin 1988, qui a coûté la vie à plus de 50 personnes, s'ouvre en correctionnelle.

Bosnie, 19
Le front commun antiserbe se divise : les forces bosniaques s'attaquent à des villages croates. (→ 23)

Londres, 19
Le Premier ministre John Major annonce que seules 10 houillères seront fermées. (→ 25)

Luxembourg, 20
Les Douze adoptent la proposition française en matière de circulation des déchets.

Washington, 20
Malgré l'opposition américaine, l'ONU signe avec l'Irak un programme d'aide humanitaire pour l'hiver.

Pékin, 20
La Chine refuse de définir le futur statut démocratique de la colonie anglaise de Hong Kong.

Moscou, 20
Pour assurer la protection de ses minorités, la Russie suspend le retrait de ses troupes des pays Baltes.

Paris, 20
Nicole Notat remplace Jean Kaspar à la tête de la CFDT.

Egypte, 21
Des militants islamiques attaquent des touristes à Dayrut, faisant 1 mort et 2 blessés. (→ 1.11)

Washington, 21
Les négociations du Gatt sont un échec. (→ 5.11)

Moscou, 22
Les Galeries Lafayette ouvrent une antenne sur la place Rouge.

Cameroun, 23
La Cour suprême valide l'élection de Paul Biya. (→ 27)

Lituanie, 25
Le premier tour des législatives marque l'échec du nationaliste Vytautas Landsbergis. (→ 25.11)

Japon, 25
Le Grand Prix de F1 échappe à Honda et revient à Patrese, sur Williams-Renault. (→ 8.11)

Le parti communiste chinois garde le cap

Pékin, lundi 19
Le palais du Peuple vibre sous les applaudissements. Deng Xiaoping apparaît, soutenu par sa fille, pour recevoir l'hommage des délégués du 14e congrès du PCC. Il peut savourer sa victoire et celle de sa ligne, une innovation idéologique qui date de 1978, « l'économie de marché socialiste ou le socialisme à la chinoise ». Les pulsions démocratiques ou les résistances de l'appareil sont les deux écueils entre lesquels il a dû naviguer. Les luttes au sein du PCC semblent pourtant redoubler. La désignation de Zhu Rongji comme possible successeur n'est qu'une étape d'un jeu complexe dont le but ultime est la maîtrise du dernier empire rouge.

Deng Xiaoping clôt le 14e congrès.

Double suicide chez les Verts allemands

Bonn, mardi 20
Double suicide ou meurtre suivi d'un suicide ? Petra Kelly et son compagnon Gert Bastian ont été retrouvés morts dans leur petite villa de Bonn. On parle aujourd'hui de la lassitude de ce couple fameux qui avait fait de la cause écologique et pacifique son combat quotidien. Depuis les législatives de décembre 1990, en effet, les Grünen n'ont plus de sièges au Bundestag. Pour Petra Kelly, 44 ans, et Gert Bastian, 65 ans, ex-général de la Bundeswehr, qui voyaient dans cet échec la sanction de la perte d'identité des Verts, l'écroulement de leur rêve politique fut peut-être fatal.

Les députés du PS protègent les élus

Paris, mardi 20
Des volte-face, la vie politique en a connues. Mais celle à laquelle les députés socialistes viennent de se livrer est étonnante. Ils ont, la nuit dernière, rejeté des propositions de loi qu'ils avaient eux-mêmes rédigées et proposées. Quelle bombe ont-ils désamorcée ? Cette loi devait assurer une complète publicité sur le patrimoine des élus, au début et en fin de mandat. Cette audace démocratique, réclamée au nom de la transparence par le gouvernement, a ainsi été réduite à une déclaration confidentielle devant une commission. La discrétion reste de mise.

Travail clandestin, 70 % de Français

Paris, mercredi 21
Le travail « au noir » est avant tout une spécialité bien française. Une étude du ministère du Travail évacue le mythe d'un fléau social propre aux seuls étrangers en mal d'emploi et en situation irrégulière. Ceux-ci ne fournissent pas le gros des bataillons du travail clandestin. Le renforcement de l'arsenal légal et répressif depuis quelques années a permis de mieux connaître la nature des délits. Ce sont les secteurs du bâtiment, de l'agriculture, du commerce et de la restauration, qui dans cet ordre, ont le plus recours au travail non déclaré.

Justice à minima au procès du sang

Paris, vendredi 23
Le verdict ne pouvait que décevoir les associations de victimes, même si le docteur Garretta, absent, a été condamné au maximum requis : quatre ans de prison et 500 000 F d'amende. Le procès avait lieu devant un tribunal correctionnel et celui-ci ne pouvait pas prononcer des peines d'assises. Ce qui, dans l'esprit des hémophiles, des transfusés et de leurs défenseurs, aurait été plus en rapport avec la gravité des fautes reprochées. Les autres inculpés, messieurs Allain, Roux et Netter, écopent de la prison avec sursis ou de la relaxe. (→ 28)

Le 21, 25 000 exemplaires de « Sex », le livre de Madonna, sont mis en vente en France.

Le 21, à Moscou, les Russes découvrent le premier tirage télévisé du loto.

Les écoliers donnent du riz aux Somaliens

Paris, mardi 20
Bernard Kouchner, ministre de la Santé, et Jack Lang, ministre de l'Education nationale, soutenus par la Poste, la SNCF et l'Unicef, font appel à la solidarité des écoliers en lançant l'opération *Les enfants de France pour la Somalie.* Dans 74 000 écoles, 175 000 sacs postaux attendent d'être remplis. Les organisateurs espèrent ainsi récolter six mille tonnes de riz et nourrir les enfants somaliens pendant un mois. Mais l'opération ne fait pas l'unanimité : plusieurs organisations humanitaires s'élèvent contre une telle « illusion qui camoufle l'incapacité politique de la communauté ». Un millier d'enfants meurent chaque jour en Somalie. (→ 23.11)

5 000 tonnes collectées en 24 heures.

Un rapport accablant pour les Serbes

New York, vendredi 23
Les témoignages sont accablants. Le rapporteur spécial de l'ONU sur les violations des droits de l'homme dans l'ex-Yougoslavie dénonce en effet les agissements inhumains des milices en Bosnie. Ce sont encore une fois les Serbes qui sont désignés en tout premier lieu. Tadeusz Mazowiecki affirme également que la politique de purification ethnique a d'ores et déjà atteint son but. Et deux rapports, du Département d'Etat américain et d'Amnesty International, abondent dans le même sens. Sur toutes ces pages, s'égrène une sinistre litanie de meurtres, de viols, de mutilations et de tortures. Ils établissent que ces horreurs sont pratiquées à grande échelle. (→ 26)

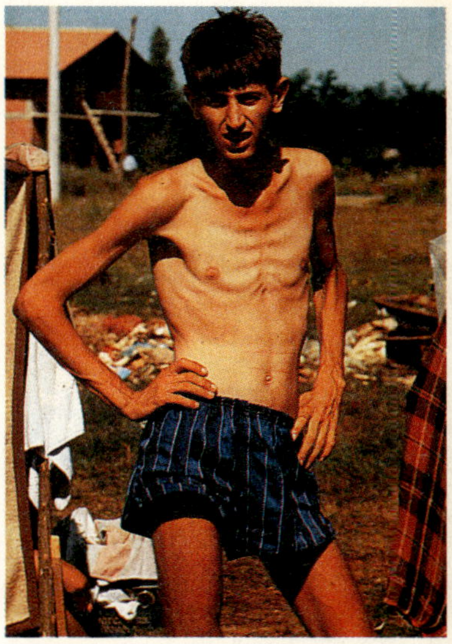
Effrayante réalité de la purification.

Le Quinze de France prend sa revanche

Vainqueur des Springboks : 29-16.

Paris, samedi 24
Battu à Lyon il y a une semaine par l'Afrique du Sud, le Quinze de France a pris sa revanche au parc des Princes en triomphant de ces mêmes adversaires par 29 points à 16. Le trois-quart centre Lacroix ayant marqué 19 points à lui tout seul, et le pack d'avants ayant réussi à dominer l'adversaire. C'est la première fois en neuf matchs que les rugbymen français battent les Sud-Africains en France. Un succès qui a rassuré quelque peu le sélectionneur Pierre Berbizier, mais qui demande tout de même confirmation. Rendez-vous est pris pour le prochain match contre l'Argentine à Nantes. (→ 14.11)

John Major déstabilisé par les mineurs

Une politique économique contestée.

Londres, dimanche 25
Un « ras-le-bol général face à la récession ». Voilà ce qui a permis à l'opposition libérale-démocrate et travailliste de pleinement réussir son pari dominical : réunir 150 000 personnes pour un lent défilé dans les rues de Londres. A la différence de celui des gueules noires, quatre jours auparavant, ce défilé avait ceci d'inquiétant pour les conservateurs qu'il était socialement plus hétéroclite, mêlant les ouvriers et les classes moyennes, les petits commerçants et les professions de santé. John Major, d'ailleurs en butte à l'hostilité d'une frange de son parti, a perdu la confiance d'un électorat déboussolé. (→ 5.11)

Le 23, la visite officielle de l'empereur du Japon Akihito marque la réconciliation avec la Chine.

L'exposition Botero est inaugurée sur les Champs-Elysées, le 22.

Le 24, Atlanta est battu à domicile par Toronto, en finale de base-ball des World Series : 4-3.

Lu	Ma	Me	Je	Ve	Sa	Di
			1	2	3	4
5	6	7	8	9	10	11
12	13	14	15	16	17	18
19	20	21	22	23	24	25
26	27	28	29	30	31	

Paris, 26
Le Cnes rend publics les noms des cosmonautes du prochain vol spatial franco-russe. Claudie André-Deshays, la première Française sélectionnée pour l'espace, sera suppléante de Jean-Pierre Haigneré.

Bosnie, 26
Le CICR diffère la libération de 5 000 prisonniers, aucun pays européen n'étant prêt à accueillir les réfugiés. (→ 28)

Londres, 26
Le groupe suédois Ikea rachète la chaîne de magasins Habitat.

Israël, 27
Tsahal réplique à l'attentat de l'avant-veille, qui a fait 5 morts parmi les soldats israéliens, en bombardant les positions du Hezbollah au Sud-Liban. (→ 11.11)

Cameroun, 27
L'état d'urgence est instauré dans le nord du pays.

Tripoli, 28
Le juge Bruguière, dépêché par la France pour enquêter sur l'attentat du DC-10 d'UTA, est refoulé à la frontière libyenne. (→ 15.11)

Bavière, 28
La police démantèle un réseau de trafic d'uranium germano-croate. (→ 3.11)

Birmanie, 28
Amnesty International dévoile les exactions du gouvernement birman, responsable de plusieurs milliers de morts.

Düsseldorf, 28
Heinz Eggert devient vice-président de la CDU.

Europe, 29
L'Italie et l'Espagne ratifient le traité de Maastricht. (→ 5.11)

Ankara, 29
La Turquie et cinq républiques d'Asie centrale se retrouvent au sommet des pays turcs.

Cuba, 29
L'élection des députés a désormais lieu au suffrage direct et secret, mais les candidatures indépendantes du Parti demeurent interdites.

Aoste, 31
Une zone de protection des cétacés, dans le triangle Hyères-Gênes-Cap Corse, est créée par les ministres italien et français de l'Environnement.

« No » et « non » au Canada pour la réforme de la Constitution

Canada, lundi 26
Il faut que les antagonismes soient profonds pour que le référendum ait été à ce point un échec. Cette consultation se donnait trois grands objectifs, liés entre eux pour une réforme de la Constitution : entériner la création de gouvernements autochtones, reconnaître la spécificité du Québec et l'égalité des dix provinces. Seules quatre provinces anglophones, dont l'Ontario, l'ont approuvé. Le reste de la fédération, aujourd'hui en sursis, s'est acharné à dire « non » ou « no ». Chacun des trois grands groupes, Amérindiens, anglophones et francophones a refusé toute amélioration dans les statuts des deux autres.

Chacun pour soi ! Ils refusent les autonomies et la spécificité du Québec.

Les cheminots en grève européenne

Europe, mardi 27
Evénement dans l'histoire syndicale avec la première grève européenne, lancée par les cheminots, et qui semble bien être un succès. Très suivi en France, l'appel a été également entendu en Belgique, en Italie, en Espagne, en Suisse, en Autriche. Interdite en Angleterre et en Allemagne, la grève n'a pas été suivie aux Pays-Bas. Les cheminots entendent ainsi protester contre la directive européenne du 20 juin 1991 traitant de « l'assainissement financier » et de la « libéralisation » des sociétés de chemin de fer.

En bouc émissaire, le Dr Garretta se rend

Retour de Boston, avec son avocat.

Paris, mercredi 28
Rarement retour aura été aussi attendu. Il faut ajouter que l'absence de Michel Garretta à l'annonce du verdict avait été très mal ressentie par l'opinion. Rien ne l'obligeait à y assister, et son avocat avait affirmé qu'il se plierait à toutes les injonctions. Mais sa retraite américaine est apparue alors comme une reculade. Aussitôt, les médias faisaient le siège de sa maison de Boston et dévoilaient tous les détails de ses activités outre-Atlantique. A son arrivée à Paris, Michel Garretta s'est posé comme le bouc émissaire expiant pour les « vrais responsables ». Fera-t-il appel ? (→ 2.11)

L'« Akatsuki Maru » arrive sous escorte

Brest, jeudi 29
Branle-bas de combat pour la surveillance militaire : le navire japonais actuellement le plus célèbre, l'*Akatsuki Maru*, est à quai. Cette escale parmi les navires de guerre montre s'il en était besoin la charge symbolique de cette croisière à très hauts risques. Le navire attend la fin des préparatifs pour rejoindre Cherbourg et y charger 1,5 t de plutonium qu'il doit remporter au Japon. En fait de préparatifs, ce sont surtout ceux des organisations écologistes qui inquiètent les autorités. Des actions de protestations sont prévues. (→ 7.11)

La police déloge les sans-abri maliens

Le camp abrite alors 700 personnes.

Paris, jeudi 29
Ce matin, avant l'aube, la police, employant les grands moyens en matériel et en hommes, a délogé les sans-abri qui campaient là depuis le 18 mai. L'esplanade du château de Vincennes est de nouveau vide. Ces familles maliennes, qui réclamaient un relogement pour la plupart, ou un toit tout simplement pour d'autres – la nuance est de taille car elle a envenimé toutes les négociations –, ont donc été recensées par les forces de l'ordre avant d'être expédiées, par bus, vers un autre abri provisoire, mais en banlieue. Le gouvernement invoque des raisons humanitaires, les Maliens, eux, le droit au logement.

Bataillon français, hors ONU, en Bosnie

Bosnie-Herzégovine, mercredi 28
Les soldats français ne portent pas le béret bleu de l'ONU mais celui de l'armée de terre. Le bataillon arrivé en Bosnie pour assurer la protection de l'aide humanitaire a en effet été constitué sur initiative nationale et n'est pas pris en charge financièrement par les Nations unies. Le bataillon français, dont les 1 350 hommes sont équipés de quelque 115 blindés dont 18 chars légers Sagaie, doit s'installer dans l'ouest de la Bosnie, notamment dans la région de la poche de Bihac. Les forces de cette « Forpronu 2 » sont également constituées de trois autres bataillons : espagnol, canadien et britannique. (→ 6.11)

Par sécurité, ils gardent le sigle UN.

L'ONU veut sa force d'intervention rapide

New York, jeudi 29
Si le processus engagé est poussé jusqu'au bout, l'ONU est en passe de se doter d'une force d'intervention rapide. Le Conseil de sécurité a en effet demandé à ses membres de sélectionner des unités qui pourraient le cas échéant participer à des actions de maintien de la paix. Si la France s'est immédiatement portée volontaire, c'est que ces forces de déploiement rapide reprennent une idée française. Idée que le secrétaire général, M. Boutros-Ghali, a fait sienne. Ce projet est né du constat d'impuissance, visible au grand jour dans toutes les opérations actuelles de l'ONU. De la Yougoslavie à la Somalie, ses actions manquent cruellement d'efficacité.

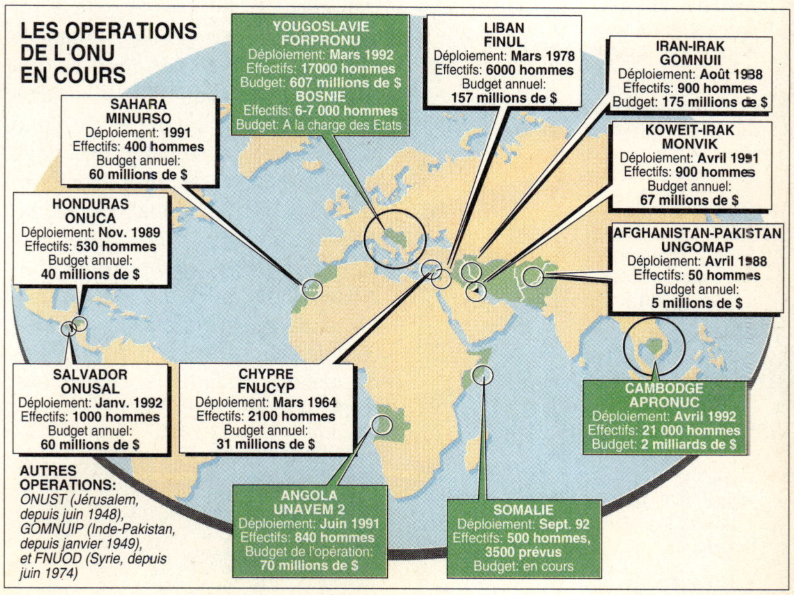

Nouvelle menace de guerre en Angola

La trêve est rompue malgré l'ONU.

Luanda, jeudi 29
Le processus de paix n'a pas fait long feu. Les partisans de Jonas Savimbi sont passés à l'offensive. Ils se sont retirés de la capitale et multiplient les attaques dans les provinces et les abords de la capitale. Les bons offices de l'ONU et de l'Afrique du Sud ne semblent pas susceptibles d'enrayer la logique de guerre. Quinze ans de guerre civile ont laissé de chaque côté des rancœurs, prêtes à se rallumer, et des combattants aguerris, qui refusent tout désarmement. L'Unita reprend sa tactique de harcèlement, et ses soldats ont bombardé la ville de Caala et assiégé le palais du gouverneur à Huambo, la capitale des hauts plateaux, afin de contrôler la ville. (→ 1.11)

Le Vatican admet que la Terre est ronde

Rome, samedi 31
La Terre est ronde et tourne autour du Soleil. Ce que tout écolier sait dès l'âge de 8 ans, l'Eglise vient de le reconnaître. Ce matin, Galileo Galilei est réhabilité. Le 22 juin 1633, après un procès retentissant, Galilée avait dû abjurer devant les juges de l'Inquisition, évitant ainsi le bûcher réservé aux hérétiques. Le Vatican n'aura attendu que 360 ans pour faire son *mea culpa*. La communauté scientifique espère maintenant pouvoir faire reconnaître la théorie évolutionniste de Darwin avant l'an 2209... (→ 18.11)

Le brevet de la première calculatrice de poche était déposé il y a 20 ans.

Le 30, le nouveau Bundestag est inauguré à Bonn, en présence de Kohl.

Novembre

1992

Lu	Ma	Me	Je	Ve	Sa	Di
						1
2	3	4	5	6	7	8
9	10	11	12	13	14	15
16	17	18	19	20	21	22
23	24	25	26	27	28	29
30						

Egypte, 1er
Des extrémistes musulmans attaquent un car de touristes coptes, faisant 10 blessés.

Luanda, 1er
Les combats font 200 morts dans la capitale angolaise. (→ 26)

Paris, 2
A l'instar de Laurent Fabius, Edmond Hervé, mis en cause dans l'affaire du sang contaminé, réclame un jury d'honneur. (→ 9.12)

Etats-Unis, 2
Magic Johnson abandonne le basket pour se consacrer à la lutte contre le sida.

Caucase, 2
Après l'envoi de trois mille hommes, Boris Eltsine décrète l'instauration de l'état d'urgence en Ossétie du Nord et en Ingouchie. (→ 11)

Paris, 3
Antoine Waechter et Brice Lalonde parviennent à un accord en vue des législatives.

Allemagne, 3
La police arrête un trafiquant britannique de plutonium.

Illinois, 3
Carol Moseley Braun est la première femme noire élue au Sénat.

Bruxelles, 5
Le négociateur européen au Gatt démissionne pour protester contre l'attitude trop favorable à la France de Jacques Delors. (→ 20)

Londres, 5
John Major annonce que l'Angleterre ne se prononcera sur le traité de Maastricht qu'après la consultation danoise prévue en mai prochain. (→ 2.12)

Pékin, 7
L'intransigeance des Khmers rouges met la conférence sur le Cambodge en échec. (→ 30)

Paris, 8
Boris Becker gagne l'Open de Bercy contre Guy Forget. (→ 22)

DECES

Hollywood, 2
Hal Roach, producteur, auteur et réalisateur (*14.1.1892).

Bruxelles, 7
Joseph Hanse, grammairien (*5.10.1902).

Entrée en vigueur de la loi antitabac

Paris, dimanche 1er
Plusieurs quotidiens avaient lancé des comptes à rebours égrènant les conseils. Cette loi et ses applications ont fait et feront parler d'elles, dans les restaurants, les lieux de travail, partout où une sociabilité est en jeu. Il est en effet désormais interdit de fumer dans tous les lieux « couverts et fermés affectés à un usage collectif ». L'espace fumeur, de règle, devient exception. Ce décret est le résultat d'intenses arbitrages entre des impératifs de santé et d'hygiène publiques d'une part, et des pressions des producteurs et du monopole national, la Seita, d'autre part. La France entre ainsi dans la sphère de la répression antitabac. Certes pour le bien de tous, les dangers encourus étant bien connus. Mais qui est prêt, à coups d'amendes, à faire la chasse aux contrevenants ? (→ 10.12)

Les espaces fumeurs sont délimités.

Clinton, le 42e Président

Les Démocrates reviennent au pouvoir douze ans après le départ de Carter.

Washington, mardi 3
Avec seulement 43 % des suffrages, le candidat démocrate se retrouve à la tête de la première puissance mondiale. Une puissance peut-être moins assurée qu'auparavant, mais qui a décidé de suivre le pari de la jeunesse. Bill Clinton, 46 ans, gagnant dans 33 Etats sur 51, a réussi son parcours et voit l'ambition de sa vie réalisée, entrer à la Maison Blanche. Un pari au départ pourtant mal engagé pour cet homme dont la seule expérience de l'exécutif est le poste de gouverneur de l'Arkansas. Pendant la campagne, les révélations sur ses problèmes conjugaux, ses tentatives d'échapper au service militaire au Viêtnam, son aveu d'avoir fumé du haschisch (« sans inhaler ! »), n'ont pas entamé sa popularité. La participation, plus importante que prévu, l'a servi, mais a aussi servi Ross Perot, 19 % des voix, le pourfendeur de l'*establishment* (→ 11.12).

L'OM revient parmi les grands d'Europe

Marseille, mercredi 4
L'Olympique de Marseille participera aux poules demi-finales de la Coupe d'Europe des champions, après avoir battu (2-0) et éliminé le Dinamo Bucarest. Le Paris SG, par 0-0 à Paris contre Naples, et Auxerre, par 2-0 à Copenhague, se sont également qualifiés pour les huitièmes de finale de la Coupe de l'UEFA. L'AS Monaco, finaliste de l'épreuve la saison dernière, n'a pu éviter l'élimination en Coupe des Coupes, devant l'Olympiakos. (→ 25)

Le 2, à Toulouse, premier vol de l'Airbus A 330, moyen-long courrier.

Bobby Fischer reste le maître es-échecs

Belgrade, jeudi 5
Le retour du grand maître américain sous les feux de la rampe est couronné de succès. Bobby Fischer remporte le match le mieux doté de l'histoire des échecs. Sa victoire sur Boris Spassky lui rapporte en effet 3 335 000 dollars (près de 17,5 millions de francs). Fischer a gagné la 30e partie et par là même la rencontre par 10 victoires à 5. Organisée par un banquier serbe, commencée sur une île du Monténégro, cette reprise de la finale de 1972 a été très contestée en Occident.

Le vignoble dévoré en Californie

San Francisco, mercredi 4
Bush part, Clinton arrive, le Phylloxéra reste. Pour la Californie viticole, le désastre s'annonce sévère. Les cinq dernières années, particulièrement sèches, ont favorisé la prolifération de l'insecte du diable (Phylloxera vastatrix) qui avait fait des ravages en France à la fin du siècle dernier. En 1987, une vingtaine d'hectares étaient atteints. Le bilan provisoire actuel fait état de près de 3 000 ha anéantis, situés sur les meilleurs quartiers de Napa Valley et Sonoma, la fine fleur des crus californiens. On évalue à plus de 20 000 ha la superficie à replanter avant la fin du millénaire. Car le Phylloxéra est aussi un formidable reproducteur. Pourtant, les Américains étaient bien prévenus, eux qui, par leurs porte-greffes solides, ont contribué à la résurrection du vignoble français. Aujourd'hui, c'est le drame. Il en coûtera près de deux milliards de dollars pour reconstituer le vignoble. Les petits producteurs ne pourront pas assumer. Le cadastre viticole de Californie va être en partie redistribué au profit des grands groupes de vins et spiritueux qui passeront à travers cette nouvelle forme de prohibition.

L'opération humanitaire en Bosnie « Mille enfants à l'abri »

Venus de camps de réfugiés, ils sont 960 à embarquer à Split pour la France.

Split, vendredi 6
Première étape sur le chemin de la France, ce port de l'Adriatique abrite, juste le temps d'un embarquement, des enfants qui en ont déjà trop vu. L'association humanitaire Equilibre, avec l'aide d'un réseau de bénévoles dans toutes les régions françaises, a en effet décidé d'offrir aux enfants de Bosnie une alternative à la guerre. Ainsi, 960 petits Bosniaques, parfois accompagnés de leurs mères, ont été évacués des camps de regroupement de Zenica et de Mostar, aux conditions de vie éprouvantes. Accueillis dans des foyers français, il faut espérer que leur exil sera provisoire. (→ 10)

Dubcek meurt avant la Tchécoslovaquie

Pendant le printemps de Prague.

Bratislava, samedi 7
Deux mois avant la partition programmée de la Tchécoslovaquie, un symbole disparaît, celui du « socialisme à visage humain ». Son père, Alexandre Dubcek (*27.11.1921), s'est éteint à l'hôpital des suites d'un accident de voiture. Homme brisé par la normalisation brejnevienne, il a incarné les espoirs du printemps de Prague en 1968. En 1989, la révolution de Velours fut sa juste revanche. (→ 25)

Fin de saison en F1

Adélaïde, dimanche 8
Gerhard Berger a remporté le dernier Grand Prix, celui d'Australie, grâce à un accrochage entre Mansell et Senna, qui élimina les deux rivaux. Berger a ainsi offert un cadeau d'adieu à McLaren, puisqu'il rejoindra l'écurie Ferrari l'an prochain. McLaren va aussi perdre Senna qui a déclaré qu'il ne savait pas où il irait en 1993. On parle de Williams-Renault mais on voit mal la cohabitation avec Prost. (→ 10.12)

Plutonium en haute mer

Cherbourg, samedi 7
L'*Akatsuki Maru* a fini par lever l'ancre dans la soirée. Le port et ses environs terrestres et marins ont, dans les dernières 24 heures, connu une agitation sans précédent. Un ballet parfois brutal qui a opposé les forces de l'ordre et les écologistes de plusieurs associations. Ces derniers ne pouvaient qu'agir symboliquement, face à un déploiement de moyens en hommes et en matériels énorme. Pour faire entrer dans les cales du bateau cette tonne et demie de plutonium si contestée, le chargement a duré 18 heures.

Berlin rejette le racisme

Berlin, dimanche 8
Contre la « barbarie quotidienne » raciste, qui a causé dix morts depuis le début de l'année, ils sont trois cent mille à manifester. La classe politique au presque grand complet est là, qui entend bien faire oublier ses faiblesses face à une extrême droite active. Une poignée d'autonomes se charge cependant de lui rappeler ses responsabilités à coups de poires pourries ; si le chancelier Kohl se tasse sous les projectiles, le président Richard von Weizsäcker garde la tête haute durant son discours, inaudible sous les cris... (→ 23)

Le retraitement du combustible nucléaire japonais a fait réagir les écologistes.

Les violences xénophobes ont fait descendre 300 000 personnes dans la rue.

Novembre

1992

Lu	Ma	Me	Je	Ve	Sa	Di
						1
2	3	4	5	6	7	8
9	10	11	12	13	14	15
16	17	18	19	20	21	22
23	24	25	26	27	28	29
30						

Marseille, 9
Les dockers votent à 72 % la poursuite de la grève.

Le Havre, 10
Le commandant de l'équipage ukrainien qui a jeté 7 passagers clandestins par-dessus bord au large des Bahamas est inculpé : l'unique survivant a témoigné.

Paris, 10
Les conducteurs de métro lancent une « grève avertissement ». (→ 18)

Sarajevo, 10
La Croix-Rouge évacue six mille civils. (→ 13)

Paris, 10
Le chef de l'organisation Iparretarrak est condamné à la perpétuité pour le meurtre de deux CRS en 1982.

Liban, 11
En riposte à des tirs de roquettes, Israël déploie ses forces dans la zone de sécurité du Sud-Liban. (→ 13)

Caucase, 11
Après avoir rétabli le calme, les troupes russes se retirent d'Ingouchie.

Lyon, 12
Pierre Botton, gendre de Michel Noir, est placé en garde à vue pour enquête sur une liquidation litigieuse. (→ 23)

Berlin, 12
Le procès d'Erich Honecker et de cinq anciens dirigeants de RDA est ouvert.

Bonn, 13
L'Allemagne établit des relations diplomatiques avec la Bosnie-Herzégovine. (→ 16)

Liban, 13
Israël évacue ses troupes massées au Sud-Liban. (→ 26)

Reims, 13
L'acquittement de la boulangère jugée pour le meurtre d'un jeune arabe lors d'un vol de croissants donne lieu à de vifs incidents.

Paris, 15
Bernard Yanga, témoin numéro un dans l'affaire du DC-10 d'UTA, est entendu par le juge Bruguière.

DECES

Paris, 14
Maurice Ohana, compositeur catalan (*12.6.1914).

L'étang de Berre secoué par l'explosion du cœur d'une raffinerie

La Mède, lundi 9
Les habitants des alentours de la raffinerie Total ont eu un réveil plutôt brutal. A 5 h 20, deux explosions très violentes ont secoué le site. L'équipe de nuit, qui travaillait sur l'unité de séparation des gaz, est décimée : cinq morts, un blessé désespéré et un disparu. Des réservoirs et des installations voisines se sont embrasés. Les pompiers de la raffinerie et des renforts municipaux se sont aussitôt efforcés de noyer l'incendie pour éviter qu'il ne se propage. Avec peine, le sinistre était circonscrit dans l'après-midi. Une fuite de gaz et une défaillance de la sécurité seraient à l'origine de cette catastrophe.

Une fuite de gaz est à l'origine de l'accident : cinq morts et un disparu.

Le Sénat réhabilite Gilles de Rais

Paris, lundi 9
Les flammes se sont éteintes depuis cinq siècles et demi, mais le procès de Gilles de Rais, pendu et brûlé pour le viol et le meurtre de huit cents enfants, s'ouvre de nouveau au Sénat. Neuf personnalités se réunissent pour réhabiliter le compagnon d'armes de Jeanne d'Arc, celui qui inspira le personnage de Barbe-Bleue. Après délibération, le « tribunal » voit en Gilles de Rais, homosexuel, une victime politique du pouvoir religieux, et demande à M. Mitterrand de « saisir le gouvernement afin que la vérité historique soit rétablie ».

L'Europe divisée sur sa politique spatiale

René Pellat, le président du Cnes.

Grenade, mardi 10
La réunion des ministres européens de l'Espace a enterré les ultimes espoirs des défenseurs du projet Hermès. L'Europe avait voulu relever le défi des vols habités avec cette navette, petite sœur de celles de la Nasa. Mais c'était un défi pour les budgets des administrations. Les contingences financières en ont décidé autrement. L'Esa (Agence spatiale européenne) a choisi de favoriser les missions scientifiques, les satellites d'observation, les sondes. Quant au nécessaire savoir-faire en matière de vols habités, l'Esa a décidé d'accroître sa coopération avec la Russie, bien moins chère que les Etats-Unis.

Un vote « féministe » de l'Eglise anglicane

Londres, mercredi 11
L'événement fera date : c'est 400 ans après sa création que l'Eglise anglicane ouvre aux femmes l'accès à la prêtrise. Après une journée de débats agités, le synode général reconnaît que, dans un monde « où les femmes sont désormais largement reconnues », l'ordination des diaconesses est une simple question de « justice et de modernité ». Cependant, si certains saluent en cette décision le début d'une « ère nouvelle », d'autres prédisent « crise majeure et schisme ». Le Vatican, quant à lui, y voit un « nouvel obstacle » à la réconciliation entre catholiques et anglicans. (→ 18)

Les femmes admises à la prêtrise.

Plus de 700 Boeing immobilisés au sol

Washington, vendredi 13
Conséquence directe et attendue de la catastrophe d'Amsterdam, la décision de l'administration fédérale américaine de l'aviation civile va immobiliser près de 700 Boeing 747 dans le monde. La FAA a en effet ordonné le remplacement sous les trente jours des fixations de réacteurs antérieures à 1980. Les nouveaux modèles devront être soumis à des tests très sévères. L'enquête sur le crash et les révisions opérées par les compagnies ont révélé des fissures et des corrosions très inquiétantes sur ces fixations.

Vers un nouveau standard dans la hi-fi

Philips et Sony s'affrontent pour un nouveau marché mondial : la cassette.

Paris, jeudi 12
Une nouvelle bataille des standards se prépare. Sony présente en France son nouveau support numérique, le MD – le minidisque –, quelques jours après la sortie de la DCC de Philips – la cassette numérique. De même format que la cassette audio traditionnelle, elle a la qualité du disque compact. L'un et l'autre sont bien sûr incompatibles et nécessitent des lecteurs spécifiques. Concurrentiels, ils sont destinés à remplacer le parc des baladeurs. Enregistrables, ils sont également dotés d'un système antipiratage qui dénature l'enregistrement dès la seconde copie. Philips et Sony savent qu'il n'y a jamais d'ex aequo dans ce combat des normes.

Le football européen en deuil de Happel

Vienne, samedi 14
Avec la mort de l'Autrichien Ernst Happel (*29.11.1925), le football a perdu l'un de ses plus glorieux personnages. Le joueur avait été, entre 1950 et 1958, la vedette du Rapid de Vienne et du Racing Club de Paris, et l'un des éléments clés de l'équipe d'Autriche. L'entraîneur devait être aussi brillant puisque, sous sa direction, Feyenoord, en 1973, et Hambourg, en 1983, remportèrent la Coupe d'Europe des clubs champions. Happel était, depuis quelques mois, le patron de la sélection autrichienne.

Le Mondial reste le but des Tricolores

Paris, samedi 14
L'équipe de France de football a remporté sa deuxième victoire en un mois. Après avoir battu l'Autriche, elle s'est imposée au parc des Princes devant les Finlandais. Mais ce succès fut de nouveau laborieusement acquis (2-1). Après avoir mené 2-0 à la mi-temps (buts de Papin et Cantona) et fait bonne impression pendant 45 minutes, les Tricolores ont totalement sombré après le repos, en souffrant énormément pour conserver une courte victoire, remise en cause dans le dernier quart d'heure.

Défaite amère pour le Quinze de France

Nantes, samedi 14
Battu pour la première fois sur son sol par l'Argentine, le Quinze de France touche le fond. Il menait 15 à 12 à la mi-temps. En accumulant les maladresses et les fautes, sanctionnées par des coups francs, il se fit rejoindre, puis dépasser (20-24) par des adversaires en progrès, mais pas irrésistibles. A deux mois du Tournoi des Cinq Nations, cette défaite est dramatique. Elle remet en cause, non seulement la valeur des joueurs, mais aussi les choix du sélectionneur, Pierre Berbizier, et la politique de la fédération. (→ 10.12)

Riddick Bowe fait le poids chez les lourds

Las Vegas, vendredi 13
L'Américain Riddick Bowe, 25 ans, est le nouveau champion du monde des poids lourds. Au terme d'un combat qui atteignit la limite des douze rounds, il a battu aux points le tenant du titre, Evander Hollyfield, qui lui opposa une féroce résistance. A sa supériorité physique Bowe adjoignit une science du combat et une précision dans les coups qui furent irrésistibles. Médaillé d'argent aux Jeux de Séoul, il a gagné les 32 combats qu'il a livrés jusqu'à présent, dont 27 avant la limite. Né à Brooklyn – comme Mike Tyson –, cadet d'une famille de treize enfants, Riddick Bowe va maintenant faire fortune.

En short blanc, face à Hollyfield.

Un oratorio réunit McCartney et lady Di

Le voyage princier finit en musique.

Lille, dimanche 15
Ce devait être une visite privée : les trois jours bien remplis que la princesse de Galles a passés en France lui ont tout offert sauf de l'intimité. En fait de démêlés conjugaux, dont on aurait pu chercher en vain les stigmates, ce voyage lui a avant tout permis d'étrenner un nouveau rôle, celui de son autonomie. Après avoir inauguré un magasin et visité le kiosque d'information sur le sida à Paris, la princesse a gagné Lille pour assister à la création française de l'*Oratorio de Liverpool*, de Paul McCartney. Le voyage princier se concluait sur cette première œuvre classique de l'ex-Beatle, avec ses chœurs majestueux. (→ 12.12)

Kodak lance la photo numérisée avec un CD qui contient jusqu'à 100 vues.

Novembre

1992

Lu	Ma	Me	Je	Ve	Sa	Di
						1
2	3	4	5	6	7	8
9	10	11	12	13	14	15
16	17	18	19	20	21	22
23	24	25	26	27	28	29
30						

New York, 16
Le Conseil de sécurité de l'ONU durcit l'embargo sur la Serbie et le Monténégro. (→ 19)

Varsovie, 16
La compagnie aérienne nationale LOT est privatisée.

France, 17
La revue *50 millions de consommateurs* publie une enquête accablante sur les services d'urgence des hôpitaux.

Bonn, 17
Le SPD accepte de modifier dans un sens plus restrictif l'article 16 de la Constitution, qui traite du droit d'asile en Allemagne.

Italie, 18
La découverte d'un squelette de l'ère préchrétienne atteint de syphilis remet en cause l'affirmation des historiens sur l'« importation » de la maladie par les marins espagnols au XVe siècle.

Paris, 18
La grève des métros, conjuguée aux manifestations de paysans, donne lieu à un embouteillage monstre qui paralyse totalement le centre de la capitale. (→ 26)

Séoul, 19
Un traité d'amitié est signé entre la Corée du Sud et la Russie.

Washington, 20
La France conteste le compromis trouvé entre les Etats-Unis et la CEE dans le cadre des négociations du Gatt sur l'agriculture. (→ 25)

Val-Thorens, 21
Une avalanche tue sept skieurs.

Lima, 22
L'élection de l'Assemblée constituante légitimise le coup d'Etat légal du mois d'avril du président péruvien Fujimori.

Alger, 22
Après plusieurs jours de vives tensions au cours desquels groupes armés et forces militaires se sont affrontés, l'accalmie est générale. (→ 2.12)

DECES

Vientiane, 21
Kaysone Phomvihane, président du Laos depuis dix-sept ans (*12.1920).

Un cargo de « boat people » somaliens atteint un port du Yémen

Le cargo débarque 2 400 réfugiés à Mukalla, après une semaine d'errance.

Mukalla, lundi 16
Un homme leur avait promis une fuite vers la paix, avec des vivres et de l'eau. Près de 2 000 Somaliens, accompagnés de 400 enfants, l'ont donc payé, des dizaines de dollars par personne. Pour se retrouver abandonnés de tous en plein golfe d'Aden dans un scénario éculé pour tous les « boat people » du monde. Le périple tragique, sept jours de dérive sans carburant, a pris fin quand leur cargo, le *Sumaal*, a touché terre, à 600 km à l'est d'Aden. Alertées, les autorités françaises ont envoyé de Djibouti un aviso à leur secours, pour les réapprovisionner. Des structures d'accueil du HCR les attendent à Aden. (→ 23)

Débat autour d'un fœtus allemand

Erlangen, lundi 16
Les médecins de la clinique d'Erlangen, en Bavière, avaient décidé de maintenir en « état de fonctionnement » Marion Ploch, enceinte et déclarée cliniquement morte, jusqu'au terme de sa grossesse prévu en mars. Perfusé et intubé, le corps inerte fut massé et remué en cadence durant quarante jours, pendant que la télévision remplaçait la voix maternelle. Mais la nature n'a pas suivi : le bébé est mort cette nuit. La polémique cependant reste entière : « droit à la vie » ou droit à une « mort digne » ? Médecins et moralistes s'affrontent. (→ 29)

Une main de 27 110 ans près de Marseille

La plus ancienne trace d'art humain.

Marseille, mardi 17
Jean Clottes, conservateur général du patrimoine, jubile : c'est « une découverte majeure pour la préhistoire ». Les peintures rupestres révélées en octobre 1991 par le plongeur Henri Cosquer font apparaître comme « modernes » les dessins de Lascaux. En effet, l'analyse par spectrométrie de masse permet de dater précisément les mains peintes au pochoir qui ponctuent les parois de la grotte miraculeusement préservée : 27 110 ans, soit plus de dix millénaires avant Lascaux... Mais à 37 mètres sous le niveau de la mer, la grotte Cosquer pose un problème majeur aux scientifiques, celui de son accès.

Le 18 aux Etats-Unis, Superman est mort à son 75e numéro. Coup de pub ?

Taiwan achèterait des Mirage 2000-5

Taiwan, mercredi 18
Une fois n'est pas coutume : les sources gouvernementales restent muettes sur le protocole d'accord qu'ont signé les industriels français avec le gouvernement de Taiwan. Ces soixante Mirage 2000-5 que Dassault – associé à Thomson, Matra et la Snecma – s'apprête à vendre, embarrassent les autorités françaises. Deux clans s'affrontent, les ministères de la Défense et du Commerce extérieur font valoir les intérêts économiques, alors que le Quai d'Orsay tient à ne pas froisser Pékin. Quelle Chine choisir ?

L'Eglise publie son catéchisme universel

Le premier depuis quatre siècles.

Rome, mercredi 18

24 000 amendements, 3 000 collaborateurs, 2 875 paragraphes, 676 pages : voici le *Catéchisme officiel de l'Eglise catholique*, le premier depuis l'an 1566. En cette époque de ténèbres et de doutes, le pape Jean-Paul II veut faire du dogme le rempart de la foi, principe que tout chrétien se doit de respecter. Un dogme qui allie difficilement pratique catholique et vie moderne : car si l'écologie et la bioéthique sont mentionnées, comme l'œcuménisme (effleuré plutôt), la chasteté reste « promesse d'immortalité », le divorce garde « son caractère immoral » et l'avortement est toujours puni d'excommunication.

Des « moudjahidin » en guerre en Bosnie

Bosnie, jeudi 19

Ils sont quelques dizaines et ils se savent l'objet de la plus prudente des attentions de la part de l'Europe. « Ils » : les volontaires musulmans venus soutenir leurs coreligionnaires de Bosnie. Turcs pour la plupart, mais aussi arabes et Iraniens, ces « moudjahidin » (combattants) sont en première ligne et font l'admiration des autorités. Ces dernières ainsi que les imams, s'ils affirment qu'ils ne les ont pas appelés, se réjouissent néanmoins de leur présence. Quant à un éventuel prosélytisme, hormis les fantasmes et quelques islamistes radicaux très isolés, il reste discret, plus proche du réconfort moral. (→ 3.12)

Un soutien aux forces musulmanes.

La Comex bat le record de plongée fictive

Théo Mavrostomos dans le caisson.

Marseille, vendredi 20

L'expérience Hydra 10 se révèle finalement un plein succès. Enfermés depuis le 2 novembre dans un caisson, trois plongeurs d'essais participaient à une expérience de plongée profonde simulée. Sans quitter la terre ferme du centre de Marseille, ils devaient effectuer des tests d'utilisation prolongée du mélange gazeux Hydréliox (hydrogène, hélium et oxygène) destiné aux travaux à très grande profondeur et sous très haute pression. C'est à -675 mètres, alors que ses compagnons, fatigués, en restaient là, que Théo Mavrostomos osa continuer seul la descente. Il a battu le record du monde, à -701 mètres.

Ils sont quatorze à tenter le tour du globe

Les Sables-d'Olonne, dimanche 22

Mis sur pied par Philippe Jeantot, le Vendée-Globe-Challenge 1992 prend le large, devant une foule de spectateurs et de bateaux accompagnant les concurrents. Il s'agit d'une course de voiliers s'élançant pour un tour du monde en solitaire et sans escale, pendant cent jours de navigation sur les océans les plus difficiles de la planète. Quatorze marins ont pris le départ pour ce périple de 50 000 km. Parmi eux, Philippe Poupon et Jean-Luc Van den Heede, Alain Gautier qui s'est porté tout de suite en tête, et Loïck Peyron qui termina deuxième de la première édition, avec escales, remportée par Titouan Lamazou. (→ 29)

Loïck Peyron, un des grands favoris.

Retour de Boris Becker pour le Masters

Vainqueur le jour de ses 25 ans.

Francfort, dimanche 22

Boris Becker a fêté dignement son vingt-cinquième anniversaire, en remportant le deuxième Masters de sa carrière, après celui gagné en 1988 à New York. Déjà vainqueur de l'Open de Bercy à Paris il y a deux semaines, l'Allemand s'est payé le luxe, hier, de battre Ivanisevic dans une demi-finale d'une qualité exceptionnelle, avant de se débarrasser en finale du numéro un mondial de l'année, Jim Courier, qui dut s'incliner en trois sets. Boris Becker, revenu à son meilleur niveau, a de nouveau faim de victoires. Il termine à la cinquième place du classement ATP. (→ 6.12)

L'incendie de Windsor allume un débat

Windsor, dimanche 22

La monarchie britannique est doublement touchée par l'incendie qui a dévasté une partie du château de Windsor ces deux derniers jours. Non seulement l'un de ses hauts-lieux multiséculaires est très endommagé – des salles médiévales sont réduites en cendres –, mais une polémique est née : qui devra payer les dégâts et financer les restaurations ? Ni les bâtiments ni les œuvres d'art, du fait de leur insigne valeur, ne sont assurés. Pour l'opinion publique, relayée par de nombreux députés, la reine, qui ne paie pas d'impôt, devra participer au frais ; sa liste civile le lui permet.

Qui va prendre en charge les travaux ?

Novembre

1992

Lu	Ma	Me	Je	Ve	Sa	Di
						1
2	3	4	5	6	7	8
9	10	11	12	13	14	15
16	17	18	19	20	21	22
23	24	25	26	27	28	29
30						

Lyon, 23
Michel Noir doit s'expliquer devant le conseil municipal sur d'éventuelles malversations dans l'affaire Botton. (→ 1.12)

New York, 24
Le Conseil de sécurité de l'ONU rejette la levée des sanctions contre l'Irak.

Philippines, 24
Les Etats-Unis quittent la base de Subic Bay, après l'avoir occupée 94 années durant.

Lituanie, 25
L'ancien dirigeant du PC lituanien, Algirdas Brazauskas, est élu chef de l'Etat.

Tchécoslovaquie, 25
Le parlement fédéral adopte la loi sur la partition du pays.

Angola, 26
Une trêve est signée entre l'Unita et le MPLA.

Jérusalem, 26
Lors de sa seconde visite officielle en Israël, François Mitterrand rencontre des dirigeants palestiniens. (→ 2.12)

Monaco, 26
Le fils de Stéphanie de Monaco et de Daniel Ducruet est né à 22 h 10.

Moscou, 26
Boris Eltsine donne un gage à l'opposition en acceptant la démission de son bras droit Guennadi Bourboulis. (→ 30)

Paris, 26
Alors que les conducteurs de métro ont repris le travail depuis 3 jours, Christian Blanc, président de la RATP, annonce sa démission. (→ 8.12)

Paris, 27
La Cour de cassation casse partiellement l'arrêt de non-lieu accordé à Paul Touvier.

New York, 30
Le Conseil de sécurité de l'ONU décide de sanctionner les Khmers rouges. (→ 4.12)

Paris, 30
Le frère du président tunisien, Habib ben Ali, est condamné par défaut à 10 ans de prison pour trafic de drogue.

DECES

Lausanne, 30
Jorge Donn (28.2.1947), danseur argentin, vedette du *Ballet du XXe siècle*, de Béjart.

Le riz des écoliers bloqué à Djibouti

Djibouti, lundi 23
Le riz collecté le 20 octobre dernier par les écoliers français tarde à parvenir à ses destinataires. Quelque 600 tonnes ont été déchargées à Djibouti, pour alimenter le pont aérien français sur Baïdoa. Les premiers sacs – seize tonnes au total – ont été acheminés ce jour par un C-130 dans la ville somalienne sinistrée. Le cargo *Tadorne*, parti de Marseille le 4 novembre, est arrivé au large de Mogadiscio avec le reste des 4 000 tonnes de riz. Une aide qui reste l'otage de la folie des seigneurs de la guerre. (→ 3.12)

Les racistes allemands passent aux actes

Mölln, lundi 23
Ayse Yilmaz, 14 ans, Yeliz Arslan, 10 ans et Bahide Arslan, 51 ans : brûlées vives à Mölln, petite ville du nord de l'Allemagne. Les néo-nazis ont répondu à leur façon au défilé antiraciste de Berlin. A 0 h 30 cette nuit, la police a été prévenue : « Ça brûle à la Ratzeburger Strasse. Heil Hitler ! » La justice allemande est aussitôt sortie de sa réserve en qualifiant l'attentat « d'atteinte à la sécurité intérieure ». C'est le Parquet fédéral de Karlsruhe, chargé des affaires de terrorisme, qui assure l'enquête. Mais, sur les lieux du drame, aucun membre du gouvernement ne s'est encore déplacé. (→ 6.12)

Un incendie criminel tue 3 Turques.

Du Goncourt à l'Interallié, prix littéraires

Paris, mardi 24
L'Interallié, attribué à Dominique Bona pour *Malika*, au Mercure de France, récompense un « roman solaire » d'une élégance tranquille. Une semaine avant, Anne-Marie Garat était à l'honneur avec *Aden*, couronné par le jury du Fémina ; ainsi que Michel Rio, lauréat du Médicis avec *Tlacuilo*, un roman de mer et d'espace ; tous deux au Seuil. François Weyergans a reçu le Renaudot pour *la Démence du boxeur*, chez Grasset, qui allie lyrisme et raffinement d'écriture ; et Patrick Chamoiseau le Goncourt, avec *Texaco*, chez Gallimard, qui donne au créole ses lettres de noblesse.

A Patrick Chamoiseau, le Goncourt.

De la PAC au Gatt, révolte paysanne

Paris, mercredi 25
Pendant que les agriculteurs s'opposent aux forces de l'ordre devant l'Assemblée nationale, l'opposition refuse d'accorder sa confiance au gouvernement sur la question agricole. Celui-ci navigue à vue depuis vendredi dernier. Le 20, un accord avait été trouvé entre négociateurs américains et européens sur les exportations agricoles, dans le cadre du Gatt. Aussitôt les Français tempêtaient, arguant de la défense de leurs intérêts vitaux, ceux de leur agriculture. Dilemme : ou la solidarité européenne l'emporte – les accords sont compatibles avec la PAC –, ou alors une crise majeure éclate dans la CEE. (→ 1.12)

L'Irlande repousse le droit à l'avortement

Même la vie d'une mère n'a pas suffi.

Dublin, jeudi 26
A-t-on le droit d'interrompre une grossesse lorsque la vie de la mère est en danger ? Les Irlandais ont nettement répondu non : le droit à la vie du fœtus avant tout, même si l'enfant doit naître orphelin. Les Irlandaises, en tout cas celles qui peuvent se le permettre, continueront donc à aller en Angleterre ; quant aux autres, dans ce pays de ferveur catholique, elles n'auront d'alternative que la soumission. Le Premier ministre, Albert Reynolds, qui a fait campagne pour le oui, vit son jeudi noir : outre le non référendaire, les Irlandais, qui devaient également choisir leurs députés, ont boudé son parti, le Fianna Fail, et fait un triomphe aux travaillistes.

Le 29 en Thaïlande, un hôtelier offre un banquet aux singes afin de mettre la chance de son côté.

L'OM frôle l'exploit contre les Rangers

Glasgow, mercredi 25
Vingt-quatre heures après les performances du Paris SG (0-0 devant Anderlecht) et d'Auxerre (2-2 face au Standard), Marseille réussit son entrée en poule finale de la Coupe d'Europe des champions. Devant les redoutables Rangers, l'OM obtient un match nul (2-2) qui ressemble d'autant plus à une victoire que les Marseillais menaient 2-0 avant de se faire rejoindre dans le dernier quart d'heure par des Ecossais déchaînés. On a retrouvé dans ce match une équipe conquérante, efficace et parfois brillante.

L'Italie repousse la maternité au 3e âge

Rome, dimanche 29
Le monde médical et les « fabricants » d'éthique sont scandalisés par l'annonce faite par le gynécologue Severino Antinori. Celui-ci affirme qu'une femme de 62 ans a été inséminée avec le sperme de son mari décédé. Une grossesse post-ménopause qui pose plus de problèmes qu'elle n'en résout. Car si le docteur Antinori avance l'argument de la liberté individuelle, ce genre de grossesse n'est pas sans risques : aussi bien médicaux pour la doyenne des mères, mais surtout psychiques pour l'enfant.

Vendée-Globe... 1 disparu et 2 abandons

Le Britannique Nigel Burgess, noyé.

Les Sables-d'Olonne, dimanche 29
Il y a trois jours, le mauvais temps avait causé drames et casse sur le Vendée-Globe, le tour du monde à la voile en solitaire. Le Britannique Nigel Burgess s'était noyé dans des circonstances mystérieuses. Par ailleurs, après Philippe Poupon, Loïck Peyron – coque déchirée – avait dû rentrer au port, en espérant pouvoir réparer. Mais les dégâts étaient trop importants, et Peyron a dû abandonner. La course se poursuit malgré tout. A 450 milles des Canaries, première marque du parcours, c'est Bertrand de Broc et son *Groupe L.G.* qui sont en tête, devant Alain Gautier et *Bagages-Superior*.

Le Parti n'était pas criminel en URSS

Moscou, lundi 30
La Cour constitutionnelle a pris tout son temps, cinq mois, pour se prononcer, mais le verdict qu'elle rend valait que l'on patiente. Le Parti communiste d'Union soviétique, le PCUS, n'est pas l'organisation criminelle que Boris Eltsine et ses partisans – bien que tous anciens communistes –, ont voulu clouer au pilori en l'interdisant à l'automne 1991. Dans un verdict très confus, les juges suprêmes établissent une distinction contestable entre les organes de base, dont la dissolution est jugée « inconstitutionnelle », et les instances dirigeantes, qui auraient été criminelles dans leurs agissements. (→ 10.12)

Le roi Baudouin Ier déroge à la tradition

En compagnie de la reine Fabiola.

Paris, lundi 30
Pas plus d'une visite officielle par pays au cours d'un règne. Au moment où les liens européens se renforcent, cette tradition devenait difficile à respecter. La visite de trois jours que Baudouin Ier et la reine Fabiola effectuent en France à partir d'aujourd'hui est la seconde depuis l'accession au trône en 1951. Accueillis à Orly par le couple présidentiel, les souverains belges s'entretiendront avec les plus hautes autorités du pays. Au programme, les perspectives politiques et économiques du traité de Maastricht et du Marché unique. Symbole d'une unité nationale malmenée ces derniers temps, le roi des Belges devrait faire part de ses vues pour le futur de la Belgique.

Des assises pour ne pas oublier Céline

Grenoble, lundi 30
Devant les assises de l'Isère s'ouvre un procès dont l'instruction a été mouvementée et passionnée, celui des deux assassins présumés de la petite Céline. Le 27 juillet 1988 était retrouvé le corps de Céline Jourdan, 7 ans, violée, le crâne fracassé, en contrebas du village de La Motte-du-Caire, dans les Alpes-de-Haute-Provence. Très rapidement, deux hommes sont suspectés. Questionnés par les gendarmes, ils passent aux aveux. Mais si Didier Gentil a maintenu les siens, Richard Roman, lui, s'est ensuite rétracté, invoquant la pression des enquêteurs et sa fragilité psychique. Rude tâche pour les jurés. (→ 17.12)

Golf et tennis, le palmarès 1992

Ponte Vedra (USA), lundi 23
Classement final aux gains, en dollars, du circuit américain de golf (PGA-Tour) :

1. Fred Couples (USA) 1 344 188
2. Davis Love III (USA) 1 191 630
3. John Cook (USA) 1 165 606
4. Nick Price (Zim.) 1 135 773
5. Corey Pavin (USA) 980 934
6. Tom Kite (USA) 957 445
7. Paul Azinger (USA) 929 863
8. Brad Faxon (USA) 812 093
9. Lee Janzen (USA) 795 279
10. Dan Forsman (USA) 763 190

18\. Greg Norman (Aus.) 676 443
42\. Nick Faldo (G.-B.) 345 168

Paris, lundi 30
Classement tennis (ATP-Tour) :

1. Jim Courier (USA) 3 599 pts
2. Stefan Edberg (Suè.) 3 236
3. Pete Sampras (USA) 3 074
4. Goran Ivanisevic (Cro.) 2 718
5. Boris Becker (All.) 2 530
6. Michael Chang (USA) 2 277
7. Pietr Korda (Tch.) 2 174
8. Ivan Lendl (USA) 1 985
9. André Agassi (USA) 1 852
10. Richard Krajicek (P.-B.) 1 816
11. Guy Forget (Fr.) 1 717

27\. Arnaud Boetsch (Fr.) 1 005
33\. Cédric Pioline (Fr.) 866
43\. Fabrice Santoro (Fr.) 772

Pour transporter des charges lourdes en Sibérie, les Russes ont conçu le projet Thermoplane : un dirigeable d'une autonomie de 4 000 km.

Décembre

1992

Lu	Ma	Me	Je	Ve	Sa	Di
	1	2	3	4	5	6
7	8	9	10	11	12	13
14	15	16	17	18	19	20
21	22	23	24	25	26	27
28	29	30	31			

Paris, 1er
La nouvelle place Vendôme est inaugurée.

Belfast, 1er
L'IRA revendique l'attentat commis dans un quartier piétonnier de la capitale qui a fait 27 blessés. (→ 3)

Lyon, 1er
Yves Mourousi est entendu dans le cadre de l'affaire Botton.

Paris, 2
Georgina Dufoix est blanchie dans l'affaire Trager : elle n'a pas versé de commissions.

Colombes, 2
Un lycée, de type Pailleron, est détruit par un incendie.

La Réunion, 2
De violentes manifestations ont lieu dans les quartiers du Chaudron.

Bonn, 2
Le Bundestag ratifie le traité de Maastricht. (→ 12)

Alger, 2
Les autorités instaurent le couvre-feu et intensifient les mesures antiterroristes à l'encontre des islamistes.

Jérusalem, 2
Les contacts entre OLP et citoyens israéliens sont désormais autorisés par la loi.

Pau, 2
Le tribunal administratif annule la déclaration d'utilité publique du tunnel du Somport.

Manchester, 3
Un attentat de l'IRA blesse 65 personnes en plein centre de la ville.

Colombie, 3
Une bombe explose et fait 14 morts lors du passage d'une patrouille de police à Medellin.

Cambodge, 4
Cinq casques bleus, otages des Khmers rouges depuis 4 jours, sont libérés. (→ 18)

Munich, 6
300 000 personnes manifestent contre le racisme en dessinant dans les rues de la capitale bavaroise une immense étoile lumineuse.

Inde, 6
Des extrémistes hindous détruisent une mosquée à Ayodhya. (→ 8)

Le grand stade sera à Melun-Sénart

Paris, mardi 1er

Le Premier ministre Pierre Bérégovoy l'a confirmé officiellement : c'est à Melun-Sénart, et non à Nanterre, que sera construit le grand stade dont la France a besoin pour la Coupe du monde 1998 qu'elle a la charge d'organiser. La ville nouvelle de Melun-Sénart se trouve à 30 km au sud-est de Paris, assez éloignée donc de la capitale. Ce qui n'enchante pas le milieu sportif. Mais ainsi se trouve confirmée (pour l'instant...) la désignation du site qui avait été choisi dès février 1991 par Michel Rocard.

Des patrons licenciés ou démissionnaires

Jean-Louis Scherrer perd sa maison.

Paris, mardi 1er

Les temps sont durs, même pour les chefs d'entreprise. Le couturier Jean-Louis Scherrer, fondateur de la maison qui porte son nom, a été « remercié » par ses nouveaux actionnaires. Il suffit d'une mésentente sur la stratégie et les résultats, et les vrais détenteurs du pouvoir vous rappellent à l'ordre. Ainsi, aux Etats-Unis début novembre, Roger Stempel était remplacé à la tête de General Motors. Le procédé peut être moins expéditif, comme dans le secteur public. Robert Lion et Christian Blanc, démissionnaires de la Caisse des dépôts et de la RATP, en sont l'illustration.

Déjà un nouveau permis à points

Paris, mardi 1er

La nouvelle mouture du permis à points entre en vigueur. Force est de constater qu'il s'agit plus d'un ravalement psychologique, chargé de tempérer la grogne des « professionnels de la route », que d'une refonte en profondeur. Si le nombre de points est passé de 6 à 12, le barème de retrait a lui-même été doublé. Des différenciations plus nuancées sont maintenant possibles entre les fautes de conduite et les délits routiers, mais les plus graves sont sanctionnés de la même façon : 6 points en moins au lieu de 3. Les usagers de la route sont désormais détenteurs d'un même capital. A eux de le garder intact.

Woody Allen, de la réalité à la fiction

Au tournage de « Maris et femmes ».

Paris, mercredi 2

La sortie parisienne de *Maris et femmes* (*Husbands and Wives*) impose à tout spectateur un parallèle entre l'intrigue du film et le mélodrame conjugal qui, depuis l'été dernier, déchire l'ex-couple Allen-Farrow. Dans le film, deux couples de vieux amis, proches de la cinquantaine, découvrent les affres de la séparation chacun à leur tour. Un marivaudage new-yorkais plein de saveur et d'allant, qui n'avait guère besoin de publicité supplémentaire. Seulement, les déboires de Woody Allen et de Mia Farrow, étalés dans les magazines ou à la télévision, tournent au *reality show* sordide. Cela nuit au film. Le public français, « Allenophile », sera-t-il sensible à ce parallèle ?

Le 1er à Strasbourg, 50 000 agriculteurs opposés aux accords du Gatt. (→ 8)

Le 2, Pierre Cardin est le premier couturier admis à l'Académie, au fauteuil de Pierre Dux.

Pétrolier grec et marée noire en Espagne

Le supertanker s'est échoué et brisé en deux à l'entrée du port de La Corogne.

La Corogne, jeudi 3
Le spectre de l'*Amoco-Cadiz* hante les esprits : ce matin à 5 heures, un pétrolier grec, l'*Aegan Sea*, s'est cassé en deux à l'entrée du port de La Corogne, au nord-ouest de l'Espagne. Ce sont 82 000 tonnes de brut qui se déversent dans une mer agitée, ce qui rend difficiles les secours et les mesures antipollution, les produits dispersants et les barrières flottantes perdant beaucoup de leur efficacité par gros temps. Les experts restent cependant optimistes, mais les écologistes parlent de « conséquences dévastatrices ».

Le riz des écoliers arrive enfin en Somalie

Le « Tadorne » était parti de Marseille le 4 novembre avec 4 060 t de riz.

El Man, jeudi 3
L'odyssée du *Tadorne* est terminée. Le riz des écoliers français va enfin arriver dans les « cuisines collectives » de la Croix-Rouge. Le navire n'a cependant pas pu accoster dans le port de la capitale somalienne, toujours fermé. Les factions rivales continuent à s'y disputer le contrôle si lucratif de l'aide humanitaire. Les sacs de riz français ont été débarqués par un remorqueur dans la baie d'El Man, à vingt kilomètres de Mogadiscio. Depuis deux jours, les cuisines de la capitale n'étaient plus approvisionnées. (→ 9)

Un Nobel de la paix dans l'ex-Yougoslavie

Elie Wiesel, rescapé de l'Holocauste.

Sarajevo, jeudi 3
Un Nobel de la paix au cœur de la guerre : de Belgrade à Sarajevo, en passant par des camps de détention, l'écrivain Elie Wiesel n'aura guère trouvé de raisons d'espérer. Sa visite intervient alors que l'avion du général Morillon a essuyé des tirs d'armes légères. Le commandant en chef des casques bleus en Bosnie a par ailleurs exclu l'idée d'une intervention militaire multinationale. Elie Wiesel l'a bien résumé : dans cette guerre absurde, la grande victime est l'innocence. (→ 10)

Le Téléthon passe de 241 à 309 millions

Manne inespérée pour la recherche.

Lyon, samedi 5
Pari tenu et record battu : le Téléthon rapporte cette année 309 millions de francs. Durant 30 heures, la télévision s'est mise au service de la recherche médicale contre la myopathie, recherche qui a à son actif la première carte d'un chromosome humain, et qui finance plus de 1 000 programmes grâce à la générosité cathodique. La chanteuse Barbara Hendrix était, cette année, « marraine » de la 6e édition de ce *charity show* spectaculaire, exhibitionniste diront d'aucuns.

La Suisse déchirée par une « votation »

Berne, dimanche 6
Les sondages ne sont pas désavoués car le non, annoncé, l'a bien emporté dans la *votation* qui se voulait décisive pour l'avenir de la Confédération. Les Suisses devaient se prononcer sur l'adhésion de leur pays à l'Espace économique européen, qui réunit la CEE et l'AELE. Ce traité a été massivement rejeté par les Alémaniques, tenants de la « suissitude », du repli identitaire et surtout majoritaires, alors que les Romans votaient pour. (→ 13)

Non à l'espace économique européen.

Les Etats-Unis reprennent la Coupe Davis

Fort Worth, dimanche 6
John McEnroe est américain et patriote dans l'âme. C'est grâce à lui que les Etats-Unis ont reconquis une Coupe Davis perdue l'an dernier en France. Après les deux premiers simples – Agassi bat Hlasek, Rosset bat Courier –, Américains et Suisses étaient à égalité (1-1), mais McEnroe, associé à Sampras, a remporté le double, avant que Jim Courier ne batte Jacob Hlasek et n'offre la victoire (3-1) aux Etats-Unis pour la trentième fois.

Finale contre la Suisse, 30e victoire.

Décembre

1992

Lu	Ma	Me	Je	Ve	Sa	Di
	1	2	3	4	5	6
7	8	9	10	11	12	13
14	15	16	17	18	19	20
21	22	23	24	25	26	27
28	29	30	31			

Paris, 7
Victime de la « guerre des clans » télévisuels, Michèle Cotta doit quitter TF1.

Israël, 7
Des Palestiniens abattent trois soldats israéliens dans la bande de Gaza. (→ 17)

Bonn, 8
Alors que les Douze examinent les contre-propositions françaises au Gatt, les paysans allemands manifestent.

Paris, 8
Francis Lorentz est nommé à la tête de la RATP.

Paris, 9
Les sénateurs excluent Laurent Fabius de la mise en accusation devant la Haute Cour. (→ 20)

France, 9
La CGT reste le syndicat le mieux représenté après les élections prud'homales.

Moscou, 10
Les relations se dégradent entre Boris Eltsine et le Congrès qui a récusé hier Egor Gaïdar au poste de Premier ministre. De son côté, Eltsine, qui accuse les députés de procéder à un « coup d'Etat rampant », organise pour le 24 janvier un référendum. (→ 14)

Paris, 10
Jean-Pierre Rives quitte la Fédération de rugby.

Paris, 11
La Cour de cassation autorise le changement de sexe à l'état civil.

Indonésie, 12
Un violent séisme et un raz de marée font plus d'un millier de morts dans l'île de Flores.

Liechtenstein, 13
L'électorat se prononce pour l'adhésion à l'Espace économique européen.

DECES

Paris, 9
Geoffroy Chodron de Courcel, le premier Français libre à Londres en 1940 (11.9.1912).

Paris, 9
Dominique Bagouet, danseur et chorégraphe (9.7.1951).

New York, 12
Andrew Dewey Kirk, jazzman (*28.5.1898).

La presse exploite le drame somalien

Mogadiscio, mercredi 9
Le débarquement des soldats américains en Somalie, de nuit, a pris des allures d'exhibition hollywoodienne. Les éclaireurs des Forces spéciales ont touché la plage sous le regard de dizaines de journalistes dont certaines caméras étaient équipées de dispositifs de vision nocturne aussi performants que ceux des militaires... Le camouflage des visages semblait dérisoire sous la lumière aveuglante des projecteurs. De nombreuses voix s'élèvent déjà contre cette médiatisation extrême de l'opération *Rendre l'espoir*. Le sacro-saint audimat reste roi même dans un pays ravagé par la guerre civile et la famine... (→ 11)

Projecteurs et caméras attendaient les soldats sur les plages de Mogadiscio.

Northwest ne veut plus de ses Airbus

Minneapolis, lundi 7
La quatrième compagnie aérienne américaine doit assainir une situation financière catastrophique. Une réduction massive et radicale des coûts s'impose. Northwest Airlines a décidé de s'attaquer au plus gros des postes, les achats d'avions. Elle ajourne donc la livraison de 44 Boeing et surtout annule la commande de 74 Airbus. C'est-à-dire les trois quarts d'un gigantesque contrat de 100 appareils, qui en son temps fut salué comme l'un des plus gros jamais signé pour un constructeur. Un coup dur pour l'Europe.

Menace d'une guerre de religions en Inde

Après Ayodhya, 450 morts en 24 h.

New-Delhi, mardi 8
L'Inde est une fois de plus en proie à ses vieux démons. De sanglants affrontements se poursuivent aux quatre coins du pays après la destruction, deux jours auparavant, de la mosquée d'Ayodhya par des extrémistes hindouistes. Le bilan se chiffre déjà par centaines de victimes. Pour tenter de prévenir l'incendie intercommunautaire, le Premier ministre Rao a fait arrêter les principaux leaders extrémistes, accusés d'incitation à la violence. Des émeutes anti-indiennes se sont néanmoins poursuivies dans plusieurs pays musulmans, notamment au Bangladesh et au Pakistan.

La Macédoine exacerbe la fierté des Grecs

Athènes, jeudi 10
Les événements de l'ex-Fédération yougoslave passionnent les esprits. Par centaines de milliers – plus d'un million selon les autorités –, les Grecs ont manifesté pour signifier aux Douze que la reconnaissance de la Macédoine au sommet européen d'Edimbourg serait très mal perçue. Ils sont fermement décidés à empêcher que l'ancienne république yougoslave porte ce nom, pour eux chargé d'histoire. Le secrétaire général de l'ONU vient par ailleurs de recommander le déploiement en Macédoine de 700 hommes afin de prévenir une extension du conflit dans les Balkans. (→ 16)

Ils sont plus d'un million à défiler.

Le Grand Prix de France de F1 annulé

Paris, jeudi 10
Max Mosley, président de la Fédération internationale de sport automobile, annonce à la presse : « Le Grand Prix de France a été retiré du calendrier du championnat du monde 1993. » Cette phrase vient confirmer la menace qui plane sur Magny-Cours où se déroule habituellement l'épreuve. Motif : la loi Evin qui interdit la publicité télévisée sur le tabac. Ce qui signifie que les noms de Camel, Rothmans, Philip Morris ou Gitanes, inscrits sur les voitures, n'ont plus le droit de figurer à l'écran en France.

Réconciliation des chefs à Mogadiscio

Mogadiscio, vendredi 11

Les deux principaux seigneurs de la guerre somaliens ont enfin dialogué autrement que par kalachnikovs interposées. Le général Farah Aïdid et le « président par intérim » Ali Mahdi se sont serrés la main devant des officiels américains et des Nations unies. Ils ont accepté de démilitariser la capitale et de faire disparaître cette « ligne verte » qui la coupe en deux. Mais les soldats américains et français craignent encore les bandes qui sévissent dans le pays, notamment autour de Baïdoa. Et les organisations humanitaires aimeraient que le déploiement militaire s'accélère. (→ 16)

Bill Clinton nomme ses collaborateurs

Washington, vendredi 11

Le président-élu, appelé ainsi jusqu'à son investiture le 20 janvier prochain, est en train de mettre en place une équipe à l'image de sa campagne, jeune et cultivant l'obsession de la compétence. Autre trait de « modernisme » : la place des femmes, avec trois des quatre dernières nominations. A côté de Robert Reich, 46 ans, au poste de secrétaire au Travail, Laura d'Andrea Tyson, 45 ans, se retrouve à la tête des conseillers économiques, Donna Shalala à la Santé, et Carol Browner, proche d'Al Gore, se voit confier l'Agence pour la protection de l'environnement. (→ 15)

Les Douze continuent sur un compromis

John Major et le Danois P. Schlüter.

Edimbourg, samedi 12

Pour ce sommet, les mauvais augures se sont trompés. Les pronostics défaitistes sur le peu d'efficacité de la présidence britannique ne laissaient guère de place à un éventuel succès. Or, malgré le marasme ambiant, les Douze ont su trouver sur tous les points difficiles un terrain d'entente. Les Danois se verront proposer un traité aménagé. Quant aux négociations d'adhésion avec les pays de l'EEE, elles vont être relancées malgré le « non » des Suisses. Et sur l'épineux problème du budget communautaire, en dépit des empoignades, l'accord s'est fait. Acceptée, l'initiative européenne de croissance permet de retrouver un peu de la confiance perdue. (→ 22)

Exploit de Feutrier en slalom géant

Alta Badia, samedi 12

En décembre 1988, Patrice Feutrier victime d'un lymphome – début de leucémie – subissait une greffe de moelle osseuse qui le retenait pendant seize jours dans une chambre stérile. Il avait alors vingt ans. Aujourd'hui, quatre ans après, sur une piste des Dolomites, le jeune skieur français réalise un grand exploit en terminant deuxième d'un slalom géant remporté par Marc Giradelli le Luxembourgeois, avec à la troisième place Alberto Tomba. Déjà champion de France 1991 de géant, Feutrier, qui a su vaincre la maladie grâce à son courage, compte désormais, à 25 ans, parmi les meilleurs skieurs du monde. (→ 15)

La famille royale britannique navigue entre union et rupture

Tim Laurence et la princesse Anne.

Balmoral, samedi 12

C'est un prêtre de l'Eglise autonome d'Ecosse qui a béni l'union de la princesse Anne et du commandant Tim Laurence. Qualifiée de « remariage d'une divorcée » par l'Eglise anglicane, qui l'interdit, la cérémonie ne pouvait se tenir qu'en dehors de l'Angleterre, dans un cérémonial et une étiquette simplifiés à l'extrême. La reine et la reine-mère étaient présentes, mais c'est la venue, un moment démentie, des frères de la princesse, Charles et Andrew, qui a retenu l'attention. Car pour cause de séparation récente, trois jours pour l'un et trois mois pour l'autre, ils sont arrivés seuls, vivants symboles de l'*annus horribilis*, que leur mère Elizabeth évoquait devant la presse.

Lady Diana et le prince Charles.

Le 10, Jean-François Deniau est reçu à l'Académie française, au fauteuil de Jacques Soustelle.

Le 11, l'Etat de New York est frappé par une tempête brutale : 15 morts.

Le 12, au Bophuthastwana, Julia Kurotchnika, Miss Russie, est élue Miss Monde à Sun City.

Décembre

1992

Lu	Ma	Me	Je	Ve	Sa	Di
	1	2	3	4	5	6
7	8	9	10	11	12	13
14	15	16	17	18	19	20
21	22	23	24	25	26	27
28	29	30	31			

Paris, 14
Guillaume, le fils de Gérard Depardieu, est arrêté et écroué pour trafic de drogue.

Londres, 14
Un chercheur britannique affirme avoir percé le secret de *la Joconde*. Il s'agirait d'un autoportrait inversé de l'artiste.

Washington, 15
La justice américaine inculpe le joueur d'échecs Bobby Fischer pour violation de l'embargo contre la Serbie.

Genève, 16
A la conférence sur l'ex-Yougoslavie, 24 ministres des Affaires étrangères s'interrogent sur l'opportunité d'employer la force contre les Serbes, pour leur interdire le survol de la Bosnie. Cyrus Vance et lord Owen rejettent l'idée d'une intervention. (→ 20)

Mozambique, 16
L'ONU décide d'envoyer 8 000 casques bleus pour soutenir le plan de paix.

Londres, 16
Deux bombes de l'IRA explosent dans la capitale.

Bonn, 17
La décision prise par Helmut Kohl d'envoyer un bataillon de la Bundeswehr en Somalie soulève une tempête politique.

Cambodge, 18
Les Khmers rouges libèrent les 46 casques bleus indonésiens enlevés la veille. Les 15 soldats de l'ONU faits prisonniers le 15 ont été libérés hier.

Pristina, 20
Les Albanais du Kosovo, sous domination serbe, boycottent les élections législatives organisées par Belgrade.→

Paris, 20
Marco Van Basten (Milan AC) est élu meilleur footballeur européen de l'année.

Somalie, 20
Des marines américains et des parachutistes belges débarquent à Kismayo pour arrêter les massacres commis par les milices locales. (→ 25)

DECES

Paris, 15
Yolande Laffon, comédienne, ancienne de la troupe de Louis Jouvet (24.8.1895).

Eltsine fait des concessions aux députés

Moscou, lundi 14
Le Congrès grondait d'insatisfaction depuis quelques jours. Plutôt que de parier sur un conflit ouvert, le président russe a préféré sacrifier le «poulain» du FMI, Egor Gaïdar. Boris Eltsine l'a en effet remplacé au poste de Premier ministre par Viktor Tchernomyrdine, un ancien *apparatchik* et candidat déclaré du camp conservateur ou militaro-industriel. Cette concession de la part de Boris Eltsine devrait sans nul doute ralentir le rythme des réformes, de plus en plus impopulaires, mais aussi de plus en plus nécessaires. (→ 17)

Tchernomyrdine remplace Gaïdar.

IBM licencie encore, chute à Wall Street

New York, mardi 15
La tourmente continue pour IBM, le géant de l'informatique. La firme annonce la suppression de 25 000 emplois en 1993. Et la spirale des pertes paraît aussi sans fin : celles de 1992 devraient être aussi importantes qu'en 1991, près de 15 milliards de francs. Pour renouer avec les profits, IBM doit courir après une productivité perdue par la faute de la conjoncture et de la concurrence du Sud-Est asiatique, mais aussi aller là où se trouve la nouvelle valeur ajoutée, les logiciels.

L'économie reste la priorité de Clinton

Little Rock, mardi 15
Cela pourrait s'apparenter à un petit conclave, celui de toutes les têtes pensantes, en matière d'économie, qui gravitent dans l'orbite démocrate. Le président-élu Bill Clinton a voulu ainsi présenter ses orientations en la matière. A côté des problèmes sociaux que les Démocrates se font fort de résoudre, comme l'accès pour tous à un système d'assurance médicale de bon niveau, les réflexions ont suivi deux grands axes. Les économistes réclament que la priorité soit donnée d'une part au capital humain, instruction, formation professionnelle, et, d'autre part, à la reconquête des marchés extérieurs.

Les cheminots en grève pour un lampiste

Un verdict déclenche le mouvement.

Paris, mardi 15
Les cheminots, toutes catégories confondues, ont répondu avec une ampleur inattendue à la condamnation de l'un des leurs : une grève générale sur tout le réseau. Si la colère des hommes de la SNCF a paralysé les voies ferrées françaises, c'est qu'ils n'acceptent pas la sanction qui frappe le conducteur du Melun-Paris, jugé responsable et coupable de l'accident qui coûta la vie à 56 personnes le 27 juin 1988 en gare de Lyon. Il écope, et c'est une première, d'une peine de prison ferme de six mois. Cette personnalisation de la faute occulte, selon les cheminots, un enchevêtrement de responsabilités impliquant aussi bien les dirigeants de la SNCF que le lampiste incriminé.

Le 15, la 8e campagne des Restos du cœur doit assurer 30 millions de repas.

Patrice Bianchi fait de la haute voltige

Madonna di Campiglio, mardi 16
Le ski français semble décidément régénéré. Après Feutrier, deuxième du géant d'Alta Badia samedi, c'est Patrice Bianchi qui réalise un grand exploit sur les pistes italiennes. Malgré une blessure au genou, le jeune Savoyard remporte un slalom comptant pour la Coupe du monde, parvenant à dominer chez lui le favori Alberto Tomba. Bianchi, déjà champion de France 1992, est sans doute le slalomeur d'exception que le ski français attendait depuis plusieurs années, depuis l'époque des Augert, Périllat et Killy...

Baïdoa est enfin atteint

Baïdoa, mercredi 16
Il est 6 h 10 du matin. Les premiers blindés américains, escortés par des hélicoptères, font leur apparition à l'entrée de la ville martyre. Soldats américains et français vont permettre l'arrivée de l'aide humanitaire à Baïdoa. Aucun « Mad Max » n'est venu perturber le déploiement des troupes. Mais les divergences de vues entre Paris, partisan du désarmement des milices somaliennes, et Washington, qui juge que l'action humanitaire des troupes reste une priorité, ne sont pas encore totalement surmontées. (→ 20)

Les soldats au cœur de la famine.

Reprise... partie remise

Paris, mercredi 16
Le marasme va s'installer, durablement. Les grands instituts de prévision de la conjoncture ont fait tourner leurs ordinateurs, les ont nourris, avec toutes les données nécessaires, de grandes équations macro-économiques. Les résultats tombent, les uns après les autres, concordants et plutôt déprimants pour les hommes politiques et les opinions publiques. L'Insee pour la France, l'OCDE comme le FMI pour les vingt-quatre principaux pays industrialisés n'annoncent pas de lendemains qui chantent, mais au contraire une molle dépression. Une sorte d'asthénie économique. Certes, l'inflation est presque partout jugulée mais le malade pourrait mourir guéri, le chômage et la croissance connaissant des évolutions exactement inverses. Au niveau mondial, le maintien de taux d'intérêts élevés liés à l'endettement des Etats et des ménages après plusieurs années d'argent facile empêche durablement toute reprise vigoureuse. Pour la France, une croissance un peu plus forte qu'ailleurs n'empêchera pas la montée irrésistible du chômage.

Un commando pour le casse du siècle

Toulon, mercredi 16
Les autorités n'en reviennent pas : une organisation sans faille et un butin de 160 millions de francs. Le substitut commente dans sa conférence de presse : « Ce sont de vrais professionnels. » Le commando de quinze personnes, qui s'est attaqué à la succursale de la Banque de France, connaissait tout des systèmes de sécurité et des habitudes des gardiens. Après avoir pris en otage la famille de l'un d'eux, ils ont pu le suivre à l'intérieur en lui plaçant autour du corps une ceinture d'explosifs, qui se sont avérés déconnectés. Spaggiari vient de perdre son « titre » pour le casse de 1976 à Nice, 120 millions de francs.

Roman est acquitté au bénéfice du doute

Grenoble, jeudi 17
L'émotion est extrême à l'issue du procès de Didier Gentil et de Richard Roman. Accusés du viol et du meurtre de la petite Céline Jourdan, les deux hommes n'ont pas subi de la même manière l'épreuve des assises. Attendu depuis plusieurs jours, après les aveux marmonnés de Gentil, innocentant à demi-mots son co-accusé, après le réquisitoire de l'avocat général, l'acquittement de Roman était attendu. Malgré cela, l'annonce du verdict condamnant le seul Didier Gentil à la prison à perpétuité, assortie d'une période de sûreté de 28 ans, a laissé la famille Jourdan dans le désarroi et la fureur. Les parents et les habitants de La Motte-du-Caire crient à la trahison.

La famille n'accepte pas le verdict.

Eltsine réarme la Chine communiste

Pékin, jeudi 17
La visite de Boris Eltsine amorce le début d'un grand dégel dans les relations entre les deux pays. Les imprécations russes contre le monolithisme des dirigeants chinois sont bien oubliées. Ceux-ci se sont attachés à démontrer aux Russes que l'on pouvait nourrir plus d'un milliard d'habitants sous le soleil du « socialisme de marché ». Apparemment convaincu, le président russe en appelle à une coopération accrue, en particulier dans le domaine de l'armement et du nucléaire. Par ce beau « coup » diplomatique, les Chinois lorgnent avec intérêt sur les MIG-29 et les missiles de l'Armée rouge. (→ 26)

Le 16, Jacques Calvet présente le nouveau modèle Citroën : la Xantia.

Israël expulse des Palestiniens du Hamas

Jérusalem, jeudi 17
La Cour suprême autorise l'expulsion de 415 Palestiniens appartenant au Mouvement de la résistance islamique Hamas. Responsable de la mort de six Israéliens en une semaine, Hamas a finalement exécuté le garde-frontière dont la libération était conditionnée à celle de son chef, Ahmed Yassine, condamné à la prison à vie. Le Premier ministre Yitzhak Rabin, en « guerre sans merci contre le terrorisme », veut préserver le processus de paix, mais les délégués palestiniens à Washington ont déjà quitté la table des négociations. Quant au Liban, il refuse d'accueillir les expulsés. (→ 25)

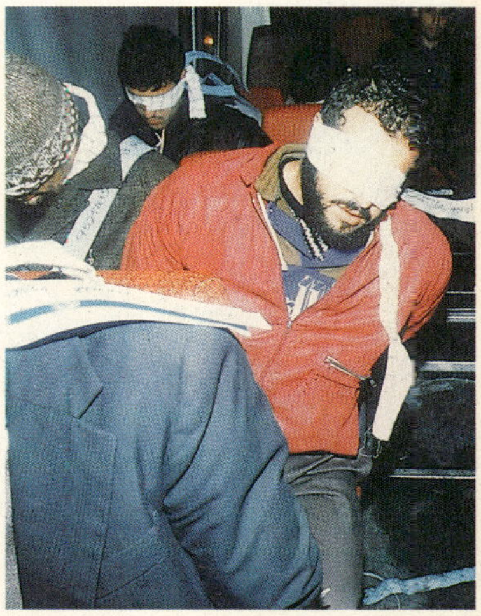
Mesure de rétorsion pour un meurtre.

Duel des deux Kim en Corée du Sud

Séoul, vendredi 18
Dans la course à la Maison Bleue, siège de la présidence, le rallié a battu le dissident. Le futur président de la Corée du Sud sera Kim Young-Sam, 65 ans, ancien opposant rallié au parti gouvernemental il y a deux ans. Les premiers résultats lui donnent en effet une avance définitive sur son rival, le démocrate Kim Dae-Jung. Le nouveau président sud-coréen aura de nombreux défis à relever. Parmi ceux-ci la « gestion » de la succession d'un autre Kim, le leader de la Corée du Nord, Kim Il Sung...

La Serbie entre la guerre et les urnes

Slobodan Milosevic, une main de fer.

Belgrade, dimanche 20
L'enjeu du scrutin est de taille. Car si 7,5 millions de Yougoslaves, dont 7 millions de Serbes, doivent élire leurs députés et leurs représentants municipaux, ils doivent surtout décider s'il faut reconduire Slobodan Milosevic. Il leur faut choisir entre l'homme fort du pays qui continue à défier la communauté internationale et le candidat de l'opposition, Milan Panic, l'homme d'affaires serbo-américain. Les premiers résultats, très partiels, les donnent au coude à coude. Mais les observateurs étrangers délégués par la CSCE font état d'irrégularités. (→ 22)

Milan Panic, un émigré audacieux.

L'OM vient donner une leçon au PSG

Paris, vendredi 18
Triste et scandaleux : le spectacle offert ce soir par les footballeurs du Paris SG et de Marseille. Dans un Parc des Princes archicomble, où 42 000 spectateurs avaient payé très cher pour assister à un match au sommet entre les prétendants au titre de champion de France 1993, l'OM l'a emporté 1-0, grâce à son nouveau buteur croate, Alen Boksic. Mais l'équipe parisienne aurait pu égaliser à la fin d'une rencontre gâchée par les trop nombreuses brutalités et les provocations qui opposèrent les acteurs. Ceux-ci, parmi les footballeurs les plus titrés et les mieux payés de France, n'ont pas fait honneur à leur réputation.

Purge dans l'armée en Afrique du Sud

Johannesburg, samedi 19
L'armée sud-africaine subit la plus grande purge de son histoire. Seize responsables de haut rang, parmi lesquels six généraux, ont été limogés par le président De Klerk. Ces militaires sont accusés d'avoir couvert des opérations secrètes destinées à déstabiliser l'organisation de Nelson Mandela, le Congrès national africain (ANC). Certains se voient même soupçonnés de meurtre. C'est la première fois que le président sud-africain reconnaît ce genre d'activités. Par ailleurs, les forces armées les plus puissantes du continent africain vont devenir plus professionnelles, être réduites, et devenir largement multiraciales.

Haute Cour, Fabius aussi

La valse-hésitation des socialistes.

Paris, dimanche 20
La fin de semaine aura été riche en rebondissements, aussi inattendus que maladroits. Pour mieux se disculper dans l'affaire du sang contaminé, après avoir d'abord réclamé sa comparution devant la Haute Cour de justice, Laurent Fabius, s'estimant blanchi par un vote du Sénat en sa faveur, s'était donc retiré de l'acte d'accusation. Geste peu apprécié des députés du Parti socialiste qui, à leur tour, par solidarité, refusaient l'accusation des deux ministres restant, Georgina Dufoix et Edmond Hervé. Par une dernière volte-face, Laurent Fabius se réintégrait dans la résolution. Votée par les deux chambres, l'instruction peut commencer.

Le 18, ouverture de 39 nouvelles salles de peinture française au Louvre.

Le 20, mise à flot à Brest du porte-avions nucléaire « Charles de Gaulle ».

Décembre

1992

Lu	Ma	Me	Je	Ve	Sa	Di
	1	2	3	4	5	6
7	8	9	10	11	12	13
14	15	16	17	18	19	20
21	22	23	24	25	26	27
28	29	30	31			

Paris, 21
Jean-Jacques Delort, patron du Printemps, remet sa démission à son actionnaire majoritaire, François Pinault.

Varsovie, 21
Les ministres de la Coopération économique de Pologne, de Hongrie et de Tchécoslovaquie signent un accord sur la création d'une zone de libre-échange, la CEFTA, qui entrera en vigueur au mois de mars.

Londres, 21
Ian Maxwell, l'un des fils du magnat de la presse Robert Maxwell, est condamné à payer 500 000 livres de dommages et intérêts aux caisses de retraite pillées par son père avant sa mort.

Kaboul, 21
De violents affrontements entre factions adverses des moudjahidin font 12 morts au moment même où la Grande Assemblée se réunit pour élire un président intérimaire.

Tripoli, 22
Un avion de la Libyan Airlines s'écrase près de la capitale libyenne : 158 morts.

Madagascar, 23
Albert Zafy recueille 45,16 % des voix au premier tour des présidentielles contre 29,22 % pour le président sortant Didier Ratviraka.

Washington, 25
George Bush accorde son « pardon présidentiel » à l'ancien secrétaire à la Défense Caspar Weinberger, inculpé dans le scandale des ventes secrètes d'armes à l'Iran en 1985 et 1986.

Niamey, 27
Les Nigériens approuvent à 90 % le référendum sur la nouvelle Constitution lors de la première consultation démocratique dans l'histoire du pays.

DECES

Londres, 21
Nathan Milstein, violoniste américain d'origine russe (*31.12.1904).

Bordeaux, 23
André Moga, international de rugby (*24.10.1921).

L'Europe se dote d'un nouvel exécutif

Bruxelles, mardi 22
Vu de loin, cela pourrait ressembler aux chaises musicales. A cette différence près que tout le monde retrouve une place. La Commission européenne procède en effet à son rituel des changements de portefeuilles. Les dix-sept commissaires, nommés par les gouvernements des Douze et qui forment l'exécutif de la CEE, se répartissent périodiquement les différentes compétences. Cette opération est l'objet de laborieux marchandages, où se mêlent règlements de comptes entre Etats et commissaires, et respect des susceptibilités nationales. A quelques jours du Grand Marché, les enjeux sont fondamentaux. (→31)

Delors, président de la Commission.

Victoire contestée du Serbe Milosevic

Belgrade, mardi 22
La réélection de Slobodan Milosevic à la tête de la Serbie consacre le triomphe du nationalisme serbe. Cette victoire est embarrassante à bien des points de vue. D'abord pour le pays lui-même dont l'aura internationale, déjà bien faible, ne sort pas grandie : de nombreuses fraudes, dignes des anciennes pratiques communistes, ont entaché le scrutin. Pour Milosevic surtout, car son parti devra désormais s'appuyer, au Parlement fédéral, sur l'extrême droite. Il risque d'être prisonnier de la surenchère chauvine de ces députés. (→30)

Pour les mal-logés, l'abbé Pierre veut « rester le fou du roi »

Paris, mercredi 23
Le président de la République installe le Haut Comité pour le logement des personnes défavorisées. L'abbé Pierre, après son coup de colère contre la politique du logement social du gouvernement et son absence d'effets tangibles, se dit satisfait. Il n'en fait pas partie, pour rester le trouble-fête. La composition du comité, dont le rôle est seulement consultatif, laisse supposer qu'il saura jouer son rôle. S'y retrouvent des hommes de terrain et des militants d'associations. Pour appuyer cette orientation, le ministre du Logement décide d'employer la manière forte en réquisitionnant des logements vides.

Mitterrand crée le Haut Comité pour le logement des personnes défavorisées.

Le 21, un DC-10 de la compagnie néerlandaise Martinair s'écrase à Faro, au Portugal : 52 morts.

Noël de guerre pour les enfants de Bosnie

Sarajevo, jeudi 24
Les initiatives se multiplient dans la ville assiégée, pour que les enfants des ruines oublient quelques heures les bombardements. Un responsable de l'ONU s'est même déguisé en père Noël pour distribuer des cadeaux dans une cité populaire. Associations caritatives croates et musulmanes ont dressé des sapins enguirlandés, financé des cantines et d'autres cadeaux. Mais, en même temps, l'indétermination de l'ONU, comme de l'OTAN d'ailleurs, dont les membres sont divisés sur les modalités de l'intervention contre la Serbie, repousse toute action de coercition à l'année 1993.

Ils ne sont pas à la fête cette année. ▷

Retour de Tapie au ministère de la Ville

Il est blanchi pour l'affaire Toshiba.

Paris, jeudi 24
Une promesse tenue, voilà à quoi s'apparente l'annonce faite par M. Pierre Bérégovoy de rétablir Bernard Tapie dans ses fonctions de ministre de la Ville. En effet, quand celui-ci, sous le coup d'une inculpation dans un différend commercial, avait démissionné, le Premier ministre avait promis de le réintégrer dans l'équipe gouvernementale aussitôt l'affaire réglée. Le retour de M. Tapie dans l'arène politique était prévisible au vu de son désengagement croissant des affaires. Mais cette opération fait grincer des dents au PS, qui croit que l'on a moins fait appel aux convictions du patron de l'OM qu'à son charisme auprès de l'électorat.

Peyo laisse les Schtroumpfs orphelins

Le grand schtroumpf est schtroumpf.

Bruxelles, jeudi 24
Les Schtroumpfs sont orphelins, leur schtroumpf est mort. Pierre Culliford, connu sous le nom de Peyo, était ce dessinateur belge (*1928) qui eut l'idée, en 1958, de faire apparaître dans une bande dessinée médiévale des farfadets bleus, éminemment sympathiques, les Schtroumpfs. Leur village est introuvable et ils raffolent de la salsepareille, voilà parmi d'autres traits marquants ce qu'en retenaient les lecteurs. Leur popularité est mondiale, s'appuyant autant sur les albums que sur les figurines et les dessins animés les représentant. Mais imaginez le casse-tête des traducteurs pour rendre l'esprit et la poésie de leur langage !

Vivres interdits aux expulsés palestiniens

L'aide de la Croix-Rouge bloquée.

Sud-Liban, vendredi 25
Le Premier ministre israélien ne s'est pas laissé fléchir : considérant que les expulsés palestiniens dépendent maintenant des autorités libanaises, Yitzhak Rabin refuse à la Croix-Rouge le passage de convois de ravitaillement pour les 415 activistes du Hamas. Cette décision, qui n'a été votée qu'à deux voix de majorité, fait éclater la coalition gouvernementale : colombes et faucons s'affrontent ici pour la première fois depuis l'élection des travaillistes. Quant aux autorités libanaises, elles reconduisent dans leur camp de toile, battu par les vents, les huit exilés palestiniens blessés et hospitalisés au Liban.

La Légion étrangère au cœur de la Somalie

A Hoddur, à 450 km de Mogadiscio.

Hoddur, vendredi 25
Au petit matin, ce gros bourg situé au nord-ouest de Mogadiscio est investi en douceur par les forces franco-américaines. L'installation de ce demi-millier d'hommes s'est faite dans les règles de l'art. Pour les légionnaires, cette ville doit devenir un centre opérationnel d'où partiront les ravitaillements par hélicoptère. Ils s'enquièrent auprès des autorités villageoises et aussi auprès des chefs coutumiers, des règles et des mœurs locales. Une façon toute simple d'éviter les chocs et les incompréhensions culturelles. Mais la Légion étrangère doit avant tout déminer les abords de la ville et neutraliser les pillards. (→31)

Les médias russes mis sous tutelle

Moscou, samedi 26
La bataille des prérogatives entre le Parlement et Boris Eltsine se poursuit dans le domaine des médias. Le président russe répond à sa manière aux rumeurs qui prêtaient aux députés de l'opposition conservatrice le projet de créer une télévision indépendante. Il rétorque en instituant un Centre fédéral de l'information, dirigé par un réformateur, ce qui permet à son gouvernement d'avoir un contrôle direct sur toutes les agences de presse, les télévisions et les radios.

Le 27, à Paris, Véronique de La Cruz, 18 ans, Miss Guadeloupe, est élue Miss France 1993.

L'US Air Force abat un MIG-25 irakien

Irak, dimanche 27
Si les Irakiens ont voulu testé la détermination des alliés, ils en sont pour leurs frais. Un appareil irakien a en effet été abattu au-dessus de la zone d'exclusion aérienne par des F16 de l'US Air Force. Cette zone avait été instaurée sous le 32ᵉ parallèle pour protéger les populations chiites du delta. Cette exclusion a toujours été considérée comme illégitime par Bagdad, et le régime n'a eu de cesse de multiplier les provocations. Sans autre résultat que de perdre un MIG.

Le 27, pour la première fois, les Folies-Bergère ferment leurs portes sans date de réouverture.

Décembre

1992

Lu	Ma	Me	Je	Ve	Sa	Di
	1	2	3	4	5	6
7	8	9	10	11	12	13
14	15	16	17	18	19	20
21	22	23	24	25	26	27
28	29	30	31			

Paris, 28
Le groupe français Bull confirme l'annulation, par une juridiction fédérale américaine, d'un contrat de 4 milliards de francs. Sa filiale américaine Zenith l'avait emporté pour fournir 300 000 micro-ordinateurs à l'US Air Force.

Nairobi, 29
Le président Daniel Arap Moi affronte sept candidats lors des premières élections multi-partis au Kenya.

Canton, 29
Après la vente de 60 Mirage 2000-5 à Taiwan, le maire Li Ziliu annonce avoir reçu l'ordre de Pékin de faire cesser la coopération des sociétés françaises dans le projet du métro de la ville, un marché de cinq milliards de francs.

Rio de Janeiro, 29
Le président Fernando Collor annonce sa démission, afin d'échapper au jugement des parlementaires.

Paris, 29
La société Lagardère Groupe est créée par la fusion de Matra et de Hachette.

Lituanie, 29
Le dernier soldat de l'ex-Armée rouge présent à Vilnius quitte la capitale. Il reste 15 000 soldats russes dans le pays.

Genève, 29
Les négociateurs russe et américain du traité Start 2, Andrei Kozyrev et Lawrence Eagleburger, décident de réduire des deux tiers leurs arsenaux nucléaires.

Washington, 30
Lockheed rend public l'accord passé avec la firme russe Khrunichev Enterprise, pour commercialiser la fusée Proton, concurrente d'Ariane IV.

Paris, 30
Avec une hausse de 1 % du chômage en novembre, la France compte désormais plus de 3 millions de demandeurs d'emploi, en données brutes.

Sarajevo, 31
Boutros-Ghali se rend dans la capitale assiégée par les Serbes. Les observateurs des Nations unies ont constaté ces derniers jours d'importantes concentrations de troupes bosniaques autour de la ville.

Minuit, l'Europe ouvre ses frontières

Europe, jeudi 31
Ce soir se concrétise un projet qui en son temps fut paré de toutes les vertus, dont celle de redynamiser la communauté européenne, le grand marché. Cette unification fiscale et marchande abolit les frontières intérieures. Hormis pour les voitures, tous les biens marchands et tous les services sont maintenant disponibles, sans taxe supplémentaire, partout sur le territoire de la CEE. Si la libre circulation des personnes est reportée à six mois, et ce uniquement pour les pays signataires des accords de Schengen, les marchandises, elles, en circulant librement, permettent de parachever le traité de Rome.

Le grand marché devient effectif, sauf pour la libre circulation des hommes.

Minuit, la Tchécoslovaquie disparaît

Prague, jeudi 31
Née en 1918, démembrée en 1938 par Hitler, dramatiquement gérée par les communistes, la Tchécoslovaquie aura connu 74 années tumultueuses, avant la partition qui entre en vigueur cette nuit. Mais, malgré les amertumes qu'il génère, le divorce des Tchèques et des Slovaques doit être salué comme l'un des rares exemples dans l'histoire mondiale d'une partition pacifique et relativement harmonieuse. Tous les biens de l'ancienne fédération ont été partagés. Les deux républiques ne gardent en commun que la monnaie, la couronne, malgré les disparités économiques.

Une nouvelle frontière apparaît entre les Républiques tchèque et slovaque.

Ménagerie mise sur orbite en Russie

Plessetsk, mardi 29
La coopération spatiale continue de plus belle. Un satellite Bion-10 est mis sur orbite avec à son bord près de 25 expériences russes, américaines et européennes. Mais le plus étonnant est que cette grosse capsule de 4,7 tonnes abrite un véritable petit zoo, des insectes, des singes et des batraciens. Tous ces animaux doivent servir de cobayes pour des tests de résistance biologique à l'apesanteur avec, en point de mire, la préparation de séjours humains de longue durée.

Milan Panic refuse de se démettre

Belgrade, mercredi 30
Les nationalistes serbes ont voulu faire payer à Milan Panic l'insupportable défi qu'il avait osé lancer, la recherche d'un compromis dans la crise yougoslave. Le Parlement a donc renversé hier son gouvernement par une motion de censure. Mais cette éviction n'a pas donné le résultat escompté. Milan Panic se raidit et déclare que cette mise en minorité, comme la nomination d'un Premier ministre par intérim, sont anticonstitutionnelles ; et il refuse de quitter son poste. (→ 31)

Bush en Somalie, après réconciliation

Mogadiscio, jeudi 31
Le président Bush, après une escale en Arabie Saoudite, vient passer le réveillon du Nouvel An avec les soldats américains de la force multinationale en Somalie. Il prend ses quartiers sur un navire de guerre en face de la capitale somalienne. Son arrivée a conduit les marines à mener une grande opération de police et de confiscation d'armes. Car, malgré la réconciliation des deux grands chefs de guerre, Ali Mahdi et Farah Aïdid, lundi dernier, la situation reste explosive.

1er janvier, Ginette Leclerc
Geneviève Menut naît à Paris le 9 février 1912. Elle entre dans la profession par la petite porte, celle de la figuration. Sa gouaille, ses airs provocants la font vite remarquer. Dès 1932, elle apparaît dans des vaudevilles et des comédies légères. En 1937, Pagnol l'engage pour être *la Femme du boulanger* aux côtés de Raimu. Mais elle est inoubliable dans *le Corbeau*, de H.-G. Clouzot. Elle a tourné jusqu'à la fin des années 70. (voir page 4)

8 janvier, Nicolas Schöffer
Originaire de Hongrie, où il est né en 1919, le plasticien Nicolas Schöffer s'est fixé à Paris en 1936. Son œuvre, très influencée par les constructivistes, prônait une alliance de l'art et de la pure technique. Son art cybernétique, son sens du mouvement confinaient parfois à une certaine sécheresse. Ses interventions dans de nombreux domaines (décors pour Béjart, projets d'urbanisme) en firent une figure de l'avant-garde.

13 janvier, Henri Queffélec

Cet écrivain était le chantre de la Bretagne et de la mer. Pour cet homme né à Brest le 29 janvier 1910, normalien et voyageur au long cours, la rudesse et la majesté de cette région étaient une constante source d'admiration. Marqué sa vie durant, dans ses écrits et ses propos, par un humanisme chrétien, Henri Queffélec affirmait que seule l'expérience dévoilait le cœur des hommes. Un esprit qui n'appartenait à aucune école.

23 janvier, F. Bartholomew
Né à Londres en 1924, élevé par sa tante, Freddie fait ses premiers pas sur scène à 3 ans, et à 10 ans il est emmené à Hollywood. Il décroche le rôle-titre de *David Copperfield*, et devient l'enfant prodige de la MGM. Adoré du public, il s'imposait face à tous les autres enfants-acteurs des studios. Il joua dans *le Petit Lord Fauntleroy* et *Capitaine Courageux*. Il tourne son dernier rôle à 18 ans, avant de changer de vie.

1er février, Jean Hamburger

C'est l'un des grands médecins français du siècle qui disparaît. Jean Hamburger, né le 17 juillet 1909, était le grand spécialiste des problèmes rénaux. Œuvrant pour des liens permanents entre la médecine et la recherche, il avait créé une nouvelle discipline, la néphrologie, l'étude des reins et de leurs maladies. Il fut l'un des pionniers des greffes rénales. Ecrivain, philosophe, ses qualités de plume lui avaient aussi valu un succès mérité.

9 février, Alex Haley
Cet écrivain noir américain, né en 1921 dans l'Etat de New York, avait reçu le prix Pulitzer en 1977 pour son roman *Racines* (*Roots*), retraçant l'histoire de sa famille des premiers temps de l'esclavage à l'époque contemporaine. Son adaptation télévisée avait encore amplifié le succès phénoménal de cette fresque dans le monde entier. Alex Haley est aussi l'auteur de *l'Autobiographie de Malcolm X*.

20 février, Pierre Dervaux
Réputé pour sa facilité à apprendre les œuvres les plus complexes, le chef d'orchestre Pierre Dervaux l'était aussi pour son aptitude à rattraper un soliste ou un chanteur en perdition. Né le 3 janvier 1917, il appartenait à la grande école française de direction d'orchestre. Il a lui même enseigné avant de reprendre la tête des concerts Colonne, l'une des trois associations symphoniques parisiennes.

23 février, général Markos
Grande figure de la résistance communiste à l'occupant allemand, Markos Vafiadis, né en 1906 dans une famille pauvre, avait été, durant la guerre civile, commandant en chef et Premier ministre du gouvernement démocratique provisoire (1947-1949). La défaite des partisans communistes l'avait contraint, lui et beaucoup d'autres, à l'exil en URSS. Il n'était rentré en Grèce qu'en 1983.

9 mars, Menahem Begin
Voir page 24

11 mars, Richard Brooks
Natif de Philadelphie, le 18 mai 1912, Richard Brooks aura voyagé à travers les Etats-Unis, été journaliste avant de collaborer comme scénariste avec les studios dès 1941. Il est le réalisateur en 1956 de *la Dernière Chasse* (*The Last Hunt*) et surtout en 1958 de *Elmer Gantry*, d'après Sinclair Lewis. Il était passionné par le défi des adaptations littéraires à l'écran.

14 mars, Jean Poiret
Voir page 25

16 mars, Yves Rocard
Voir page 26

21 mars, Georges Delerue
Cet ancien élève de Darius Milhaud au Conservatoire de Paris, cet homme du nord, né à Roubaix le 12 mars 1925, trouva la célébrité dans les années 60. Sa collaboration avec les cinéastes de la Nouvelle Vague le fit apprécier du grand public. Parmi ses 250 partitions de films, toujours renouvelées, pleines d'un lyrisme émouvant, celles pour François Truffaut resteront dans les mémoires. (voir page 27)

6 avril, Isaac Asimov
Voir page 31

20 avril, Benny Hill
Voir page 37

21 avril, Vladimir Romanov

Né en Finlande, alors province russe, le 20 août 1917, année de l'abdication de son cousin Nicolas II, le grand-duc Vladimir Kirillovitch Romanov était le chef de la maison impériale russe depuis 1938. N'ayant connu que l'exil, et vivant en Bretagne depuis 1922, ce descendant direct du tsar Alexandre II avait eu récemment des contacts avec des dirigeants russes et s'était rendu à Saint-Pétersbourg pour fêter le retour de la ville à son ancien nom, en novembre 1991.

23 avril, Satyajit Ray
Voir page 37

28 avril, Olivier Messiaen
et **Francis Bacon** : voir page 39

5 mai, Jean-Claude Pascal
Beau ténébreux, ce comédien français, né le 24 octobre 1927, a poursuivi une carrière qui a su allier élégance et raffinement. D'abord dessinateur de mode, ses débuts au théâtre et au cinéma font vite de lui le partenaire des plus grandes stars. Cette trajectoire se double d'une belle réussite dans la chanson. Enfin, il s'était trouvé sur le tard un réel talent d'écrivain.

6 mai, Marlène Dietrich
Voir page 41

12 mai, Jacqueline Maillan
Voir page 42

23 mai, Atahualpa Yupanqui
Cet Argentin, musicien et poète, a voulu toute sa vie que son art défende les Indiens et les opprimés de cette Amérique du Sud qu'il aimait tant. D'où son nom de scène, inspiré des derniers Incas. Né en janvier 1908, il côtoya Eluard et Piaf, fut un temps communiste, et fit de la prison sous Peron. Marié à une Française, il partageait sa vie entre l'Argentine et la France.

23 mai, Giovanni Falcone
Voir page 45

2 juin, Philip Dunne
Cette figure marquante s'est fait connaître par ses scénarios, mais aussi par ses prises de position courageuses contre le maccarthysme. Réalisateur de quelques films, Philip Dunne (*1908) restera dans les annales d'Hollywood surtout comme le brillant dialoguiste de *Qu'elle était verte ma vallée*, de John Ford, et de *l'Aventure de Madame Muir*, de Joseph Mankiewicz.

11 juin, Serge Daney

Figure respectée de la critique cinématographique française, le nom de Serge Daney (*4.6.1944) restera lié à celui des *Cahiers du cinéma*, dont il fut longtemps le rédacteur en chef, avant de travailler pour *Libération*. S'il était souvent intransigeant dans ses choix, c'est que ses amours de « cinéfils », comme il disait, ne souffraient pas le compromis.

22 juin, Virgil Gheorghiu
Ecrivain, mais aussi patriarche de l'Eglise orthodoxe roumaine, né en Moldavie le 15 septembre 1916, Virgil Gheorghiu vivait à Paris depuis plus de 40 ans. Auteur d'une trentaine d'ouvrages, reportages, romans policiers, ce fils de pope, souvent ambigu dans ses idées, est avant tout connu pour son roman *la Vingt-cinquième Heure*. (voir page 54)

22 juin, Li Xiannian
Ce vétéran de la Longue Marche, ancien chef de l'Etat de 1983 à 1988, né officiellement en 1909 dans une famille paysanne, est difficilement classable. Protégé de Zhou Enlaï et opposé, en pragmatique, aux délires maoïstes de la révolution culturelle, il fut un farouche tenant de l'orthodoxie, contre les réformes de Deng Xiaoping. (voir page 54)

29 juin, Mohamed Boudiaf
Voir page 55

1er juillet, J.-L. Lortat-Jacob
Jean-Louis Lortat-Jacob, né le 30 août 1908 à Paris, était un spécialiste de la chirurgie du système digestif, ayant mis au point plusieurs traitements chirurgicaux des affections hépatiques. Mais il est surtout connu pour son opposition farouche, et les remous qu'elle suscita, alors qu'il était président de l'ordre des médecins, de 1970 à 1981, à la libéralisation de l'avortement.

4 juillet, Astor Piazzolla
Voir page 57

4 juillet, Francis Perrin
Physicien atomiste de renom, il était l'un des « pères » du nucléaire français. Né le 17 août 1901, fils de Jean Perrin, prix Nobel de physique en 1926, il connaît les Curie et fait partie du club très fermé des chercheurs qui, dès les années 30, déposent les brevets qui permettront la mise au point des piles atomiques françaises de l'après-guerre.

18 juillet, Victor Louis
Membre incontournable de la nomenklatura soviétique, de la fin des années 50 à l'avènement de Gorbatchev, ce journaliste, né le 5 février 1928, avait connu les camps staliniens, pour espionnage et/ou marché noir. Ce qui illustre bien le rôle qu'il jouait pour la presse occidentale : pourvoyeur de faux ou de vrais scoops, (dés)informateur et amateur de belles voitures.

19 juillet, Paolo Borsellino
Voir page 61

21 juillet, Pierre Uri
Ancien collaborateur de Jean Monnet, cet économiste français, né le 20 novembre 1911, a participé à la mise en place des structures de l'Europe communautaire. Directeur, de 1952 à 1959, de la CECA, la Communauté européenne du charbon et de l'acier, proche du PS pour ses idées économiques, c'est l'un des pères du Marché commun.

23 juillet, Arletty
Voir page 63

23 juillet, Soleiman Frangié
Voir page 64

25 juillet, Philippe Lamour
Cet homme d'action accumulait les compétences. Natif du nord de la France (*12.2.1903), tour à tour avocat, journaliste, économiste, la démobilisation en 1940 le pousse à s'intéresser à l'aménagement rural. L'après-guerre en fait le spécialiste de l'aménagement du territoire. Les grands projets dans le sud de la France portent tous sa marque.

26 juillet, Auguste Lecœur
C'est dans l'activité clandestine, durant l'Occupation, que ce dirigeant du PCF donna la mesure de ses talents d'organisateur. Né à Lille le 4 septembre 1911, ancien mineur, ayant participé aux Brigades internationales en Espagne, député communiste, il est présenté, à tort, comme le dauphin de Thorez. Evincé en 1954 pour réformisme, il était l'un des « ex » les plus vindicatifs.

30 juillet, Joe Shuster
Il partageait avec le scénariste Jerry Siegel la paternité du personnage de bande dessinée Superman. Mais ce dessinateur américain (*1914) avait vendu l'idée de ce super-héros invincible à la firme qui l'employait, DC Comics, en 1938. Après de nombreux procès, ce n'est que 40 ans plus tard qu'ils purent bénéficier des retombées de la popularité de leur personnage.

3 août, Michel Berger
Voir page 68

4 août, Frantisek Tomasek
Archevêque de Prague et primat de Bohême, le cardinal Tomasek, né le 30 juin 1899, était l'une des clefs de voûte de la politique du Vatican à l'Est. Très prudent et conciliant pendant la plus grande partie de sa carrière, ce n'est qu'à la fin des années 70 qu'il devient l'un des symboles de la résistance des catholiques à l'oppression communiste.

8 août, Aboul Qassem Khoï
Ce « grand ayatollah » était la plus haute autorité spirituelle du chiisme. Né en 1899 à Khoï, dans le nord-ouest de l'Iran, dans une famille de « Sayed », c'est-à-dire de descendants du prophète, il était venu, après des études à Qom, dans la grande école coranique de Nadjaf, la plus réputée du chiisme, dans le sud de l'Irak, d'où il n'avait plus bougé.

12 août, John Cage
Voir page 73

14 août, Tony Williams

Ancien gardien de parking, ancien boxeur semi-amateur, ce chanteur noir américain avait été le *leader* du célébrissime groupe vocal The Platters, et avait enregistré en 1955 le tube mondial *Only You*. Né en 1928, Tony Williams avait par la suite quitté le groupe pour une carrière solo moins convaincante.

18 août, John Sturges
Monteur pendant près de 10 ans, il réalise son premier film de fiction en 1946. Il se spécialise vite dans le western et le film d'action. Ce metteur en scène américain, né le 3 janvier 1911, est resté célèbre pour *Règlement de comptes à OK Corral* (1956), *les Sept Mercenaires* (1960) et *la Grande Evasion* (1963).

19 août, Jean-Albert Grégoire
Cet ingénieur français, sportif et écrivain de talent (*1899), est l'un des inventeurs les plus féconds de l'histoire de l'automobile. Mais il est d'abord le père de la Traction avant. Travaillant avec Citroën et Hotchkiss, il verra son système de transmission, d'abord dénigré, triompher chez tous les constructeurs.

20 août, Tony Lainé
Né en 1930, cet « analyste d'enfants », Français, en homme de terrain, s'occupait d'enfants autistes et psychotiques, rejetant les thérapies traditionnelles. Sa rencontre avec Daniel Karlin est décisive, car à travers des livres et des émissions, ils font ainsi connaître d'autres approches de la psychiatrie au grand public.

26 août, Bob de Moor

Collaborateur d'Hergé pendant 35 ans (*20.12.1925), cet Anversois aura été l'un des animateurs du journal *Tintin* et des studios Hergé. Dessinateur très doué, il pouvait transposer tous les styles de la BD belge. Père de *Cori le moussaillon*, c'est lui qui eut l'honneur de donner une suite aux *Trois formules du professeur Sato*, d'Edgar P. Jacobs.

29 août, Félix Guattari
Voir page 77

30 août, Claude Barma
Débutant au cinéma pendant la guerre, ce réalisateur français, né le 3 novembre 1918, fait toute sa carrière à la télévision publique et en devient une valeur sûre comme un pionnier. Il est l'un des grands illustrateurs du petit écran, qui lui doit les feuilletons célèbres que sont *Belphégor* et *les Rois maudits*.

12 septembre, Anthony Perkins

Un physique sombre, qui laissait présumer une fragilité psychologique et un jeu d'acteur qui amplifiait le malaise : ces traits distinctifs ont fait la renommée internationale de ce comédien américain, né le 4 avril 1932. Sa prestation très marquante dans *Psychose*, d'Alfred Hitchcock, en 1960, a quelque peu étouffé le reste de son originale carrière.

14 septembre, Paul Martin
Cet homme politique et diplomate de renom canadien était l'un des piliers du parti libéral. Né le 23 juin 1903, d'une double ascendance irlandaise et française, il a été quatre fois membre d'un cabinet gouvernemental. Il est le père des principales lois sociales canadiennes.

15 septembre, Pierre Sergent
Après avoir rejoint le maquis à 18 ans, Pierre Sergent, né le 30 juin 1926, embrasse la carrière militaire et sert dans la Légion. Les guerres et les défaites coloniales poussent ce baroudeur dans le camp des ultras. C'est parmi les dirigeants de l'OAS, en Algérie, qu'il se fera connaître.

19 septembre, Jacques Pic
Il était l'un des plus grands cuisiniers de France. Les 3 étoiles de son restaurant de Valence et la belle renommée de sa cuisine n'en avaient jamais fait une vedette. Né en 1933, il cultivait une discrétion qui ne le faisait guère quitter ses fourneaux, où s'élaborait une cuisine de haute tradition qui jamais ne s'enfermait dans le conservatisme.

29 septembre, Jean Aurenche
Né le 11 septembre 1903, il a été l'un des plus célèbres scénaristes français des années 50. Avec Pierre Bost, ils étaient les symboles de cette « qualité française », pourfendue par la Nouvelle Vague. Du *Diable au corps* à *Jeux interdits*, il est de tous les grands films de cette période. Sa collaboration avec Bertrand Tavernier fut aussi fructueuse.

8 octobre, Willy Brandt
Voir page 88

20 octobre, Petra Kelly
Voir page 92

2 novembre, Hal Roach
Ce centenaire était plus vieux qu'Hollywood. Né le 14 janvier 1892, ce producteur incarnait mieux que quiconque les débuts et la fantastique réussite de la Mecque du cinéma. Il a lancé Harold Lloyd, le tandem Laurel et Hardy. Un flair commercial infaillible lui fit prendre tous les bons tournants du 7e art, le long-métrage et le parlant.

7 novembre, Alexandre Dubcek
Voir page 97

7 novembre, Joseph Hanse
Grammairien renommé dans le monde de la francophonie, ce Belge était d'abord l'auteur du très réputé *Dictionnaire des difficultés grammaticales et lexicologiques*. Né le 5 octobre 1902, il était professeur émérite de l'université catholique de Louvain et avait été, de 1967 à 1991, président du Conseil international de la langue française.

14 novembre, Ernst Happel
Voir page 99

30 novembre, Jorge Donn

Ancienne vedette des *Ballets du vingtième siècle* de Maurice Béjart, son rayonnement et la force de son engagement en avaient fait le symbole du style Béjart. Né le 28 février 1947 à Buenos Aires, il est engagé en 1963 et sera de toutes les grandes réussites du maître chorégraphe. Autant comédien que danseur, son énergie était dévorante.

9 décembre, Dominique Bagouet
Le Saut de l'ange, en 1987, avait marqué l'aboutissement des recherches formelles entreprises par ce chorégraphe français depuis près de dix ans. Né le 9 juillet 1951, ce « fou dansant » n'a par la suite jamais cessé d'émerveiller les amateurs de danse contemporaine en participant au renouveau de cet art.

21 décembre, Nathan Milstein
D'origine russe, ce virtuose, naturalisé américain, avait quitté l'URSS en 1925. Né le 31 décembre 1904 à Odessa, ce violoniste prodige avait été formé à Saint-Pétersbourg par Leopold Auer. Depuis son exil, il partageait sa vie entre Londres et la Californie, toujours avare de ses apparitions.

23 décembre, André Moga
Né le 24 octobre 1921, cette grande figure du Bordelais réunissait trois mondes sur sa personne, le chabanisme fidèle, issu de la Résistance, le rugby et le commerce, à savoir le marché des Capucins. Ancien président du club de Bègles, la banlieue rouge de Bordeaux, le « doux battant » était respecté de tous.

24 décembre, Peyo
Voir page 112

26 décembre, Nikita Magaloff
Pianiste hors pair, il était l'un des derniers représentants de la grande école russe. Né le 28 février 1912, il quitte la Russie lors de la révolution pour s'installer en France puis sur les bords du Léman à Vevey. Spécialiste de Chopin, professeur réputé, son répertoire, qu'il connaissait par cœur, était immense.

Index général

Les numéros des pages en romain correspondent à des informations recueillies dans les articles et ceux en italique dans les chronologies.

TU

V

WXYZ

Iconographie

La position des illustrations est indiquée par deux lettres : h = haut, b = bas, g = gauche, d = droit, m = milieu, x = milieu gauche, y = milieu droit.

Couverture
De gauche à droite et de haut en bas :
- Christopher Brown/Sipa Press
- Max/Sport +/Sipa Sport
- J. Hanssens/Bertin/Sipa Press
- V. Sichov/Sipa Press
- Bouteiller/Sipa Press
- Luc Delahaye/Sipa Press
- Copyright Disney par autorisation spéciale de The Walt Disney Company (France)
- Facelly/Sipa Press
- Simon Danger
- Greg Smith/Sipa Press
- Sipa Sport
- Nasa/Sipa Press
- Ettore Malanca/Sipa Press

RÉPARTITIONS ETHNIQUES ET CONTRÔLE DES TER

1919 Formation du royaume serbe

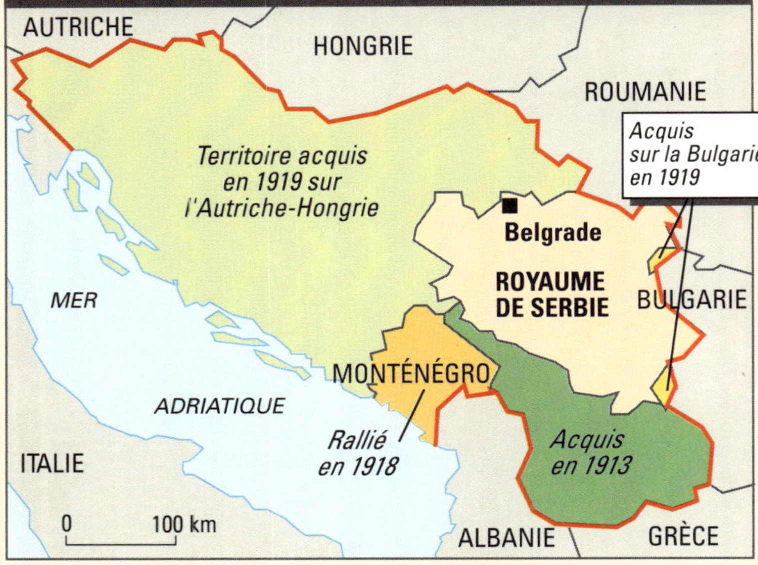

1945 République fédérale populaire

1992 Nouvelle république fédérale